市野澤潤平
Jumpei Ichinosawa

2004年
インド洋津波と
プーケットの
観光人類学

Phuket: A Paradise Damaged

被災した楽園

ナカニシヤ出版

# はじめに

　本書は、自然災害に被災した観光地およびそこに関わった人々を対象とする、文化人類学の民族誌的研究である。さらにいうなら、特に観光に関わる事象に焦点を置く、文化人類学の一分野である「観光人類学」の研究書たることを意図して、本書は執筆された。

　欧米・先進国の研究者による、自身が慣れ親しんだのとは異なる文化社会的伝統をもつ「未開の他者」を理解・説明する試みが、19 世紀から 20 世紀にかけて発展した文化人類学という学問のルーツであった。しかし 20 世紀も後半になると、かつては素朴に実在が措定されていた「西洋文明から隔絶した未開社会」を見いだすのは、地球上のどこにおいても困難になっていく。そこで人類学者たちは、自らが所属する広義の「自文化（社会）」の内部に理解・説明すべき対象を求めるようになるとともに、アジアやアフリカなどの開発途上国に残存する（と期待された）現地に固有の文化と社会が、西欧文明と接触する局面への興味を強めた。そして 1970 年代には、先進国の住人が途上国を訪れて現地の様子を見世物じみた娯楽として消費する国際観光が、いわば異なる文化の衝突現場として注目を集め、人類学における正統な学術対象とみなされるようになる。観光人類学という学問領域の存在が広く認知されるようになるのは、副題に「anthropology of tourism」と銘打った論文集『ホスト・アンド・ゲスト』［スミス 2018］が出版された 1977 年以降のことである [1]。

　観光活動／地は、必ずしも安定して繁栄するばかりではなく、様々な危機に見舞われ、衰退の憂き目を見ることも少なくない。マーケティングの観点を援用した「観光地ライフサイクル・モデル」［Butler 1980; 中崎 1998］は、過度の観光開発は環境破壊や文化社会変容を招き、観光地の魅力を損ないかねないと示唆する（もちろん、環境破壊や種々の変化は、観光地の外部からの影響においても生じ得る）。その他にも、交通網の更新 [2]、時代の流転に取り残される、他の活動／地域との競争に敗れるといった様々な要因によって、観光／地は危機に直面する。20 世紀の観光

---

1) *Hosts and guests: The anthropology of tourism* は初版が 1977 年、第 2 版が 1989 年に出版された。ここで挙げた邦訳は、第 2 版を底本としている。また 2001 年には、続編にあたる *Hosts and guests revisited: Tourism issues of the 21st century*［Smith & Brent 2001］が上梓されている。

学は、比較的長期のタイムスパンにおいて推移する漸進的な過程として、そうした危機を捉えていた。しかし2001年、突如として観光／地に襲いかかり、一瞬にして壊滅的な打撃を与える出来事が生じて、観光学者たちを慄然とさせた——アメリカ同時多発テロである。ハイジャックされた旅客機がニューヨークの世界貿易センタービルに衝突したこの事件の直後、世界の航空移動需要ひいては国際観光移動は、体感的には一時的に消滅したとみなされるレベルに激減した。その後も、世界規模の現象としては感染症の世界的流行（2003年のSARS[3]、2004年の鳥インフルエンザ[4]、そして2020～22年のCOVID-19[5]など）、局地的な現象としてはテロ（バリ島での爆弾テロ事件[6]など）や政治動乱（タイにおけるタクシン派と反タクシン派の対立[7]など）、そして世界各地で続発した自然災害が、外部から到来して観光／

---

2) 新幹線や高速道路の開通により、並行在来線沿線や旧街道が寂れることなどが、その典型である。

3) 2002年頃から症例が報告され始めた重症急性呼吸器症候群（SARS: severe acute respiratory syndrome）は、当時における新型コロナウイルス感染症である。中国広東省を起源とすると推測され、東南アジア各国やカナダなどでも死亡例が報告されるなど世界的な拡大を見せたが、2003年半ば頃には終息に向かった。

4) 2004年初頭にベトナムの小児の間で流行した重症肺炎の原因が鳥インフルエンザ（H5N1型）であることが突き止められ、直後に東南アジアおよび日本を含む東アジア諸国の家禽にも、同じタイプのウイルス感染症の発生が確認された。さらに、ベトナムに続いてタイにおいても繰り返し人間の感染例が報告され、同国のインバウンド観光は大きな負の影響を被った。

5) 2003年のSARSとは異なるタイプの新型コロナウイルス感染症である。過去に流行したコロナウイルス感染症をはるかに上回る感染拡大規模と重症・死亡者数が警戒され、世界の多くの国で国境封鎖を伴う厳格な移動制限がなされるに至った。その影響により2020～21年の国際観光はほぼ消滅し、2023年初頭においても「コロナ以前」の状況までは回復できていない。

6) 2002年の10月にインドネシア・バリ島のビーチリゾート観光地区クタにおいて爆発があり、外国人観光客を多く含む200名以上の犠牲者が出た。後日、国内のイスラム過激派の構成員が、本事件の容疑者として逮捕された。バリ島の観光地では、2005年にも相次いで爆破事件が発生している。

7) 2001年に首相に就任したタクシン・チナワット氏を支持するグループと、それに反対するグループの対立が2008年頃から目に見えて激化した。同年11月にはバンコクのスワンナプーム国際空港が反タクシン派の集団により占拠されて閉鎖、2010年にはタクシン派の集団によりバンコクの中心部が2ヶ月にわたり占拠されるなど、派手な動乱が続いた。政局の大勢や一般人の生活には顕著な影響を及ぼさなかったものの、一時はタイへの入国者の激減を招いた。

地を瞬時に毀損する深刻な危機として、問題視されるようになった。

　こうした観光／地への突然の外発的打撃をテーマとする研究は 2001 年から雨後の竹の子のごとく激増するが、そのほぼ全てが「問題 – 解決」型のアプローチ [8] によるものであった――もし危機が生じた場合に、観光地／産業が被る経済的損失をいかに軽減するか、観光客の安全をどう確保するか、といった内容である。もちろんその重要性については論を俟たないが、一方で、実際に生じた危機の経緯を詳細に描く事例研究は、寡少である。なぜだろうか。一因には、突発的な危機は事前予測できないため、災害や事件に先立ってその長期的かつ精密な調査を計画するのは不可能だという、至極当然な事情があろう。そして、いざ危機が生じたまさにそのとき、観光研究者の皆が皆、十分に現地調査を行える態勢にあるわけでもない。ゆえに、突然の危機に襲われた観光の現場で何が生じて、人々がそれをどのように経験したのかをつぶさに描き出す研究は、多くない。

　長期の参与的フィールドワークを主たる調査手法とする文化人類学（の下位分野である観光人類学）による「観光 + 災害」へのアプローチは、まさにその空白を埋める貢献を可能とする。「あとがき」にも記したが、2004 年 12 月当時、筆者はタイの著名な国際観光地であるプーケットで長期の参与的調査を始めることを検討していた。まさにそのとき、同地を巨大津波が襲ったのである。そして筆者は、自身が全く予期していなかった形で、被災した観光地の調査研究に巻き込まれた [9]。その無計画で成り行き任せの取り組みを集大成したものが、本書である。偶然の産物に過ぎない本書がもし、観光／地を打ちのめした（突然の外発的）危機に関する観光人類学――すなわち人類学者による濃密な描写的研究になり得ているなら、望外の喜びである。

＊　＊　＊

　2004 年 12 月 26 日、マグニチュード 9.1 と推定される [10] スマトラ島沖地震が生み出した「インド洋津波 [11]」は、その沿岸全域にもたらした被害の激烈さゆえに（詳

---

8) E. キャッシュダンが名づけるところの「処方的リスク研究」に相当する [Cashdan 1990]。詳しくは第 3 章を参照。
9) 文化人類学者による数年におよぶ長期フィールドワークは、調査開始前に立てた計画から逸脱して、全く想定外の方向に展開することも、珍しくない [清水 2017; 市野澤 2022]。
10) マグニチュードの推定値は研究機関によって異なるが、いずれにせよ 2011 年の東日本大震災と同等または上回る規模とされる。20 世紀以降に発生した地震としては、マグニチュードの比較において第 3 位に相当する、巨大地震であった。

細は第1章第2節）、災害や防災の専門家にとどまらない様々な分野における研究者の関心を惹き（筆者もその一人である）、インドネシア、スリランカ、インド、タイといった被災地域には、発生直後から多数の調査者が訪れた。それらの研究者による報告を検討すると、おおまかに二つの傾向が見て取れた。すなわち、①津波発生直後の被害に最も注目が集まること。②津波による直接の打撃（人的被害や住居の喪失など）を受けた人々が主な調査対象とされたこと、である。これらの傾向は、津波という災害の性質を考えれば当然のことだが、その一方で災害とは、ときに数年に渡る長期の過程として被災者には経験され、また直接の被災者以外の多数の人間を巻き込む現象でもある。本書は、そのような視点に基づき、長期的で多面的な過程として、津波災害を描き出すものである。

災害人類学者のオリヴァー＝スミスは、災害とは「様々な長さの時間を通して生起する、社会的、環境的、文化的、政治的、経済的、物理的、技術的な興味深い過程と出来事の集合体」であり、「合算的な事象」であると強調する［Oliver-Smith 1998: 178]。そのような観点からすれば災害は、その言葉を聞いて通常我々が思い起こすようなイメージ──刹那に生じる峻烈な破壊現象というにとどまらない。破壊それ自体が残す物理的な波紋のみならず、破壊が生じる前後における諸条件の推移をも含んだ長期的な過程として捉えるべきなのである。

自然環境・文化・社会・政治・経済などの諸要因が複雑に絡み合った長期的かつ複合的な過程として捉えるとき、旧来的な視点からは思いもつかなかったような雑多な事象が災害の問題として立ち現れてくることに、我々は気づくことになった。しかしその一方で、学術研究における専門分化が進めば進むほど、研究者は尺沢の鯢となりがちで、巨大で複雑な事象の全体を見通すことが難しくなる。個人で実施する参与的なフィールドワークを情報収集の主たる手段とする文化人類学者にとっては、インド洋津波のような巨大な災害の全貌を包括的に捉えるのは、絶望的に困難である。であるならむしろ、人類学者が得意とする小規模な社会単位に徹底的に沈潜する事例研究を、突き詰めるべきだろう。災害がたどる過程は、極めて複雑で多元的であるがゆえに、個別事例を分析することの積み重ねこそが、その総合的な理解に到達する重要な方途となる。

---

11) 今日では「スマトラ島沖地震津波」としても知られるが、発生直後からしばらくは「インド洋津波」または「インド洋大津波」と呼称される場合が多かった。本書では、特段の事情がない限り「インド洋津波」で統一する。

　死ぬか生きるか、痛い・寒い・ひもじいといった、誰においても「似通った」、他者
からしても想像・共感しやすい苦しみは、しだいに軽減され払拭されていく。し
かし外部者が一見してもわからないような、人それぞれに個別で複雑な苦難が、時
が経てば経つほど、きわめて多岐にわたる形で蓄積されていくのである。そうし
た見落とされがちな、一見苦難に見えないような苦難の存在を敏感に察知して、当
事者たちに代わって声をあげること──ただし誰かを糾弾するのではなく、多様
な人びとを結びつける形で──も、必要になるだろう。［市野澤ほか 2011: 92］

　2011 年に東日本大震災の発生を受けて綴られたこの文章には、文化人類学者によ
る災害の捉え方がよく現れているように思う。災害が被災者にとって立ち現れる仕
方は、多様である。災害と聞いて皆がすぐに思い浮かべるような、典型的な被災者
における一般的な苦しみは存在しない。だからこそ、人類学者が実践できる災害研
究とは、それぞれが特殊な個別事例を可能な限り丁寧にすくい上げることに尽きる
のではないか。

　津波発生直後の 2005 年初頭に筆者がタイ南部を訪れ、たまたま知り合った在住
日本人たちとの交流を通じて目の当たりにしたのは、ビジネスの不調に苦しむ観光
従事者の姿であった。災害で家族や知人を亡くすのは、怪我をするのは、住居を失
うのは、家財を流されるのは、悲しくつらいことである。そうした苦難に見舞われ
た被災者は、支援されてしかるべきだ。では、災害で仕事がなくなるのはどうだろ
うか。漁師が船をなくしたり、農家の田畑が潮をかぶって使い物にならなくなった
りすれば、国家による制度的な、または外部からの善意の支援があるだろう。では、
災害によって客が来なくなった観光業者は、支援の対象とすべきだろうか。当時は
まだ、観光市場の縮小を災害の文脈で問題視する論調は弱かったし、被災地に行っ
てお金を落とすことが支援になる、といった考え方もなかった。典型的ではない津
波被災者の、一般的ではない苦難の有り様を描き出し、その存在を世に訴えようと
意気込んだのが、本書へとつながる研究の始まりであった。

　被災した観光地では何が起きて、そこにいる観光業の関係者は何を感じどう行動
するのか。そこに着眼して綿密な調査を行った研究は、2000 年代前半までほとんど
存在しなかった。日本では 1990 年代半ばからいわゆる「風評被害」が社会問題化し、
人文社会科学の研究対象となっていったが、その中心は噂や流言の研究の系譜に連
なる社会心理的な内容が多かった（第 2 章）。つまりは「風評」する側の社会に議論
の焦点を置くもので、「風評」を受ける側の人々、特にその行動や経験の詳細に踏み

込んだ研究は、ぽっかりと欠落していた。購買忌避をする（潜在的）観光客ではなく、忌避される側の観光地の「ホスト」たちに着目すること——そこに筆者は、新たな研究領域の拡がりを見いだした。1970 年代末に産声を上げた観光人類学が、観光における「ゲスト」すなわちツーリストだけでなく、現地で客を受け入れて世話するホストたちにも目を向けたのと、同じ構図である。その意味で本書は、至極ありふれた観光人類学の研究書だともいえる。

　インド洋津波災害が発生した 2004 年から、すでに 18 年が経過した。その間に日本は、人口減少と産業空洞化で疲弊する地域経済への希望として観光にすがるのみならず、訪日外国人の軽視をやめてインバウンド観光振興へと舵を切り、加工貿易と並ぶ外貨獲得手段として外国人観光客の受け入れに奔走する「観光立国」へと、衣替えを始めた [12]。国家経済における観光業の存在感が増すにつれて、災害被災地（およびその周辺）への入り込み観光客の減少が、経済的な二次災害として報道を賑わすようになる。2020 年から本格化した新型コロナウイルス（COVID-19）禍では、いわゆる「人流」の遮断が各地の観光業へ与えた打撃が、国家経済の一大事として論じられるに至った——筆者としては、隔世の感がある。人命救助や防災／減災に比べれば取るに足らないとして軽視されていた「観光＋災害」という問題系は、2004 〜 5 年当時よりも 2023 年現在の方が、はるかに重みをもって読者に受け取られるはずだ。

＊　＊　＊

　筆者は 2005 年に 4 回にわたってプーケットを含むタイ南部を訪れ（1 回の訪問の長さは 2 〜 4 週間）、特に観光業に携わる日本人在住者を中心に、聞き取り調査を実施した。主な情報提供者は、ビーチリゾートに在住する自営業者（旅行代理店、ダイビング・ショップ、土産物店、飲食店など）とその従業員、タイもしくは欧米資本の経営による大型ホテルやスパの従業員（日本人ゲストリレーション担当など）、そして内陸部のプーケットタウンに在住する複数の旅行代理店経営者とその従業員である。もちろんタイ人の在住者に話を聞く機会も、可能な限り設けた。それらの人々が事態をいかに捉え、いかに対処していたかについての解釈と考察が、本書の議論の多くを占める。筆者はさらに 2006 年 4 月から 2008 年 3 月までプーケットに在住して、主に観光ダイビングに関わる長期の参与的調査を行い、その後も断続的

---

12）いわく「我が国の「観光立国」の推進体制を強化するため」［観光庁 2022］に国土交通
　　省観光庁が設立されたのが、2008 年 10 月 1 日である。

に訪問調査を繰り返した。

　全8章からなる本書が描き出すのは、観光地プーケットと2004年インド洋津波災害（の残響）との、約10年にわたる関わりの軌跡である。導入となる第1章では、〈楽園〉観光地プーケットの成り立ちを手短に整理した上で、インド洋津波の被害状況を概観する。続く第2章は、津波後の観光低迷を報告し、観光地に特異な災害のあり方を考える。本書の中心をなすのは、現地の観光業従事者の行動と経験を描いた第3章から第5章、および被災地観光を論じた第6章である。第3章と第4章では、それぞれ異なる角度から、発災からの数ヶ月間における在住日本人の経験を、読み解いていく。第5章は、被災後に盛り上がりを見せたサンゴ修復ボランティア活動の顛末を、紹介する。第6章と第7章で描かれるのは、発災から数年の時を経た観光地プーケットの有り様である。エピローグとなる第8章では、COVID-19禍が終息に向かい始めた2022年の「現在」からプーケットの歴史を改めて振り返り、〈楽園〉観光地の来し方行く末に思いを馳せる。

　本書を貫く縦糸は、プーケットを襲った津波災害およびその観光業への影響を追いかけた民族誌的記述である。第7章に登場する、発災10周年の記念追悼イベントをもって、津波後のプーケットを描く物語は一区切りになる。対する横糸を構成するのは、章毎に異なる理論的な興味関心である。導入となる第1章を除いて、各章がそれぞれに理論的なテーマを持ち、独立した考察を展開している。具体的には、第2章では風評災害の社会心理、第3章と第4章では個人が認識するリスク／不確実性と社会状況との絡み合い、第5章では観光における人間と自然との関わり、第6章ではいわゆるダークツーリズムが、理論的な考察の俎上に載る。第7章と第8章では、観光開発が〈楽園〉の自然／環境にもたらす弊害が、思案される。

　突然の発災を受けて泥縄式に現地へ赴いたことから、筆者が実施した調査には大きな限界がある。結果として、民族誌的色彩の強い第3〜5章の主役は、現地の人口構成比からすると圧倒的な少数者にすぎない、在住日本人のみなさんとなった。災害研究としても観光研究としても異例の対象設定だと思うが、それだけに、類似書は存在しないはずである。

# 目　　次

第 1 章

# 〈楽園〉の危機
## 観光地プーケットと津波災害

## 1 プーケットの発展史と在住日本人

### 1-1 タイにおけるビーチリゾート開発

　第二次大戦後のタイ経済の発展は、1961 年以降、政府の策定する経済社会開発 5 カ年計画に則って強力に推し進められてきた。そのなかでインバウンド観光産業は国策として強化され、1982 年には、観光収入が米の輸出を抜いて外貨獲得源の最上位に躍り出た。1970 年代以降のタイ政府は、観光政策を主導する機関であるタイ国政府観光庁（TAT: Tourism Authority of Thailand）に対して多額の予算を割り当て、大胆で機動性に富んだ観光開発を強力に推し進めた。TAT には、観光施設などへの投資権限と、観光関連業界の指導監督権限に加えて、観光開発を行う地域を選定する権限も与えられた。TAT の政策は、タイ全土の観光化を漫然と後押しするというよりも、地理的条件などの慎重な検討を通じて観光開発に適した地域を特定し、国内外の民間資本を呼び込んで、宿泊施設などの観光地における設備基盤の開発を集中的に進めるというものであった。後述するパタヤ（Pattaya）とプーケット（Phuket）[1] というふたつのビーチリゾート開発は、その典型的な事例である。また TAT は 1980 年代以降、国際市場に向けた観光客誘致キャンペーンを精力的に行なった。特に 1987 年と 1988 年に行われた「タイ観光年」（Visit Thailand Year）および「タイ手工芸品年」（Thai Handy Craft Year）キャンペーンは大きな成功を収め、その前後の期間だけで約 2 倍もの観光客増加をもたらした。

　1980 年代から 1990 年代前半にかけて、タイの経済は総体として急激な成長を見

---

1) プーケットも厳密には島であるが、本土とは狭隘な水道を隔てるのみの半島のような形状を呈している。陸路で対岸と接続されており、その連絡橋は交通量が多いことから、島嶼部にありがちな不便や隔絶性はほとんど感じない。そのせいか、タイ語による日常的なコミュニケーションにおいて、プーケットに「島」をつけて呼ぶことは少ない。本書でもその慣習にならって「島」をつけずに表記する。

せた（この間の GDP 成長率は年平均 10% にも及んだ）。この時期、従来は農業中心型であったタイ経済の構成において、第二次・第三次産業の比重が急速に増した。第二次産業の拡大の一因となったのが、政府による積極的な外国企業の誘致である。首都バンコクの近郊やタイ中部から北部にかけて工業団地を設置して道路や電力などの産業基盤を整備するとともに、税制面における優遇措置を行い、手際よく外国企業を誘致した。その試みは成功し、外国企業による自動車やエレクトロニクス関連の大規模な投資を得たことにより、タイの工業は大きく躍進した。従来の農産物輸出に加えて外需主導型の工業発展によって蓄積された資本は、観光客を迎えるための設備基盤の整備に振り向けられた［Phongpaichit & Baker 1996］。国内における旺盛な投資に加えて、国際的なホテルチェーンなどの外国企業の進出も相次いだ観光産業は、サービス部門における成長の牽引車としての存在意義を一層強めていった。1980 年に 186 万人であったタイへのインバウンド観光客数は、1993 年までに約 570 万人へと増加した。さらに観光収入でみると、1980 年の 178 億バーツ[2]が、1993 年には 1,278 億バーツと拡大している。1980 年代を通じてタイは大幅な貿易赤字を生み出していたが、成長する観光産業は赤字縮減に大きな役割を果たした。またこの急激な観光客数の増大は、更なる宿泊施設の増強を必要としたため、単純に外国人客がもたらす外貨収入以上の賦活効果をタイ経済にもたらした。1990 年代以降も堅調な観光需要に支えられて、2012 年の時点で年間の受け入れ国際観光客数が約 2,235 万人、観光収入が約 301 億 US ドルと、世界でも有数の観光大国へと成長を遂げた今日のタイは、観光関連セクターの割合が国内総生産（GDP）の 7% 以上を占める「観光立国」でもある［市野澤 2014a］。

　第二次大戦後、首都バンコクの外部で大々的に観光開発が進められたのは、チェンマイを中心とする北部、そして南部の海岸沿いのエリアに大別できる（図1-1）。このうち、チェンマイは北部タイにおける独自の歴史や文化的背景、そして山地に居住してきた複数の少数民族を観光資源として、バンコクにも増して「エキゾチック」な文化景観を提供できる場として、国際観光市場に売り出された。対して、南部の海岸沿いのエリアにおける観光開発は、北部のような「文化観光」的な色彩はまとわず、熱帯地方ではよく見かける欧米人好みのビーチリゾート地の建設として、進められることとなった。その代表といってよいのが、タイ湾沿岸にありバンコク

---

2）1 タイバーツは、日本円に換算すると、おおむね 2000 年代を通じて 3 円未満で推移していたが、2013 年頃から円安バーツ高に転じ、2022 年には急激な円安の影響を受けて 4 円に近づいた（2023 年 1 月現在）。

**図 1-1　タイの観光地**
出典：筆者作成

から東南方向に 150km ほどの近場にあるパタヤと、より遠方のマレー半島を挟ん
だ西側、アンダマン（Andaman）海に位置するプーケットという、二つのビーチリ
ゾートである。いずれも、1960 年代から 70 年代にかけて政府機関により行われた
調査の結果、長大な美しいビーチに恵まれているなどの地理的な条件が、観光開発
に適していると判断されたものである。

　バンコクから高速バスに乗って 2 時間弱で行き来できるパタヤと、約 840km も
離れた南部アンダマン海に位置しているプーケット。前者がバンコクからの日帰り
圏であるのに対して、後者は航空機での移動と宿泊が事実上必須となる。この立地
条件の差から観光地としての収容量や実際の集客数ではパタヤに軍配が上がるもの
の、土着の地域経済から浮き上がった観光産業集積を形成するという意味で、その
観光開発のあり方はプーケットもパタヤと似通っている。すなわち、どちらもかつ
ては漁村以外には特筆すべき産業がなかった場所であるが、TAT[3] の主導のもと、
交通網や宿泊施設などの設備基盤が急速に整えられ、主に外国人観光客を呼び込む
べく、国際観光市場に売り込まれることとなった。結果として、バンコクやチェン

---

3）開発が計画された当時は、その前身である TOT（Tourism Organization of Thailand）。

4

マイのように従来から存在した地域社会や都市空間を土台とするのではなく、外部から短期的にやってくる訪問者が直接落とす観光収入に頼って存立する特異な経済圏として、拡大の一途をたどってきたのである。

タイにおける海岸リゾートは、彼方からやってくる観光客の流入路が政府主導の計画によって突然生じ、その到着地点に外部からの資本と労働力が一気に投入されることによって成立した。当地の経済と社会が段階的に発展・拡大する延長線上に形成されたのではない、優れて人為的な産業集積である。その観光地としての拡大過程は、19世紀後半のカリフォルニアにおける新たな金鉱の発見にともなうゴールドラッシュが、砂漠の真ん中に突如として活気に富んだ街を生み出した事態にも比せられよう。タイのビーチリゾートに付きものの、繁華街で働く性的サービスを提供する女性たちはその多くが他県の出身者であるが、裕福で気前のいい観光客という金脈を探し当てて一攫千金を狙っている。また、古くからの地域住人でも、とりわけ漁業に従事していた者たちの一部は、ツーリズムの拡大に伴い観光関連の職種に鞍替えすることとなった [cf. 市野澤 2010]。タイ湾側／アンダマン海側を問わず、タイ国内の沿岸域には小規模な漁村が点在し、小型漁船を使っての沿岸漁業が営まれていた。しかし現在プーケットやパタヤでは、観光客で賑わう一帯はもちろん、そこからしばらく足を延ばしても、かつての日常であったという漁民たちが小さな船を操り獲ってきた海産物を水揚げする風景は、もはや限られた場所でしか見ることはできない。

タイ南部は、インドシナ半島から南に伸びるマレー半島の北半分程度を占め、南北方向に細長い地勢を特徴とする。その西北はミャンマー、南はマレーシアと国境を接する。特にマレーシアと近い深南部は、イスラーム教を信仰するマレー系住民が多く、独立運動が盛んな土地柄である。クラ地峡を挟んだ東側はタイ湾、西側はアンダマン海である。タイ湾側のビーチリゾート開発は、タイで3番目に大きな島であるサムイ（Samui）島を中心に1990年代から本格的に開始された。いかにも南国らしいココナツの木々が生い茂るサムイ島には、手つかずの自然を売りにする滞在型のリゾートが建設された。また、サムイ島からほど近いパンガン（Pha Ngan）島やタオ（Tao）島は、若者向けのリゾート地としてサムイ島とは差別化された形で発展した。前者のビーチで満月の夜に開かれる「フルムーン・パーティ」は世界的に著名であり、後者は比較的安価なダイビング観光地としてバンコク発の若者向けパッケージツアーが多数組まれている。

**図1-2 アンダマン海沿岸エリアとプーケット**
出典：筆者作成

　西側のアンダマン海沿岸エリアでは、1970年代後半から国際空港が整備された
プーケットを中心に観光開発が進められた（図1-2）。首都バンコクから遠く離れた
タイ南部では第一次産業が経済の主役であったが、現在では旧来の経済基盤に取っ
て代わった観光業が、同地で最大の産業になった。プーケットは1970年代まで錫
の一大産地であったが、錫鉱業は現在では廃滅し、観光客相手の博物館にその面影
が残るのみとなっている。プーケットは、インド洋の東端にあたるアンダマン海に
面する淡路島ほどの大きさの島である。島とはいってもごく狭い海門を挟んで本土
とは橋で結ばれており、陸路で連結された半島のような地理的位置にある。パン
ガー（Phang-nga）湾に面した東岸はマングローブ林が残る砂泥地となり、白い砂
浜を求める外国人観光客の需要にそぐわないため、ビーチリゾートはアンダマン海
に面した西岸に、偏って立地する（皮肉なことに、外海に開かれて津波の直撃を受

図1-3　パトンビーチ（筆者撮影）

図1-4　夜のパトンビーチ（筆者撮影）[4]

　ける西岸を選んで、観光開発がなされたことになる）。起伏の富んだ地形に恵まれ
たプーケットは、いくつもの小さな湾や入り江の奥に観光開発に絶好の砂浜を抱え、
多くの国際観光客を惹きつけている。タイ南部アンダマン海では他にも、プーケッ
トの東側のパンガー湾に浮かぶピーピー（Phi Phi）島や、北方向の本土沿岸に伸び
る長大な砂浜海岸の真ん中にあるカオラック（Khaolak）など、新たなビーチリゾー
トが開発されてきた。プーケットはもちろん、ピーピー島やカオラックの観光客も、
その多くは島の北部に立地するプーケット国際空港を玄関口として利用する。

4）長大なビーチエリアの全体は画角に収まらないため、その一部を切り取って撮影。2022
　年現在、繁華街はこの写真よりもさらに内陸方向に拡大している。

　1976 年におけるプーケットの外国人観光客は 2 万人程度であったとされるが
［Uthoff 1997］、2004 年にはプーケット空港の国際利用者が年間 200 万人の大台を
超えるまでに成長した（タイ人による国内利用も含めた総数は 485 万人に達した）。
プーケットで最も早くから開発が進んだのは、南西岸のパトン（Patong）ビーチ、
つづいてそのすぐ南にあるカロン（Kalon）ビーチとカタ（Kata）ビーチである。い
ずれも砂浜沿いに民間経営による宿泊施設や商業施設が集積しており、特にパトン
ビーチは、タイ最大のビーチリゾートであるパタヤを彷彿とさせる巨大な繁華街を
形成している。そこには、巨大ホテルの高層ビルをはじめ、タイスタイルの海鮮料
理屋や欧米・インド・日本などの各国料理店、ファストフード店やドラッグストア、
各種土産物屋やマッサージ屋、パブやディスコのたぐい、旅行代理店やダイビン
グ・ショップなどが立ち並んでおり、日本の海水浴場とは似ても似つかない活況を
呈している。

## 1-2　〈楽園〉観光地プーケット

　前世紀初頭から今日に至るまで、熱帯の海洋沿岸域や島嶼部を観光地として売り
出す広告宣伝に、〈楽園〉というキーワードおよびそれが惹起する特定のイメージが
頻出するのは、周知の事実である。南国ビーチリゾートと〈楽園〉表象との結びつ
きに関しては、吉田竹也［2013; 2020］が古今東西の文献を渉猟して秀逸なまとめを
行なっている。本書における〈楽園〉概念への理解は、「西欧キリスト教世界におけ
る楽園表象が近代のロマンティックな「地上の楽園」幻想を導き、さらにこれが楽
園観光地の発見と構築を導」いてきたという［吉田 2013: 147］、吉田の知見に従う
ものである。ハワイやタヒチなど「西欧以外の地における楽園観光地の形成が、西
欧における楽園表象に深く規定されている」［吉田 2013: 114］事情は、プーケット
の場合にも等しく当てはまる。そこから容易に推察できるのは、観光地プーケット
の開発が第一義的にはタイ人ではなく欧米人観光客の誘致を狙って進められた、と
いう歴史的経緯だ。ただし、その〈楽園〉イメージには西欧文化圏を超えて訴求す
る普遍的な魅力があったために、日本を始めとする東アジア諸国や、タイの経済が
発展するにつれて国内からのツーリストをも引きつけて、アジア的な混沌をも併せ
持った多面的な〈楽園〉観光地へと成長していくことになった（第 8 章）。
　吉田［2013; 2020］の整理によれば、現在では南国ビーチリゾートにお決まりの
形容として使われる〈楽園〉なる概念には、キリスト教圏におけるエデンの園のイ
メージが流用されている。日本語で楽園と訳される英語の paradise という語は遡

れば古代ギリシア語の paradeisos に行き着くが、これはどこかはるか遠く、この世とあの世の境目にある理想郷を指す言葉だという。それが時代を経ると、西欧キリスト教の世界観における理想郷、すなわち人間が原罪を背負う以前の幸福な存在でいられたエデンの園を「パラディソスとして代置＝表象する慣習が成立した」［吉田 2013: 117］。その後、西欧キリスト教の神学論において「楽園を聖書の記述にもとづいて実在するものとみなすことはなくなったが、むしろそうした神学への準拠を必要としなくなったがゆえに、近代において楽園表象は、ロマンティシズムやオリエンタリズムの想像力の次元においておおいに飛翔することになる」［吉田 2013: 136］。近代以降の人々を魅了した新たな〈楽園〉イメージの構築に寄与したのは、大航海時代以降に西欧が「発見」した南太平洋やカリブ海の島々における、美しく明るいビーチの景観と、ゴーギャンの作品などに典型的に見られる、欧米人男性の視点からして（上半身に衣服を纏わないなどの点で）開放的で魅力的、そして性的ファンタジーをかき立てる現地女性の姿であった。絵画や文芸作品、そして 19 世紀後半以降は写真と映像を通じて、欧米人好みの「3S」または「4S」(Sea, Sun, Sand and Sex) と呼ばれる今日的な〈楽園〉の普遍的なイメージは確立していく。近代以降の新たな〈楽園〉は、エデンの園に代表される架空のユートピアとは異なり、欧米や日本から往来可能な実在の場所である。20 世紀後半になって航空機による長距離大量輸送が実現すると、かつては訪れるのにハードルが高かった南太平洋やカリブ海や東南アジアの沿岸域島嶼部は、一般人にも手が届く〈楽園〉観光地として、人気を博すようになる。

　第二次世界大戦後、インバウンド観光振興による外貨獲得を図ったタイは、〈楽園〉イメージを最大限に活用した国のひとつであった。1970 年代から 80 年代にかけて、ビーチリゾートとして新たに開発を始めたプーケットを国際観光市場に売り込むにあたり、TAT は「アンダマンの真珠」というキャッチフレーズを採用する。真珠は南の海の美しさを象徴する宝飾品であり、その輝かしい白色は日照にまぶしい〈楽園〉の砂浜に通じるものがある。TAT による日本語ウェブサイトのプーケット紹介ページでは、現在も「アンダマン海の真珠」なる表現が繰り返し登場する［タイ政府観光庁日本事務所 2022］。またプーケットを扱った観光ガイドブックなどを見ると、はっきりと〈楽園〉という言葉で飾られているのが目に付く[5]。日本の観光情報産業も、プーケットの魅力を市場に発信する際には、積極的に〈楽園〉イメージを活用してきたのである。

　プーケットを含むタイ南部のビーチリゾートと〈楽園〉イメージを結びつける情

報発信の効果的な一例が、2000 年に封切られたレオナルド・ディカプリオ主演の映画『ザ・ビーチ』（*The Beach*）への撮影協力だろう。おそらくはタイ南部沿岸域の観光開発が端緒についた 1970 年代頃における欧米バックパッカーたちの（今日から想像される）姿に触発されたと思われるその映画は、主人公が、まだ観光地化されていない（そして大麻が自生している）無人島にある唯一無二の〈楽園〉ビーチの噂を聞きつけるところから始まる。主人公が伝説の〈楽園〉を探し当てた後の悲喜こもごもが映画の主要プロットとなるが、その舞台となるビーチは美しさという意味でも、世俗から隔絶しているという意味でも、西洋キリスト教的価値観における〈楽園〉の姿を体現するかのように描かれた。映画の撮影が行われたピーピー島[6]のマヤ湾は、現実には観光地化が進んだ場所であったが、映画で描かれた〈現代文明に汚されていない楽園〉のイメージを求めて、以前にも増して観光客が殺到することになった。

　『ザ・ビーチ』の澄み切った映像によって美化された〈楽園〉イメージは、ピーピー島のみならず、周囲一帯の観光マーケティングに流用されていく。特にプーケットは、ピーピー島から西北に 40km ほど離れているものの、広域的には同じパンガー湾に位置すること、空路でピーピー島に向かうにはプーケット国際空港を経由するのが一般的であること、宿泊インフラが充実しているためピーピー島への日帰りツアーの基地となったことなどから、『ザ・ビーチ』が活写したマヤ湾の視覚イメージを拝借しやすい立ち位置にあった。従来からの「アンダマンの真珠」に加えて『ザ・ビーチ』の〈楽園〉表象をも手にしたプーケットは、（SARS の影響を受け

5) JTB パブリッシングが出版する日本で最も認知度が高いであろう観光ガイドブック『るるぶ』の『プーケット・サムイ島』を見ると、2009 年発行版では「欲張りな楽園にようこそ」、2011・2013・2015 年発行版では「タイの楽園に恋をして」、2019 年発行版では「タイの楽園リゾートでプチ贅沢バカンス」がキャッチコピーとなっている（唯一 2017 年発行版の表紙のみ、楽園という文言が使われていない）。また『地球の歩き方リゾートスタイル』の『プーケット・サムイ島・ピピ島』最新版も、表紙に「タイの楽園リゾートを完全ナビゲート」と記載されている［地球の歩き方編集部 2021］。
6) いわゆるピーピー島は、ピーピー・ドンおよびピーピー・レーという二つの島からなる（加えて周囲には複数の小さな属島があり、格好のダイビング・スポットとなっている）。ビーピー・ドンは、二つの岩山が砂州で繋がれたような形状をしており、その砂州部分を中心に宿泊施設や商業施設が密集して観光産業集積を形成している。映画のロケが行われたピーピー・レーは、砂浜以外の平地が皆無なため基本的に無人島だが、映画の封切後、ピーピー・ドンはもとより片道 2 〜 3 時間かかるプーケットなどからも、日帰りボートツアーがやってくるようになった。

た 2003 年を除き）2004 年まで順調に観光客数を増大させていくことになる。

## 1-3　プーケット在住日本人

　プーケットの観光セクターにおいては、インバウンド観光客の好みに合わせたサービスの提供や、言語上の不便を補うために、外国人事業者や労働者の存在が必要不可欠である。なかでも日本人客は、タイ語はもちろん英語での意思疎通も苦手とする場合が多く、またしばしば「わがままで依存心が強すぎる」と現地のサービス提供者たちに揶揄されるほど、きめ細かなサービスを要求する傾向がある。ゆえにプーケットでは、特別に日本人観光客のみに的を絞った観光関連事業（日系旅行代理店やダイビング・ショップなど）や接客業務（ホテルの日本人顧客サービスなど）への、一定の需要がある。プーケットに在住し生計を立てている日本人は、ほぼ例外なくそのような日本人客を主な対象顧客とした職業に従事している。

　プーケットには、政治経済の中心部である内陸の県庁所在地プーケットタウン（日本人による通称「タウン」）と、観光地区として開発が進んだ島の西側にある複数のビーチエリアを中心に、相当数の日本人が在住している。在住といっても、その期間は数ヶ月から数十年まで幅があるので、「プーケット在住日本人」というカテゴリーは、それ自体が曖昧である。なかでも当地に半永住している人間を中心として（タイ人と結婚している、会社を経営しているなどのケースが大半である）、日本人会が組織されている。「プーケット日本人会」は、バンコクに本部を置く「タイ国日本人会」とは異なる、独立組織である。プーケット日本人会は、1990 年に 16 名の在住者によって立ち上げられた。筆者が調査をした 2005 年初頭の時点で、約 100 の世帯、計 247 人が会員として登録されていた。その最大の活動は、プーケット在住日本人の子弟のための補習教育の提供である。プーケットには日本人学校がないため、日本人会が中心となって週に一度、日本語での補習授業を行なっている。補習校運営に関わる日本の文部科学省などからの資金援助が、最大の財源である。在住者もしくは長期滞在者のうちでも、日本人会に登録しているのは少数派となる。数年以上にわたって継続的（または日本と行き来をしながら断続的）にプーケットに住んでいる人間の総数は、入れ替わりはあるものの、インド洋津波以前の 2000 年代前半において常時 1,000 人はくだらなかったと筆者は推計する。そして、広い意味での観光客もしくは旅行者（すなわち当地で全く収入を得ていない人間）を除く、プーケットにおいて何らかの形で生計を立てている在住者たちは、そのほとんどが、直接間接に国際観光に依存している。

　ビーチリゾートが連なるプーケット島の西側は、インド洋津波の被害を直接に受けたエリアである。プーケット観光の中心であり現場であるため、多数の宿泊施設や娯楽施設が点在し、新宿や渋谷の繁華街を想起させる様相を呈している。ビーチ沿いに海鮮料理店や土産物屋、オープンバーやディスコなどが建ち並ぶネオン煌びやかな繁華街は、日本の海水浴場にはあり得ない規模である。それほどの「盛り場」を維持できる経済規模がプーケットの観光市場にはあり、日本人向けのサービス業を含む多くの雇用を生み出している。島の北西部に多く立地する、準プライベートビーチを伴う大型の高級リゾートホテルも、日本人にとっては格好の職場である。ビーチリゾート地域に在住する日本人は、独立して旅行代理店やダイビング店などの商売を営んでいる者、それら日本人経営の企業で雇用されている者、もしくはタイ人（または欧米人）経営の企業で雇われている者などがいる。

　一方、内陸のパンガー湾寄りに位置するプーケットタウンは、直接の被災はしなかった。タウンはプーケットの県庁所在地であり、政治経済の中心であり、プーケット日本人会の本拠地でもある。タウンに住む日本人は、ビーチリゾート在住の人間たちとはいささか背景を異にしており、日系企業の駐在員や、大手旅行会社や航空会社の系列または下請的な立場にある現地旅行会社の関係者が多く含まれる。

## 2 2004年インド洋津波

### 2-1 青天の霹靂

　2004年12月26日の午前8時頃（現地時間）、インドネシアのスマトラ島沖で、マグニチュード9を超える巨大な地震が発生した。その地震により引き起こされた津波は、数時間のうちにインド洋沿岸の全域に到達した（図1-5）。インド洋沿岸諸国では一般に津波への備えが無かったため、インドネシア、インド、スリランカ、タイ、ミャンマー、モルジブなどで、合計20万人を超えると見積もられる多数の犠牲者が出る結果となった。また、120万人を超える人々が住まいを失ったとされる。

　タイ南部のアンダマン海側沿岸に津波が押し寄せたのは、スマトラ島沖での地震発生から約2時間後の午前9時55分頃であった。956kmに及ぶタイ南部の西側海岸線のほぼ全域が、津波の来襲を受けた。パンガー、クラビ（Krabi）、プーケット、ラノーン（Ranong）、トラン（Trang）、サトゥン（Satun）の各県の海岸線が、津波の直撃を数度にわたって被り、大きな打撃を受けた（図1-6）。被災地域の海岸線における物理的な破壊の度合いは、集落や建築物の有無、人口の密集度の違いに

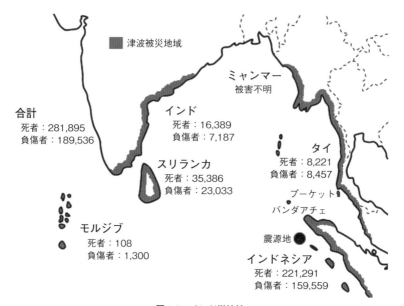

津波被災地域

ミャンマー
被害不明

合計
死者：281,895
負傷者：189,536

インド
死者：16,389
負傷者：7,187

スリランカ
死者：35,386
負傷者：23,033

タイ
死者：8,221
負傷者：8,457

プーケット
バンダアチェ

モルジブ
死者：108
負傷者：1,300

震源地 ●

インドネシア
死者：221,291
負傷者：159,559

**図 1-5　インド洋津波**
犠牲者数は UNDP（United Nation Development Programme）ウェブサイトに依拠（2009 年 10 月 21 日現在）

加えて、地形などの条件により大きなばらつきが見られた。

　震源に近いインドネシアなどに比べると比較的被害が軽微であったタイ南部でも、タイ人・外国人を合わせて、確認されただけでも 8,000 人を超える死者・行方不明者を出した。2005 年 3 月 24 日現在におけるタイ政府の発表によれば、死者数が 5,395 人、負傷者が 8,457 人、そして 2,923 人が行方不明となっている［ADPC 2006: 21］。この数値は、被災地域に相当数が滞在していると思われる不法就労のミャンマー人などを含んでいないため、実際の被害者数ははるかに多いものと推測される。

　地震発生から津波の到着まで 2 時間のタイムラグがありながら、これほど著しい人的被害を出した最大の理由は、津波への警戒心の欠如である。現在では、スマトラ沖地震とそれに伴う大津波は、ある程度の周期において発生を繰り返してきたと考えられている。アンダマン海では、少なくとも 1881 年と 1941 年に津波災害が生じていたとされる［ADPC 2005: 6］。沿岸域の観光開発が始まる前の出来事であったため、仮に 2004 年と同等の津波に襲われていたとしても、人的・物理的被害は小さかったであろう。そのこともあってか、タイ南部に巨大津波が来襲（再来）する可能性については、1990 年代に一部の研究者から指摘がなされていたものの、ほ

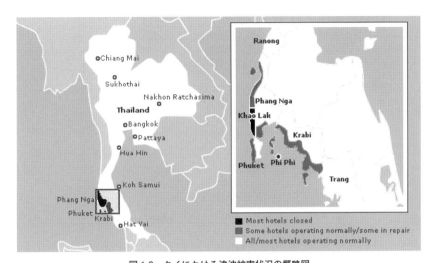

**図1-6 タイにおける津波被害状況の概略図**
出典：Pacific Asia Travel Association（ただし筆者が色を改変）

ぼ黙殺されていたようである［Husted & Plerin 2014］。少なくともタイ人たちが
一般に知る歴史には、過去にタイ南部を津波が襲った事実は書かれておらず、した
がって「津波が来るかもしれない」という発想そのものが、彼らには欠落していた。
地震・津波災害に関するそのような知識背景にあっては当然のことながら、タイ人
一般はもちろん南部の沿岸域に居住する人々も、津波への警戒心や予備知識は全く
持っていなかった。加えて、防災・警報システムの完全なる不在により、津波を見
越しての避難行動を取るきっかけも与えられず、濁流に巻き込まれて初めて危機の
発生を知るというのが、実情であった。

　津波の不意打ちを受けたタイ南部の沿岸には著名な観光地が複数あり、年末年
始の休暇を過ごす日本からの観光客に加えて、観光業に従事する邦人が少なからず
在住していた。彼らは、地震が津波を引き起こすことを知っていたはずだが、イン
ド洋津波にあってはタイ人たちと同様に無防備なまま被災した。地震と津波の因
果関係に関する十分な防災知識を持っていたはずの人々が、2004年12月26日の
プーケットで津波を警戒しなかった理由は、大きく三つある。第一に、タイ人たち
の災害観と等しく、タイに地震と津波はないと素朴に思い込んでいたこと（正確に
は、タイと地震・津波を結びつける発想や理解それ自体が存在しなかった）。第二に、
スマトラ沖はタイからははるかに遠く、その影響としての津波がタイの海岸線にま
で及ぶとは、全くの想定外であったこと（1960年に日本を襲ったチリ地震津波の教

**図 1-7　津波の直撃を受けたピーピー島の船着き場**（筆者撮影）

訓は、ここでは生かされていない）。第三に、政府・自治体による（テレビやラジオ、拡声器などを通じた）注意喚起や警報が、皆無であったこと。結果として、津波という概念をもつ者にとってももたない者にとっても、2004年のインド洋津波は、まさに青天の霹靂だったのである。

　筆者は、まだ被災の爪痕が生々しい 2005 年 2 月にピーピー島、プーケット、カオラックを順次訪れて視察および聞き取り調査を実施した。プーケット空港への航空便は途絶していたので、バンコクから夜行列車に揺られてタイ南部のスラタニー（Surat Thani）へ、そこからバスに乗り換えて、パンガー湾に面する小都市クラビーへ。訪れる観光客もなくなったピーピー島へ向かうクラビー発のフェリーは、不定期運行となっていた。クラビーで二日間の足止めを食らったあげくにようやくたどり着いたピーピー島の船着き場で目にしたものは、飴のようにひしゃげた桟橋と、きれいに押しつぶされた事務所のトタン屋根（図 1-7）。ガラスがなくなって吹き抜けになった電話ボックスがもの悲しかった。

　ピーピー島でもプーケットでも、被災地に在住するタイ人のほとんどが、そもそも津波という現象の存在すら知らなかったと語った。日本語で言う津波に対して、タイ語では、直訳すると「鬼波」となる khluun yak もしくは「大きな波」となる khluun luuk yai といった言葉が充てられていたが、一般に使われる言葉ではなかったようだ。インド洋津波後における大量報道の影響により、現在では日本語そのままのツナミで通用するようになっている。津波がタイ南部に押し寄せたのは 12 月 26 日の朝だったが、その日の午後から夜にかけて、現地のタイ人たちの多くは、自分たちを襲った出来事の適切な呼び名を知らず、主に「洪水」（naam thuam）と

図1-8　被災したトンサイ湾エリア（筆者撮影）

いう言葉で表現していたという。また、先述のように事前の警報・注意報はなかっ
たため、実際の津波の来襲をもって人々は初めて危機の発生を知った。例えばピー
ピー島の中心部でゲストハウスなどが集中するトンサイ（Ton Sai）湾エリアにおい
ては、津波来襲時には建物の中にいた者たちが、訳も分からぬまま波に押し流され
てしまったようである。

　ピーピー島の調査で筆者が話を聞けたのは、僥倖にも被災時に屋外にいた者たち
である。遠くから波がやってくるのを察知し、状況を理解できぬままにとにかく高
所に駆け上がるなどの対応を取ることができた者もいるが、なかには適切な方向へ
逃げることができず、波に呑まれた犠牲者もあった。生存者に尋ねても彼らが生き
残った決定的な理由を見いだすことはできず、そこで生死を分けたのは偶然であっ
たと思われる。津波来襲の直後、生き残った者はひたすら泣き叫びながら、家族や
知人の安否を尋ねて回っていたという。ピーピー島に救援のヘリコプターがやって
きたのは夕方5時頃で（次の日という証言もあり、住民たちが救助の状況を把握し
切れていないことをうかがわせた）、救助者の誘導により近くの高台（山の斜面な
ど）に避難して夜を明かした。救助者の絶対数が少なかったために全ての被災者に
対する適切な誘導はできなかったようだが、多くの者たちは津波の再来をおそれて
直感的に高所へと移動した。同様にプーケットやカオラックにおいても、ほどんど
の被災者にとって、あまりに突然の出来事だったために、津波来襲時に取れた対応
は極めて限られていた。

## 2-2　生活・事業環境および経済活動への打撃

　タイの津波被災地においては、人的被害だけではなく、建物やインフラ関連の損壊など、経済的な被害も甚大なものとなった。主に打撃を受けたのは、アンダマン海沿岸全域の地場産業である漁業と農業、そして 1980 年代以降になって急速に発達してきた観光業である。

　同沿岸域を襲った津波は、最大波高が 10m にも達したとされる。最も甚大な打撃を受けたのは新興ビーチリゾートのカオラックを含むパンガー県であり、ピーピー島を含むクラビー県とプーケット県が物理的な被害の規模としてはそれに続く（図 1-6）。仮に人口や建造物の集中度合いが似通っていても、地形的な諸要因（海岸線の波に対する角度、海底の深度と勾配や隆起、波の進路を遮る地形的な障害の有無など）や建造物自体の外的衝撃への脆弱性などにより、津波による破壊の度合いは大きく異なった。他の県に関しては、沿岸域に点在する小島における物理的な暴威は深刻だったが、本土の被害は比較的小規模にとどまった。

　ピーピー島においては、トンサイ湾周辺に形成された中心街は津波の直撃を受けて壊滅状態となった。ピーピー島は、二つの縦長の山が砂州によって連結された、アルファベットの「H」に比せられる形状の島である（図 1-9）。H 型の横棒部分にあたる陸繋砂州（トンボロ地形）は、山勝ちなピーピー島のなかで唯一、低地が広がる部分であり、宿泊・商業施設、そして住居が集中する人口稠密地となってい

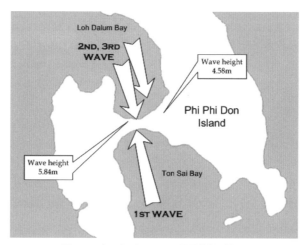

図 1-9　ピーピー島における津波来襲の状況
出典：筆者作成

図1-10 ピーピー島中心街の廃墟① （筆者撮影）

図1-11 ピーピー島中心街の廃墟② （筆者撮影）

た。二つの山が形成する湾の最奥に低地があるのは、日本の三陸地方のリアス海岸と同様に、津波の威力を増す地形条件である。不幸にも、山に行く手を阻まれた津波が押し寄せる通り道に人口が密集していたことが、ピーピー島における被害を大きくした。2005年2月の訪問時には、未だに廃墟のなかで瓦礫を片づけている状況であった。そこで商業集積を形成していた木造平屋もしくは二階建ての商店・飲食店・ゲストハウスなどは、大きく破損し、ほとんどが放棄された状態であった。ただし、ピーピー島の北部に点在する海岸リゾートに関しては、物理的な被害は限定的であったようだ。

　同様に大きな物理的被害を受けたカオラック・ビーチでは、遠浅の海底を駆け上がってきた津波が南北に延びる砂浜を呑み込み、観光関連施設のほとんど全てを破

図 1-12　ピーピー島中心街の廃墟③（筆者撮影）

図 1-13　ピーピー島中心街の廃墟④（筆者撮影）

壊した。2005 年 3 月の訪問時点では、主なビーチ沿いのエリアは大きな建造物が
いくつか残っている以外、ほぼ壊滅状態であった。カオラックは欧米人向けの高級
リゾート地として開発された経緯があり、準プライベートビーチを形成する大型の
ホテルが点在していたが、その多くが完全に波をかぶって使用不能となり、放棄さ
れた状態となっていた（図 1-14）。一部の建物は骨格のみを無惨にさらしていたが、
波に流されて堆積した瓦礫はほぼ撤去されて、ビーチエリアはほとんど更地化して
いた。ビーチの数百メートル内陸を走る国道沿いには商店やゲストハウスが並ぶが、
これは津波に流されたエリアと被害を受けていないエリアにはっきりと二分されて
いた。
　対して、プーケットの各ビーチは、カマラ（Kamala）ビーチを除いて、被害は

図1-14　カオラック・ビーチの被災したホテル〈筆者撮影〉

図1-15　カオラックで犠牲となった観光客を追悼する張り紙〈筆者撮影〉

あったものの都市機能を長期にわたって失わせるほどの重篤な物理的打撃は免れた（図1-16）。最も多くの観光客を集めるパトンビーチには低層の商業・宿泊施設の集積が形成されており、特にビーチ沿いの建造物は津波の直撃を受けて、営業ができないまでに破損された。ただし、ガラスが割れたり壁が抜けたりはしたが、多くの場合に基本構造は破壊し尽くされずに残存し、修復を待っていた。営業のできないホテルや店舗が点在してはいたが、2005年3月の段階で復旧は急ピッチで進んでおり、着々と通常営業に戻りつつあった。ビーチから内陸側に入ると、最も被害がひどかった南端のエリア以外では建造物の破損はあまり目立たなかった。また、ビーチそのものへの被害は特に見受けられず、護岸が一部崩れている程度であった。
　アジア災害準備センター（ADPC: Asian Disaster Preparedness Center）の試算

図1-16　プーケット島における
津波被害状況

出典：Pacific Asia Travel Association（ただし筆者
が日本語訳のうえ色を改変）

によれば、タイにおける津波による経済被害の総額は、被災した6県の県民総生産の50％に相当する857億バーツ（うち観光産業の被害総額は720億バーツ）におよぶとされる［ADPC 2006: 15-19］。また、国連環境計画（UNEP: United Nations Environment Programme）の作成したレポートは、被災6県における経済的な損失に関して、漁業が4,300万 US ドル、農業が65万 US ドル、そして観光業が3億2,100万 US ドルとの推計値を提示している［UNEP 2005: 48］。

　以下、主に上記レポートに依拠しながら、タイにおけるインド洋津波の経済面における被害状況を概観しておく。観光業の被害は、特に甚大であった（観光客の減少については第2章にて詳述）。全体で315のホテルと宿泊リゾート、234のレストランが全壊もしくは半壊した。加えて、主に観光客に依存していた4,306の商店や旅行代理店、各種サービス事業者などが事業の継続を断念した。また、148隻の大型観光船、および776隻の小型観光用ボートが失われるか破壊されるかの被害を受けた。

　2000年にはタイ全土における漁獲高374万トンのうちの32％がアンダマン海沿岸において水揚されていたが（養殖業を含む）、漁船、漁具、エビなどの養殖池や孵化施設、海に設置した養殖用生簀などが破壊されたために、津波後の漁業生産は激減した。津波によって失われた、もしくは破損した漁船の総数は、大型船が1,137隻、小型船が4,228隻と報告されている。また主要な漁港のうちの8カ所は深刻な物理的破損を被った。農業部門における打撃も深刻で、1,505ha の農地が波をかぶって塩害を受け、家畜の被害としては、千頭以上の牛・水牛・山羊など、および2千匹以上の豚、8千羽におよぶ家禽が失われた。

　建造物の被害としては、住居用家屋のうち全壊したものが3,619軒、破損したものが6,791軒。特にパンガー県では、一部の漁民集落が全壊といって良い被害を受けた。加えて多数の商業用・宿泊用の施設が破壊された。建造物破壊は大量の瓦礫や廃棄物を生みだし、そのうちの少なからぬ量が海へと流出した。流失物の総量は正確な推定が難しいが、ピーピー島だけでも3万から3万5千トンに及ぶと見積もられている。津波直後より、世界各国から集結したボランティアのダイバーなどを動員して海中の清掃活動が行われたが、回収できた流出物は総量のごく一部に過ぎないと思われる。

# 第2章

# 風評災害
## 観光忌避の社会心理

## 1 インド洋津波災害のプーケット観光への影響

### 1-1 観光産業集積の被災

　インド洋津波がタイ南部にもたらした被害の大きな特徴として、漁村などに加えてビーチリゾートが被災した点が挙げられる。筆者は、タイ南部の津波被災地は、理念的にふたつのタイプに分けられると考えている。第一のタイプは、漁村や農村などの従来的な産業に依拠する地域（村落）共同体である。そこでの物的被害は主に住居家財と漁具であり、生活・生業の再建はその補償によってなされる[1]。また、住宅再建までの一時退避場所には、地域コミュニティが（幾分かの変形・欠落を生じながらも）そのまま移植されることになる。住居と生産財の破壊、そして地域コミュニティの一時移動を特徴とする第一のタイプの被災は、我々日本人が一般に思い描く自然災害の有り様と、大筋で合致するはずだ。パンガー県では、漁民が多く住むナムケム（Nam Khem）村などの漁村が壊滅的な被害を受け、住民は仮設の被災者キャンプに避難することを余儀なくされた。同様にクラビー県などにおいても漁民や農民の被災者は多かったが、これらの人々は、住居を失った者には比較的迅速に仮設住宅などの手当がなされ、また経済的な損失については、漁民の場合は失われた漁船や漁具の補償、農民の場合は打撃を受けた農業施設や農畜産物の補償が、比較的スムースに行われたことにより、津波後もその多くが従来の居住地域にとどまることが可能となった。

　タイ南部には、それとは条件を異にする第二のタイプの被災地があった。すなわち、観光地（より具体的にはビーチリゾート）である。プーケットのパトン地区を筆頭として、ピーピー島やカオラックなどタイ南部の主要なビーチリゾートは、ほ

---

1) 実際には、地域の漁業の実情に見合った漁具が供給されない、補償の配分が（一部有力者の意見に左右されて）不公平になった、などの問題があった。

ぼ純粋な観光産業集積だとみなせる。つまりそれらは、バンコクやチェンマイなどの都市型観光地にあっては観光以外の多種多様な産業が複合しているのとは異なり、域外からの訪問者がもたらす観光収入のみに頼って成立している、特殊な経済圏である。第1章でも述べたように、ほぼ無人であった地域に、長く美しい砂浜だけを頼りに人と投資を呼び込んで達成されたビーチリゾート開発は、ゴールドラッシュに比せられる。ゴールドラッシュにより荒れ地の真ん中に出現した経済圏は、一攫千金を狙う者たちが押し寄せてくるというその一点のみによって成り立っている（ゆえに金が出なくなれば廃れて消える）。同じように、観光のみに頼ったプーケット（島の西側に連なるビーチエリア）の経済は、観光が落ち込めば代替収入を生み出せずに崩壊する。こうした特殊な条件を備えているがゆえに、アンダマン海沿岸の観光地で生じた被害の様相は、第一のタイプとは大きく異なっていた。

　観光産業集積地の被災では、生活・居住地の被災とは異なり、経済的な二次被害こそが緊要な問題となる。つまり、主に観光客の激減に端を発する経済活動の衰退によって、人々が長期にわたる多大な困難に追い込まれるのである。インバウンド観光というゴールドラッシュによって拡大したタイ南部のツーリズム経済の担い手たちは、ゲストたる観光客はいうに及ばず、現地に在住するホストたちも、多くは域外からやって来ていた。同地の観光関連業への従事者は出稼ぎ者が多い。例えば当時、観光を主産業とするピーピー島の3,000人を超える居住者の大半は、近隣諸県およびタイ中央部や東北部からの出稼ぎ者であった。したがって、多くの者が現地以外に地縁・血縁を頼れる基盤があり、親戚縁者をたどって比較的容易に被災地から脱出できる素地があった。ゆえに、被災者キャンプなどにとどまる必要はなく、あらかたは県外などに脱出した。ピーピー島以外の観光地においても同様に出稼ぎ者が多かったので、観光客の減少による商売の不振を理由に現地を離れた者が多い。また、家ではなく職場が被災した（職場はビーチエリアだが居住地は内陸）という事例も多かった。観光産業集積の性格は、生活の場というよりは、ビジネスの場であり、市場である。プーケットやピーピー島などの観光を主要な産業とする地域を襲った津波災害においては、生活の物理的基盤および社会的基盤となるコミュニティの崩壊以上に、商業活動の基盤となる市場の縮小こそが問題であった。これは、生活基盤の破壊状況の精査、被害を大きくした文化社会的背景のあぶりだし、コミュニティ復興支援活動の改善といった、従来の社会科学的な災害研究の枠組みでは捉えきれない現象であった。

## 1-2　プーケット観光の落ち込み

　プーケットにおいては、建造物の損壊なども比較的少なく、住居や物財を失ったわけではないほとんどの在住者にとって、観光関連収入の深刻な落ち込みこそが、津波による主要な被害であったと総括しても過言ではない。例年、クリスマスと年末年始休暇の余韻が残る時期まで観光客が溢れ続けるパトンビーチも、2005年の1月は閑古鳥が鳴く有様であった。津波の来襲は、観光収入を激減させ、観光セクターへ極めて大きな悪影響を与えるのみならず、連鎖的に地域経済全体を衰弊させることになった。観光は津波の被害を受けたタイ南部6県における最重要産業と言える。そして観光関連産業の重要性は、域内で最大の経済規模を誇るプーケット県において最も顕著である。プーケットでは、観光客の運んでくる外貨に県民の大部分が直接間接に恩恵を受けている（結果としてプーケットはバンコク首都圏を除けば例外的に一人あたり県民所得が最も高い県となっている）。また「プーケット県知事によればプーケット県の就労人口の90%が観光関連産業に従事」［国土交通省2005: 3］しているとされる（おそらく間接的に関わる者を全て含んだ試算であろう）。算出方式が違うために同じ土俵での比較はできないが、TATの統計によるプーケット県における観光客の総支出は、プーケット県の県内総生産と比肩するか上回るほどの数字となっている。数字の妥当性に疑問は残るが、同県経済における観光セクターが、収益の源泉として突出していることはうかがえよう。

　そのような経済構造を下敷きとするタイ南部における被災状況の特徴のひとつは、地元住民に加えて外国人観光客が巻き込まれたことである。カオラックやピーピー島では、多くのホテルやゲストハウスが津波に根こそぎ流され、宿泊していた外国人観光客が犠牲となった。タイ政府の公式統計によれば、パンガー県においては、確認された死者総数に対する外国人の割合が39%にも達し、タイ人の29%を上回った（ただし国籍未確認の割合が31%）。津波被災地6県における死者総数5,395人（行方不明者は除く）[2]のうちの約36%が外国人と認定されたが、それらの多くは観光客である。

　カオラックおよびピーピー島中心部に立地する観光関連の施設は甚大な被害を受けた。厳密に観光地区に限った数字はないが、両地域が含まれるパンガー県とクラ

---

2）出稼ぎ労働者としてタイ南部の経済を下支えしている不法入国のミャンマー人などは、推計において考慮されていないため、実際の犠牲者数は、公式統計の数値を上回ると考えられる。

ビー県における犠牲者数（行方不明者を含む）は、それぞれ5,880人と1,268人に達した。主要な観光エリアが廃墟と化したなかで、多数の観光客を受け入れることは困難な状態となった。しかしながら、タイ南部最大のビーチリゾートであるパトンを抱えるプーケットでは、889人の犠牲者が確認されたが、同地域の人口集中度合いを考慮すれば、被害は限定的であったといえる。パトンビーチでは浜辺に面した建物こそ破壊されたものの、多くの宿泊施設がほとんど無傷のまま残り、最も大きな被害を受けたカマラビーチにおいても、瓦礫は速やかに片づけられ、ホテルや商業施設が再建された。観光地としてのプーケットは（物理的には）急速に復興し、旅行者の収容能力も被災から半年後には津波前と遜色ない水準に戻った。

ハード面での復興が急速に進むのとは対照的に、プーケットを訪れる観光客の戻りは遅々としていた。津波来襲直後の2005年1月におけるプーケット空港利用客数（国際線）は、前年同月比89％減という壊滅的な縮小となった。結果として、1月末の時点において、通常は8割を超えるはずの主要ホテルの宿泊率は1割以下に落ち込んだ［The Phuket Gazette 2005a］。特に日本人観光客の減少は顕著であり、1月の日本人プーケット訪問者数は対前年比87％減となる約1,900人にとどまった［TAT 2006］。日本人観光客の激減は、プーケットの住人にとっては極めて印象的であったようで、「日本人はプーケットを見捨てるのか」といった語りが、現地のタイ人の口から頻繁に聞かれた。

プーケット県の出入国管理局の発表によると、2005年を通してのプーケット国際空港への外国人の到着数は、前年比50％減という低水準となった（図2-1）。TATの統計が示すところでは、プーケットへの訪問者数全体を見ても、2004年の約480万人に対して250万人程度、約48％の減少となった（表2-1）。観光収入は、2004年の857億バーツから2005年には282億バーツへと激減した（減少率は約67％）。この金額には、観光関連事業者が被った建築物・船舶などの破損による損害および復旧費用は、含まれていない。金額ベースでの減少幅が大きいのは、訪問者総数が減ったことに加えて、全体として一人あたりの滞在期間・支出金額ともに前年を下回ったこと、タイ人より総人数も一人あたり支出も多い外国人の減少率が高かったことなどによる。外国人訪問者に限ってみると、2004年の約350万人に対して130万人程度、前年比で約62％の減少となった。プーケットへの心理的距離が遠く、情報入手の手段が限られている外国人が、より強い忌避を示したのがうかがえる。外国人訪問客がプーケット経済にもたらした2005年の総収入は191億バーツで、2004年の721億バーツに比べて約74％もの大幅な減少率を示した。

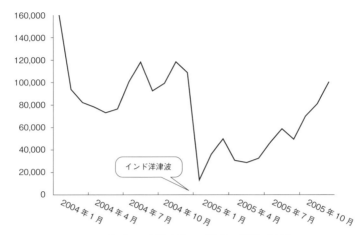

図2-1：プーケット国際空港への外国人到着数（月別）

出典：Immigration Bureau, Phuket Province の統計を元に筆者が作成

表2-1　2005 年プーケットにおける観光の減衰

出典：TAT［2006］の統計を元に筆者が作成

|  | 2004 | 2005 | 減少率 |
|---|---|---|---|
| 訪問者数（人） |  |  |  |
| タイ人 | 1,295,653 | 1,188,621 | -8.3% |
| 外国人 | 3,497,599 | 1,321,655 | -62.2% |
| 計 | 4,793,252 | 2,510,276 | -47.6% |
| 総収入（100 万バーツ） |  |  |  |
| タイ人 | 13,488 | 9,108 | -32.5% |
| 外国人 | 72,182 | 19,073 | -73.6% |
| 計 | 85,671 | 28,181 | -67.1% |
| 平均支出（人／日バーツ） | 3,669 | 3,278 | -10.7% |
| 平均滞在日数 | 4.86 | 3.56 | -26.7% |

　筆者が津波後初めてプーケットを訪れた 2005 年 2 月から 3 月初頭にかけての時期には、多くのホテルやレストランの従業員が、職場における売り上げが前年比 10 ～ 30％にまで減少していたと証言した。1 月におけるプーケットのホテルの稼働率は、例年であれば 8 割以上の高水準を保っているのに対して、2005 年の同月は 5 ～ 10％にまで落ち込み、3 月になっても 40％程度に低迷していた［The Phuket

Gazette 2005a; 2005b]。筆者が行なった聞き取り調査においては、パトンビーチの複数のホテルやゲストハウスのマネージャーが、津波から半年経った時点においても、半分以上の部屋が埋まらない状態だと述べている。特に、来訪者のなかでも最も大きな割合を占める、日本を初めとする東アジア系観光客の減少は著しかった。3月の時点において、TATプーケット事務所のスタッフは、外国人観光客数について同年末には前年と同水準まで回復するだろうという極めて楽観的な見通しを筆者に語ったが、ホテルや旅行代理店などの関係者の大半は対照的に、観光客が戻ってこない不安に苛まれていた。プーケットにおける観光ビジネスは季節性が激しく[3]、通常は1年の売り上げの7〜8割が11月から5月上旬までのハイシーズンに集中する。津波来襲の結果、2004年から2005年にかけてのハイシーズンが事実上消滅する形になったため、プーケットの観光関係業者にとって2005年は極めて厳しい一年となった。

## 2 津波直後における在住日本人

　津波のもたらした物理的な打撃は、プーケット在住者の生活を大きく揺さぶったが、住居や仕事道具などの破損を被ったわけではない大多数の住人にとって、それは一過性の事態であったといえる（ただし、津波被害が彼らに与えた心理的ストレスなどについて、過小評価するべきではない）。プーケット日本人会の推計によれば、津波が襲った当日、プーケットにおける日本人の長期・短期を含めた全滞在者は1,800名をはるかに上回っていたとされる。この数字には、日本人会の会員に加えて、非会員である在住者、そして少なくとも1,200名以上と推計される観光客が含まれる。特に西岸ビーチ沿いのホテルに滞在していた観光客のうちには、宿泊先を失うなどの混乱に巻き込まれる者が少なからずおり、在住日本人は、困窮した観光客の支援へとなしくずしに動員されることになったが、そのような事態も1月の半ばには沈静化した。また、建造物への破壊的影響も、カマラビーチなど一部を除いては限られていた。プーケットで最も多くの観光客を集めるパトンビーチでは、海岸に面したビーチロード沿いの商店やホテルこそ閉鎖されていたものの、年明けに

---

3) 季節風の向きによって、例年11月頃から5月初旬頃まで、プーケット近海を含むアンダマン海は穏やかな海況に恵まれる。対して5月半ばから10月頃までは、季節風の影響で波が高く立つのに加えて、雨期に入り降雨量も多くなるので、観光には不向きとなる。

図2-2　被災して閉鎖された郵便局で仮設営業をする露店（筆者撮影）

は、津波の直撃を免れた（床上・床下浸水程度で済んだ）ホテルや商業施設が営業を開始していた。2005年2月になると、1階が破損したままに置かれたビーチロード沿いの建造物の前には、復旧の遅れを覆い隠すように、衣料品や食品を商う露店が並んだ。その頃には、大破した一部の建造物の修復が済んでおらず、ところどころ更地が目に付いたものの、多くの人々の日常は平穏を取り戻していた。

　一方で、在住者の生活に大きく影を落としていた問題は、観光客の激減であった。上述した観光市場の縮小は、大規模な失業を生んだ。TATによれば、10万人にも達するプーケット県における観光業従事者のうちの約2割が津波被災の直後に解雇されたという［国土交通省 2005］。企業の従業員のみならず、個人事業主たちも収入減に苦しんでいた。特に零細な事業者たちは、クリスマスと年末年始を挟んだ4～5ヶ月程度のハイシーズンに年間の利益の大部分を稼ぎ出し、それ以外のローシーズンの期間は営業経費がまかなえれば良しとする経営スタイルである（実際には赤字になることも多いし、そもそも営業をしないという選択もある）。ハイシーズンでの利益がなければ、続くローシーズンを乗り切ることが難しくなる。2005年は、結局5月になっても客足が戻らなかったために、大企業に比べて体力のない中小の事業者のなかには、一時的に商売を休止するだけでなく、プーケットでのビジネスの基盤そのものを放棄して域外へと脱出する者が続出した。一般に開発途上国の観光関連経済は、インフォーマルセクターの占める割合が高いことを特徴とし、しかも表面的なフォーマルセクターの内にもインフォーマルな雇用形態が織り込まれている。一例を挙げれば、一部の飲食店や宿泊施設、さらにはTATの認可を受けている旅行代理店やダイビング・ショップなどが、労働許可証を持たない外国人

をフルタイムもしくはパートタイムで雇用していた。インフォーマルセクターに位置する事業者や従業員は突然の状況の変化や解雇に対する公的な庇護を受けていないため、観光市況の悪化に際しては真っ先に苦況に追い込まれる。しかし、政府機関に対する政治的発言力を航空会社や国際的なホテルチェーンといった大企業が独占していることもあり、弱者のニーズを敏感に反映した救済策は取られにくいのが実情であった。

　ただし津波来襲直後の時点において、観光客が激減したことは、日本人在住者たちにとって必ずしも深刻な危機とは受け止められていなかったようだ。インド洋津波のような大規模災害に見舞われて混乱状態にある土地を観光客が敬遠するのは、過去の事例に照らし合わせても、また自らの生活感覚からしても、当然である。ある日本人の土産物店経営者は、「1月2月は安易に考えていた」という。「危険がないことが分かれば、みんな復興につながるという考えで来てくれるだろう」という考えは「甘かった」と当時を振り返った。同様に「甘かった」日本人を含めた在住者の多くは、津波来襲から約1週間後となる年明けすぐから、ビーチに散乱する瓦礫の清掃などを自主的に行い、すぐに戻って来るであろうと期待された観光客を迎える準備に余念がなかった。またある旅行代理店経営者は、「1月にはタウンのホテルは満杯だった」ことを、危機意識の欠如の一要因として挙げた。つまり、政府関係者や各国からの報道関係者が大挙して訪れ、内陸部のプーケットタウンで数週間にわたって宿泊し、取材補助者として旅行代理店を頼ったため、観光客が減少した分の売り上げの落ち込みが、補填されていたというのである。また、明らかな客数の激減に直面した人々も、皆が直ちに将来への危機感を持ったわけではなかった。津波後に生じた様々な変化と混乱のなかで、個々の金銭的な利害への関心は薄れていたようである（それは第3章で詳述する「災害ユートピア」の特徴でもある）。例えば、あるダイビング・ショップの経営者にとっては、1月には津波による打撃を受けたサンゴ礁の調査活動が、関心の主要な対象だったという（第5章）。そして「海のことに専念していたので、プーケットの陸地のことはぴんと来なかった。2月に入って、1月の数字［売り上げ］を見て愕然とした」のである。

## 3 風評災害としての観光客減少

### 3-1　「風評被害」の社会心理学

　地震や津波、大事故といった危険で好ましくない出来事の発生に端を発し、その被害に関する情報（報道や噂話）が広く流通する結果として、社会経済的な被害（特に地域の産物の購買忌避や観光客の激減）が拡大し長引く。日本では、このような事態を指して「風評被害」と表現することが、ニュース報道などにおいても一般的である。しかしながら、実はこの言葉は日本に独特なようで、英語においても直接の訳語に相当する言葉は見当たらない。詳しくは後述するが筆者は、津波後プーケットで起きた事実を説明するうえで、「風評被害」の語／概念にはいささかの難があると考えている。本節では、まず日本語の「風評被害」という言葉／概念について整理し、本書でそれをあえて使用しない理由を説明する。そのうえで、「風評被害」に代わる別の概念を提案しつつ、津波後プーケットで生じた観光客減少のメカニズムを解きほぐしていく。

　「風評被害」という言葉は、1980年代からマスメディアに登場し始めた。新聞記事データベースを検索調査した堀洋元［2003: 69–70］によれば、全国紙4紙（朝日、読売、毎日、産経）の見出し及び本文中に含まれる「風評被害」という言葉の数は、1981年から1996年までは毎年数件程度にとどまっていたが、1997年から急増したという（1997年が197件、1998年が134件、1999年が423件、2000年が480件、2001年が1295件、2002年6月末時点で261件）。また、辞典・事典の類に最初に登場したのは、『イミダス』の2000年版が初めてである（時事用語の解説ではない通常の国語辞典には、風評という言葉はあるが「風評被害」という用例は採用されていない）。したがって、「風評被害」という言葉・概念は、1990年代後半になって一般に認知されてきたと考えて差し支えはないはずだ。

　1990年代前半までは、「風評被害」という言葉は主に、原子力発電所や核燃料処理施設などとの関連でメディアに登場してきた。いわゆる「迷惑施設」の建設に伴う地域社会との軋轢を報じる文脈において、地域のイメージダウンをおそれる住民の懸念を説明する際に、「風評被害」という言葉が用いられた。しかし、新聞に「風評被害」という言葉が頻出するようになった1997年頃から、その登場する文脈と用法の拡大が始まる。大規模な事故や災害、その他の衆目を惹きつけるアクシデントと、その報道により引き起こされる経済的被害を指すものとして、「風評被害」という言葉が使用されるようになったのである。

　この変化の契機となったのは、1997 年初頭に日本海で発生したタンカー座礁事故であった。1997 年 1 月 7 日、ロシア船籍タンカーのナホトカ号が日本海で座礁し、流出した大量の重油が福井県三国町の安島岬に漂着した。事故発生から数日後には、三国町沿岸の砂浜や港は真黒な重油で覆われ、その衝撃的な様子が繰り返しテレビや新聞・雑誌で報道された。行政や住民はもとより、全国から集まってきたボランティアたちが必死の思いで重油の回収作業にあたったが、その模様もやはり格好の報道の対象となった。結果として、三国町周辺で水揚げにされた海産物に値が付かず、三国町のみならず隣町にある芦原温泉でも民宿のキャンセルが相次ぐ事態となった。最盛期を迎えていたカニ漁・ノリ漁による売り上げが事実上消滅し、ゴールデンウィークを迎えても観光客の足が遠のいたままになっている事態を、マスメディアのみならず地元住人たちも「風評被害」だと表現し、その苦境を訴えた［粟野・髙橋 1997］。例えば三国町観光協会は、この事態を「風評被害」だと規定して、マスメディアに対して報道に配慮を加えるように要請する文書を配布している。

　その他、1990 年代以降に「風評被害」とされた国内の主な事例を以下に掲げる[4]［cf. 廣井 2001; 堀 2003; 関谷 2003; 2011］。ただし、「風評被害」は数ヶ月から時に数年にわたって持続するため、表示した発生時期は問題の発端となった事件の発生を示している。

- 1991 年 6 月：雲仙普賢岳噴火（長崎県島原市、観光関連）
- 1996 年 7 月：O-157 食中毒騒動（和歌山県を発端に全国へ、かいわれ大根）
- 1997 年 1 月：ナホトカ号座礁事故（福井県三国町、越前がになどの水産物・温泉や海辺の民宿などの観光関連）
- 1997 年 6 月：ゴミ焼却場から発生するダイオキシン汚染（大阪府能勢町、米・ミネラルウォーター）
- 1999 年 2 月：ニュースステーションによる残留ダイオキシン報道（埼玉県所沢市、ほうれん草などの野菜類）
- 1999 年 9 月：JCO 臨界事故（茨城県東海村、干し芋などの農産物・アンコウなどの水産物・ゴルフなどの観光レジャー関連）

---

4) 現在までに生じた事例を網羅すると膨大な数となるので、ここでは、風評被害についての社会心理学的研究が本格的に始まった 2000 年代前半までを、便宜的な区切りとしておく。

・2000 年 3 月：有珠山噴火（北海道虻田町・壮瞥町など、温泉などの宿泊・観光
　　　　　　関連）
・2000 年 7 月：O-157 誤検出事件（埼玉県を中心とする関東一円、ハム・ソーセ
　　　　　　ージ）
・2000 年 8 月：三宅島噴火（伊豆諸島三宅島・神津島など、交通機関・観光関
　　　　　　連）
・2001 年 9 月：狂牛病（BSE）問題（全国、牛肉・乳牛）
・2003 年 6 月：金目鯛水銀汚染騒動（全国、金目鯛を中心とする魚介類）
・2004 年 1 月：鳥インフルエンザ（中国・関西地方を発端に全国へ、鶏肉・鶏
　　　　　　卵）
・2004 年 10 月：新潟県中越地震（新潟県全域、観光関連）

　このような一見したところ雑多な事例が、「風評被害」としてマスメディアに取
り上げられている。「風評被害」という言葉はまずマスメディアの用語として登場
しており、新聞やテレビニュースなどにおいて、広く共有された定義があるとは言
い難いまま、便利な言葉として流通した経緯がある。そこで、「風評被害」の問題を
扱った先行研究は、マスメディアにおける用法を後追いする形で、「風評被害」の定
義を試みている。以下、先行研究による「風評被害」の定義をここで確認しておき
たい。

　　要するに、事実でないこと、あるいは些細なことがおおげさにとりあげられ、ある
　　人物やある業界、ある地域が被害を受けることであり、多くの場合、事件や事故を
　　新聞、テレビなどのマスコミが大きくとりあげ、それが人々のあいだで風評となっ
　　て、主に経済的な被害が発生することである。このほか、数は少ないが、マスコミ
　　による誤報、あるいは不確かな発表が風評被害を生むこともあるし、自然発生的に
　　生まれた流言が風評被害につながることもある。そして、観光業者や農業関係者
　　が被害を受けることが多い。［廣井 2001: 176–177］

　　風評被害とは、実際に起こっていない、あるいは実際よりも誇張された出来事がメ
　　ディアを通じて流布することによって、特定の人や地域に経済的な打撃を与える
　　こと、と定義できよう。［堀 2003: 68–69］

> 風評被害とは、ある事件・事故・環境汚染・災害が大々的に報道されることによって、本来「安全」とされる食品・商品・土地を人々が危険視し、消費や観光をやめることによって引き起こされる経済的被害。[関谷 2003: 87]

　最後の関谷による定義は、東日本大震災直後の 2011 年 5 月に上梓された風評被害をテーマとする新書本［関谷 2011］でも、ほとんど文言を変えずに採用されている。これら先行研究による定義が示唆する「風評被害」の発生メカニズムは、基本的には以下のように整理できる。

1. ある商品（観光活動などを含む）に関しての、事実とは異なる（偽の）情報、すなわち「風評」が大量に流布。
2. 消費者が「風評」に影響され、実際には安全である、もしくは元々は安全とされていた商品を、危険視し、買い控える。

　ここにおいて「風評」とは、「社会に流通する虚偽の情報ないし誇張された情報」とされる［廣井 2001: 22］。すなわち、「コミュニケーションの連鎖のなかで短期間に大量に発生した、ほぼ同一内容の言説」［早川 2002: 18］という意味での「流言」とほとんど同義だとみなしてよい。つまり、ある場所や出来事について、虚偽の、ないしは誇張された流言が消費者の不安感をあおった結果として生じた経済的な被害が、「風評被害」だということになる。しかしながら、こうした単純な「風評被害」の捉え方には、いささかの難があるように思える。現実に「風評被害」とされる事例の少なからぬ部分が、これらの定義によっては十分には説明できないのだ。そこで、国内における「風評被害」の事例を詳細に検討した関谷直也 [2003: 87-88] は、上に引用した「風評被害」の「定義」とは別に、「発生メカニズムの特徴」が以下のような過程をたどると主張する。

1. 「人々は安全か危険かの判断［が］つかない」「人々が不安に思い商品を買わないだろう」と市場関係者・流通業者が想定した時点で、取引価格・価格下落という経済的被害が成立する。
2. 「経済的被害」「人々は安全か危険かの判断がつかない」「人々の悪評」を政治家・事業関係者、科学者・評論家、市場関係者が考える時点で「風評被害」が成立する。この時点で言わば「「人々の心理・消費行動」を想像することによ

る被害」である。

3. ①経済的被害、②事業関係者・科学者・評論家・市場関係者の認識、③街頭
   インタビューの「人々の悪評」などが報道され、社会的に認知された「風評被
   害」となる。

4. 報道量の増大に伴い、多くの人々が「危険視」により「忌避」する消費行動を
   とる。事業関係者・市場関係者・流通業者の「想像上の「人々の心理・消費
   行動」」が実態に近づき、「風評被害」が実体化する。

　関谷によるこのモデル化は、流通業者などが「風評」に影響された消費者によ
る買い控えを恐れて商品の取り扱いを敬遠するなど、現実に発生した「風評被害」
の多彩な特徴を網羅的に取り込みつつ、上で引用した定義に収斂させる説明を試み
た結果である。しかしながら、このように慎重に補足され工夫された説明でもなお、
一般に「風評被害」とされる事例群全体の一般的な説明としては不適切なのである。

### 3-2　「風評被害」概念の曖昧さ

　「風評被害」と呼ばれる現象をよく観察すると、上に示した定義と発生モデルには
符合しないように見える事例も多い。関谷らの先行研究によって提示された「風評
被害」の定義は、「風評被害」と称される現象全般に関して実情を妥当に反映したも
のだとは必ずしもいえないというのが、筆者の立場である。なかでも、大規模な災
害に関連するケースや観光関連被害のケースにおいては、先行研究による定義と現
実との乖離とが浮き彫りになる。ここでは、従来的な「風評被害」概念に見られる
そうした問題を、前項に列記した日本における「風評被害」の事例群と津波後のタ
イ南部観光の比較検討を通じて、明らかにしたい。

　まず注目したいのは、経済的被害の発端として虚偽のもしくは誇張された情報
（すなわち流言）の流通が大量にあった、という説明は果たして妥当か、という点で
ある。2000 年 7 月に埼玉県のある特定の食肉加工工場において生産されたハムや
ソーセージから病原性大腸菌 O-157 が検出されたとの報道がなされた事件では、病
原菌の検出は保健所の検査ミスによることが後日明らかになった。また、1996 年の
和歌山県でのかいわれ大根の問題に関しても、かいわれ大根が O-157 の汚染源とは
特定できていない状況において報道が先行している。これらのケースでは、後日社
会的に認定される事実とは明らかに異なる情報が流布してしまい、その結果として
大手スーパーにおける大量の製品回収や一般消費者による購買忌避という事態が引

き起こされた、とみなしてもよいだろう。しかしながら、他の大半の事例において
は、虚偽の情報が流布されたとは一概にはいえないようだ。

　「ニュースステーション」によるダイオキシン報道の事例では、所沢産の野菜から
高濃度のダイオキシンが検出されたとのニュースが、1999 年 2 月 1 日の同番組にお
いて特ダネとして報道されたことを受けて、自粛という形の販売中止の動きがスー
パーマーケットなどで急速に広まった。事態を重く見た国と県が検査を行なった結
果、検出されたダイオキシンは極めて微量であるとの声明を出した。「ニュースス
テーション」では不適切な報道があったと陳謝したが、その後も所沢産野菜の取り
扱い忌避や価格下落の傾向が続いた。この事例では、所沢市の農家が集団でテレビ
朝日他に損害賠償を求める訴訟を起こしたが、司法の判断は、所沢産の野菜に対す
る信頼低下へのテレビ報道の影響は否定できないが、その内容には相当程度の真実
性があるというものだった。一般に、化学物質や放射能などによる汚染に関しては、
当の化学物質や放射能が検出されたという事実に基づく報道について、その虚偽性
を糾弾するのは難しい（明らかな誤検出や誤報道の場合を除く）。

　震災や同時多発テロなどの大規模災害の場合には、その傾向は一層顕著となると
同時に、報道などが誇張されたものかどうかの判断も難しい。2004 年の新潟県中越
地震においても、タイ南部の津波災害においても、崩壊した建造物や住居を失って避
難所暮らしをする人々の映像が繰り返しテレビで放映された。また、地震や津波を
引き起こす自然のメカニズムについて、専門家を解説者として招き、模式図などを用
いて詳細な説明がなされた。こうした報道について、事実ではない情報が流布され
ているとするのは無理がある。また、関連の報道が繰り返しなされたことについて
も、新潟の震災の場合は避難者約 10 万人・住宅損壊約 12 万棟、タイ南部の津波災害
の場合は 8,000 人以上の死者・行方不明者という被害規模を考えれば、大げさで誇張
された報道と言い切ることはできないだろう。新潟の場合においては、10 月の地震
発生後の冬には 19 年ぶりとなる豪雪に見舞われ、3,000 世帯を超す被災者が応急仮
設住宅での厳しい生活を長期間余儀なくされていたのだから、その実情を伝えよう
とする報道が数ヶ月にわたって続いたことにも、相応の社会的な意義がある。

　消費者が報道などに影響されて商品（観光旅行を含む）を危険なものとみなした
という説明も、事例によっては妥当性を欠く。先に述べた O-157 汚染やダイオキシ
ン汚染のケース、さらには 1999 年の東海村における臨界事故のケースなどでは、報
道の結果として消費者や流通業者が、病原菌・化学物質・放射能汚染を恐れて土地
の産品を危険視したことが、購買忌避・取り扱い忌避の主たる要因になったと認め

　られる。また、短期間に何度も噴火もしくは火砕流発生を繰り返した三宅島や雲仙普賢岳のケースについても、同様である。ところが、数ヶ月・数年という長めのタイムスパンにおいても繰り返しが見られない「一度限り」の災害や事故のケースに関しては、事情が少し違ってくる。

　2004年の新潟県中越地震は、「中越大震災」とも呼称される、最大震度7を記録した大地震であったが、消費者による新潟県への観光旅行の忌避の主たる要因が、地震に対する恐怖であったかどうかは、定かでない。大多数の日本人は経験的に、震災と呼ばれる規模の大地震は、一度発生したら当分の間再発しないことを知っている（もちろん多数の余震があり、その一部は相当に強い揺れを伴うのだが）。10月23日の震災の後にも大小の余震が繰り返し伴い、たびたび報道の対象となったが、それ自体はさほど大きな物理的被害を生むものではなかった。したがって、他県の消費者による新潟への観光旅行の忌避に関しては、こうした余震がもたらす危険への懸念が単独の主要因であったとするのは、無理のある見方ではないか。インド洋津波の場合も、数百年に一度と想定された[5]希な災害であるため、プーケット観光を忌避する消費者の行動が、ただ単に津波そのものによる危険を恐れてのことだとは考えづらい。

　さらに、先に引用した関谷による「風評被害」発生の段階的プロセスのモデルも、少なくとも自然災害や大事故の発生後における観光の落ち込みに関しては、やはり実情に合わない部分がある。関谷によるモデルでは、消費者の購買忌避行動よりも市場関係者・流通業者の取り扱い忌避が先に来ると想定されているが、新潟やプーケットの場合には、地震もしくは津波の被害を伝える報道があふれ出した直後から、消費者によるキャンセルの連絡が現地のホテルなどに殺到している。したがってこの場合、消費者の意識（行動）と市場関係者の意識（行動）の変化は、ほぼ同時に生じて、互いに影響し合う関係にあるとみなす方が適切である。また関谷のモデルは、まず社会的に「風評被害」が認知され、その認知を後追いする形で実際の被害が拡大してくるとするが、中越地震の場合もプーケットの津波災害の場合も、報道が観光の問題を取り上げるより前の被災直後から観光客の極端な減少が生じているのであって、消費者による購買忌避は基本的にはやはり「風評被害」発生の社会的

---

5）災害の発生からしばらくはそのような見方が強かったが、タイ南部の歴史を掘り下げた調査が後に明らかにしたところによると、実際には同地はもっと短いスパンで定期的に津波に襲われてきたらしい。詳しくは第1章第2節を参照。

認知に先立つと考えるべきである。特にプーケットの場合には、少なくとも日本国内においては観光の落ち込みを問題視する報道そのものが寡少なのだから、「風評被害」という了解が広汎に形成されているとすら言い難い実情があった（現地プーケットでは事情は異なる）。

　先行研究における「風評被害」の捉え方は、多くの事例をうまく説明できることから、一定の妥当性が認められると評価できる。それでは、津波後プーケットの事例との間に見られる上述の齟齬は、一体どこに起因するのだろうか。筆者が指摘したいのは、先行研究が、世間に既成事実として流通する「風評被害」という語句（概念）を、事実上そのまま、学術用語に流用している点である。とりわけ、語句の指示対象（にあたる事例群）の多様性を尊重し、語義を狭めることも下位概念を立てることもなく定義しようとする、その姿勢に問題が潜んでいるのではないか。世に言われる「風評被害」とは、実際のところ曖昧な多配列クラスとして定義されている、と筆者は考える[6]。多配列クラスとは、成員の全てに共通の一つ以上の特徴により厳密に定義される単配列クラスとは異なり、必ずしも成員の全てには共通しない複数の特徴の緩やかな共有（cf. ウィトゲンシュタインのいう家族的類似）によって定義されるクラスである［Sokal & Sneath 1963］。「風評被害」という概念が多配列クラスであることを認めるなら、関谷が提示するシークエンスの四つの段階や、上で引用した先行研究における「風評被害」の定義に特徴的であった、虚偽の情報の流布や消費者による商品の危険視といった要素も、「風評被害」事例の全てに共通の特徴ではないことになる。ゆえに、それらの特徴の一部に注目して単配列クラスとして「風評被害」を定義しようとする試みは、原理的に実を結ばない。同様に、関谷が提示した「風評被害」の発生過程モデルが適合しない事例が出てくるのは、家族的類似をなしている要素群の全てを一つのシークエンスに取り込もうとした錯誤によるのである。

　もともと「風評被害」という言葉は、何らかの事故や事件に関する報道により結果的に引き起こされた経済的な被害全般を漠然と指すものとして自然発生的に登場したもので、明確な定義がなされないまま世間で使用されてきた。明確な定義がないことによる曖昧さは、近年になって問題視され始めた雑多な出来事にラベル貼りをするうえで有用であり、その有用さゆえに一般に広く膾炙した。関谷らの先行研究

---

6）筆者は、多くの学問分野における「リスク」概念も同様に多配列クラスをなしていると
　考えるが、詳細は別稿に譲る［市野澤 2014b］。

による「風評被害」の定義は、そうした流れの中でマスコミによって「風評被害」
と呼ばれた事例をすべて包含するべく、後付け的に提出されたのである。しかしな
がら、このような自然発生的な分類概念は、多配列クラスを形成している場合が少
なくない。それをそのまま単配列クラスとして扱おうとすると、大きな曖昧さと矛
盾を残すことになる［ニーダム 1986］。先行研究による「風評被害」の定義は、ま
さにこの陥穽にはまっているように思える。

　以上の考察から再確認できるのは、既存の「風評被害」という概念は、研究者に
よる定義も含めて、多配列クラスに特有の曖昧さを払拭できておらず、その概念に
よって括られる事例群の性質には大きなばらつきが見られるということだ。もとも
と多配列クラスであった分類概念を単配列クラスとして定義すると、先に示した風
評災害の定義のように、多数の例外を生むことになる。それを恐れて、クラスに包
含される事例を全て切り捨てることなく定義しようとすると、その定義は過度に錯
雑・冗漫となるか、逆に極めて一般的な言明となるしかない（「風評被害」について
であれば、例えば「何らかの出来事の発生とその出来事に関する報道を原因の一部
として生じた経済的被害」という具合）。いずれにしても、分析的な対象指示概念と
しては有用性を欠いてしまうのである。

　「風評被害」は、その定義が曖昧なまま、重要な社会問題として認知されるよう
になった。しかし、今後その防止と軽減、さらには保険制度の整備や公的資金の投
入も含めた損害補償などを視野に入れた応用的な議論を行なっていくには、より明
確な形で対象を定義し、生起のメカニズムを現実に即して妥当な形で明らかにしな
ければならない。すでに流通している「風評被害」という既存の概念を単配列クラ
スとして厳密に定義することが不可能であるなら、①指示対象の変成によって単配
列クラスとしての定義を可能にする、②「風評被害」という概念はそのままにして
下位区分を設定する、③「風評被害」とは別の新たな概念を構築する、といった仕
方で対応することが必要になる（これら三つの対応策は厳密に区分できるものでは
なく、互いの重なり合いのうちに効果を発揮するだろう）。筆者は、本書（および
その元となった一連の論文）において、③の解決策を提案する。そこで打ち出され
る「風評災害」という概念は、一般語としての「風評被害」に比べて曖昧さを廃し
た分だけ、カバーできる事例の範囲が狭まる。したがって、視点の取り方によって
は「風評被害」の下位概念の一つとして捉えることも可能となるが、本書ではあく
までも独立した概念としての提案にとどめておく。

### 3-3　購買忌避のメカニズム

　災害とは何かという定義は研究者の視点と立場によって未だにぶれがある。しかし、災害は単なる物理的で瞬発的な現象ではなく、自然環境・文化・社会・政治・経済などの諸要因が複雑に絡み合った過程として立ち現れる、とする見方が、分野を問わず多くの研究者たちに共有されている［cf. Blaikie et al. 1994; Quarantelli 1998］。筆者は本書において、これまで「風評被害」と呼ばれてきた一連の現象のうち、新潟やプーケットの事例に代表されるような自然災害や大規模な事故の長期的な二次被害を、こうした社会科学的な災害研究の視点から捉え直すことを提案したい。

　中越地震やプーケットの津波といった自然災害における物理的な一次被害は、その発生と経過に関する情報が報道などを通じて広く社会に認知されることにより、社会経済的な二次被害を生む。プーケットにおいては、被災から１～２ヶ月後の時点ですでに、タイ政府のみならず、社団法人日本旅行業協会（JATA: Japan Association of Travel Agents）を含む国際的な観光業関連団体が事実上の安全宣言を出していたが、そのことによって客足が戻ったとは言い難い。筆者は、このような状況を主に商品の購買忌避という形で顕在化する長期的な二次被害という観点から考察するうえで、「風評災害」（reputational disaster）という概念を提案している［Ichinosawa 2006］。一般に使用される「風評被害」ではなく、あえて「風評災害」という語を採用したのは、消費者による旅行（商品の購買）忌避という理解にとどまらず、多面的かつ長期的な経過をたどる「災害」として問題を捉えることにより、防災・減災への道を拓くべきだ、という考えに基づく。

　筆者は風評災害を、「ハザード・イベント（人々に身体的な危害が及ぶような出来事）の二次的影響として、主にリスクに誘発されたスティグマによる商品・土地・技術などの忌避という形でもたらされた、社会経済的な被害や困難」と定義する［Ichinosawa 2006: 112］。津波後のプーケットや震災後の新潟において観光客が激減した理由を、虚偽の、もしくは誇張された情報の流布とその結果として生じる商品への危険視のみに帰するのは、いささか無理があるということは、上で説明した。それでは、現実に生じた観光の落ち込みは、どのようなメカニズムによると考えられるだろうか。

　観光・旅行業に悪影響を与える潜在的な可能性を持った出来事は多種多様である。たとえば、ホテルのオーバーブッキング、環境汚染、社会的・経済的な混乱、テロリズムなどはそれぞれ深刻な観光客減の引き金となりうる。これらのなかでも、地震や津波に代表されるような自然のハザード・イベントは、突然さと予測・制御の

不可能性において特筆されるべきものだ［Gee & Gain 1986］。そうした出来事の発生と経過がマスメディアなどによって大々的に報道されることが、一般の人々において「異常なリスク」の認知と忌避意識を生じさせる。結果として、関連する（とみなされる）商品・土地・技術などがスティグマ付けされ、消費者からの購買忌避を招く。これが「リスクに誘発されたスティグマ」（risk-induced stigma）のモデルである［Gregory et al. 2001; Kasperson et al. 2001］。社会学の領域においてスティグマという概念は、「人の信頼をひどく傷つけるような属性」と E. ゴッフマン［1970］が述べるように、社会生活における逸脱性との関連で論じられてきた。したがって、災害や事故がもたらすリスク意識によって誘発されたものとしてのスティグマについては、社会学的な考察の蓄積は少なく、重要な課題として残されている。しかしながら、ハザード・イベントの発生が商品・土地・技術などを徴付けし、その結果として商品の購買忌避や旅行の回避が生じてくるという考え方の大枠については、リスク認知論の分野[7]における実証的な研究によって支持されている［Flynn et al. 2001］。

　カスパーソンらが提示するリスクに誘発されたスティグマのフレームワークは、基本的に以下に示されるような段階的なプロセスを想定する（図2-3）。突発的な出

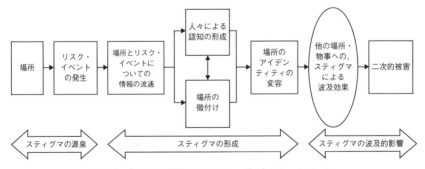

**図2-3　「リスクに誘発されたスティグマ」フレームワーク**
出典：Kasperson et al.［2001: 20］による図を筆者が改変

---

7) 本章で主に言及する、社会心理学の分野における先行研究では、必ずしもルーマン的な意味での「危険」と「リスク」の区分（第3章）を念頭には置いていないため、そこでの「リスク」という用語はしばしば「危険」と互換可能である。本章において、筆者は「リスク」という語をあくまでもルーマン的な意味において「危険」とは弁別して用いるものの、そのことによっていささか用語法の異なる社会心理学的な研究成果との齟齬が生じることは、論旨の展開上ないと考える。

来事がもたらす風評災害は、基本的にはこうした過程をたどると考えるのが妥当であろう。

1. **リスクに誘発されたスティグマの源泉**：ある特定の場所における、関わることが不利益につながると人々にみなされるような危険な出来事（ハザード・イベント）の発生。
2. **スティグマの形成**：ハザード・イベントに関する情報のマスメディアや口コミなどを通じた流通、ハザード・イベントの舞台となった場所に対する人々の否定的な認知の形成、場所にもともと与えられていた意味づけの変容など。
3. **スティグマの波及的影響**：スティグマの形成が空間を超えて広がる、場所へのスティグマが転じてその場所に関連する商品が忌避されるなどの、間接的な影響が生じる。

ハザード・イベント（カスパーソンらはリスク・イベントと呼ぶ）とは、消費者たちが危険であると捉え、巻き込まれるリスクを回避したいと思うような出来事である。ある観光地で大規模なハザード・イベントが発生すると、広く社会からの関心を呼ぶ。観光・旅行商品の消費者は、通常は遠く離れた外部の住人であるから、そのハザード・イベントは、消費者に対して（そこを訪れない限り）何らの損失も与えない。つまり、プーケットが津波に襲われたとしても、例えば東京在住の人間にとって、そのこと自体は直接的な危害の源泉ではない。しかしながら、それは野次馬的な興味の対象となるとともに、もしも自分がその場にいたら被災者と同様な苦難に見舞われるかもしれないという意味で、関わることが大きなリスクを生む出来事として捉えられる。ある出来事がハザード・イベントとして人々の興味関心を惹くと、マスメディアを通じて大量の報道がなされることになる。そしてその大量の報道が、出来事が生じた場所や関係する商品に対するスティグマを形成していく。特に、商品の安全性が懸念され、信頼できる情報の不足や錯綜などにより消費者や中間業者が判断に困るような不確実な状況に置かれることになった場合、リスク回避的な志向と結びついて、スティグマ化は進展しやすくなる。関谷 [2003; 2011] が報告するように、安全か危険か判断がつかないという状況は、それ自体が購買忌避の理由となるのだ。

　ただし注意しておきたいのは、観光・旅行商品の購買忌避の主たる要因となるのは、必ずしもリスク回避意識に限らないという点である。少なくとも観光・旅行

図 2-4　津波で全壊した建物を背後にくつろぐ観光客（筆者撮影）

業に関して言えば、ここでいう「リスクに誘発されたスティグマ」は、リスクそのものと同義である必要は必ずしもないと、筆者は考える。そうであるなら、虚偽の、もしくは誇張された情報の流布およびその結果として生じる商品への危険視を購買忌避の主要因とみなす従来的な「風評被害」論［廣井 2001; 堀 2003; 関谷 2003; 2011］は、津波後プーケットの風評災害を説明するためには不十分であり、修正を要する。確かに、津波に巻き込まれる人々や押し流される建物の映像は、人々の恐怖感をあおるだろう。また、余震が頻発していることが伝えられれば、津波が再発する危険性を意識しないわけにはいかない。その一方で、インド洋津波は 1970 年代から始まった観光地プーケットの歴史にはなかったほどの希な出来事であるため、プーケット観光を忌避する消費者の行動が、ただ単に津波再発の可能性を恐れてのことだとは考えづらい。この点に関して世界観光機関（WTO: World Tourism Organization）[8] は、「大多数の旅行者たちはインド洋における将来的な二度目の津波襲来のリスクが極めて小さいはずであることを理解している」と述べている［WTO 2005］。ただし、津波そのものではなく、津波がもたらした荒廃によって、宿泊や観光活動における利便性や快適性が損なわれているのではないかという危惧を、潜在的な観光客の多くが程度の差こそあれもっていたことは、疑いがない。快適な旅行を楽しめないかもしれないというのもまた一つのリスクである。例えば当時の日本にあって、海外旅行を検討する人々がどの程度まで、プーケットを旅行先

---

8）元来の略称は WTO だが、2003 年に国連機関となった後は UNWTO と表記される場合もある。

として検討するうえでそのようなリスクを意識していたかについては、信頼できるデータがない。筆者が日本でインタビューを行なった範囲では、プーケット旅行を選択肢に入れて細々としたリスクを含めて検討するような人は、プーケットに関する知識をすでにもっており（リピーターなど）、リスクをさほど大きくは見積もらない傾向があった。

　消費者がリスク回避意識を持つことも含めた上位概念として、筆者が注目するのが、ゴッフマン［1970］のいう「対他的な社会的アイデンティティ」（a virtual social identity）の変容[9]である。「対他的アイデンティティ」とは、周囲の人間たちがある人間に対して「予想された行為から顧みて行われる性格付与──すなわち《実効をもつ》性格づけ」［ゴッフマン 1970: 15］、言い換えると、ある人間に対して事実に関わりなく他者が外部から押しつける性格である。スティグマ形成の原因となる報道（情報）は、虚偽であったり誇張されたものであったりする必要はない。また、その報道は、必ずしも人々に危険を意識させるようなものでなくともよい。たとえ真実を伝えようとする誠実な報道であっても、従来その場所に付与されていたイメージとは全く異なる情報が大量に流されることによって、既存のイメージ、すなわち対他的アイデンティティが変容してしまう。この変容の仕方は、危険に関するものとは限らず、また明確にスティグマ付けされている必然性もなく、多種多様であり得る。観光地の場合であれば、楽しく遊びに行く場所という対他的アイデンティティが、例えば数多くの犠牲者が出た不幸の場所へ、という具合に変化する。そして、消費者にとって観光地でなくなってしまった場所は、そこに行くのが危険であろうとなかろうと、観光地選びの選択肢からはずされてしまう。関谷［2003; 2011］も指摘するように、多くの人々が犠牲になり、また未だに被災者たちが避難生活を余儀なくされている場所に遊びに行くのは憚られるという、いわゆる自粛の心理などは、リスク回避意識ではなく、場所に付与されたイメージの変容の帰結であるとみなすことができる。特定の場所に関する変容した対他的アイデンティティは、その場所への知識や意味づけを事前にもたない人々において、容易に受け入れられやすい。逆に言うと、観光客であれば、ある土地をかつて訪れたこと

---

9)「スティグマ」という概念も「対他的な社会的アイデンティティ」という概念も、ゴッフマンにおいては人間同士の関係を念頭に置いて提示されているので、人間以外の事象に適用する際には慎重な検討を必要とするだろう。しかし、本章が依拠するカスパーソンらの議論の地平に限れば、あくまでも比喩的な表現として理解しておいて、さしあたり問題はない。

があり、経験に根ざした確固たるイメージを抱いている人は、その土地への初めての訪問を検討する人よりも、マスメディアが提示する変容したイメージに影響されにくい。

### 3-4　〈楽園〉から「被災地」へ：対他的アイデンティティの変容 [10]

　インド洋津波が発生した直後から、主にニュース報道という形において、津波発生とその被害についての情報が大量に流され始めた。テレビ、インターネット、新聞・雑誌などの主要メディアのなかで、一般大衆に対しての影響力が最も大きかったのは、やはりテレビであっただろう。CNN や BBC などの放送局では通常番組をカットする熱の入れようで、十全な取材ができず現地の正確な状況が掴めないまま、断片的な情報を拾い集めて世界中に配信した。日本のテレビ局の反応は鈍かったが、年明けになって NHK を筆頭とする各放送局における主要ニュースとして、連日連夜取り上げられるようになった。こうした報道は、これからプーケット旅行を考えていた消費者にとっては、判断のための重要な情報源となったと考えられる。もちろん、新聞・雑誌やインターネットのニュースサイトなども情報流通においては重要な役割を果たした。テレビのニュース番組に比べて大量の文字データを載せることができるというメディアの特性上、死傷者や行方不明者の数を中心とする具体的な被災状況が詳細に掲載された。インドネシアのバンダアチェ、インド領のアンダマン諸島、そしてミャンマー全土に代表されるように、主要な被災地の多くが情報収集や発信のための設備基盤に恵まれていなかったため、被災状況の全貌は遅々として明らかにならず、死傷者や行方不明者の数が数週間にわたって連日改訂する形で報道された。加えて、実際に被災現場に居合わせた人々が、ブログなどの形で、インターネット上に体験記や写真を掲載し始めた。

　津波に関するテレビニュースの特徴は、津波来襲時の衝撃的な映像が、視聴者の興味を惹く目玉となったことだった。タイの場合は特に、外国人観光客が多い場所が被災地となったために、観光客が家庭用ビデオカメラで撮影した映像が続々と発掘され、ニュース番組の主要コンテンツとして新聞のテレビ欄を飾った。また同時に、犠牲者の家族や生き延びた被災者などへのインタビューを繰り返し放送し、被

---

10）　ここで提示される説明は、状況証拠のつなぎ合わせによる仮説的な理解にとどまるが、風評災害の進行過程を考える上でのパイロット・スタディーとしては意味があるはずだ。風評災害におけるメカニズムと因果関係の連鎖を明確に実証するには、大規模かつ多面的な数量的調査が要求されるだろう。

*46*

図2-5 パトンの建物の破損部分を撮影する報道関係者

害の悲惨さを強調した。インド洋津波災害のような例外的で破壊的な出来事に関して、マスメディアによる報道が競争のなかで刺激を追い求める傾向は、解消されることが難しいと思われる。当時の日本における津波報道を見ても、情緒的な報告に走ったり、被災状況の悲惨さを強調したりする指向が明らかだったというのが、筆者の印象である。

　プーケットやピーピー島中心部の商店や飲食店、宿泊施設などの修理や建て直しは、各施設の所有者による自助努力で行われたため、その進行度合いには顕著な差が生じた。同じパトンのビーチロード沿いでも、早々にリニューアル・オープンした店が際立つ一方で、被災から半年が過ぎても時が止まったように廃墟のまま残された店もあった。発災から2〜3ヶ月も経つと観光商業エリアは、真新しい建造物やピカピカにリフォームされた店舗と、トタン板で応急的に覆い隠された壊屋とがまだらに混在するようになった（図2-6）。街並みの全体としては復旧が進んでも、所有者の事情によって手つかずのまま取り残された一角があれば、「被災地」との先入観を持って訪れるツーリストや報道関係者は、そこへ殊更に目を向けることになる。地域の景観の再生に貢献するか、急いで復旧しても大した売り上げは望めない店舗への無駄な追い銭を避けるか——どちらが正解か一概には言えないが、後者の判断をする者が多ければ、被災地のイメージを強化する情報の発信源が放置され、観光地として復興する足かせになりかねない。被災した事業者にとって目先の損失回避が喫緊の問題となるのは至当の理とはいえ、有名チェーン店のように観光地にあって目立つ存在である大企業は、数年先を見据えて何が最も合理的なのか、立ち止まって考えてみても良いだろう。

**図 2-6　被災時そのままのファストフード店と営業を開始したカフェ**

　大衆におけるリスク認知とイメージ形成に関する先行研究［e.g. Slovic 2000］は、「新しい、非自発的な、潜在的に破滅的な、そして万人にとって恐るべきものであるリスクは、強い関心と反応を導く」［Kasperson et al. 2001: 23］ことを示唆している。プーケットの事例に関していえば、2004 年の津波に匹敵する大災害は、インド洋一帯の記録に残る歴史において初の事態であるとみなされた。したがって、同じ水害ではあってもバングラディシュにおける洪水のような周期的かつ高頻度に発生する災害ではありえないような水準で、人々の恐怖心と好奇心への強い訴求力をもったと考えられる。また、津波災害のニュースを伝えるメディアは、単なる情報提供者にはとどまらず、解説記事や企画を通じて、津波が発生するメカニズムに加えて、東南アジアにおける津波への危機意識の薄さと警報・防災システムの不備について、一般大衆に伝える教師の役割も担った。システムやその主要な構成員に対する信頼の欠如が大衆のリスク認知を強化し、否定的な反応を生みやすくする［cf. Cvetkovich & Löfstedt 1999］ことを考えると、そうした説明的報道がスティグマ形成において果たした役割は大きいと思われる。

　一般論として、なじみのない遠方の土地に関しては、実情を反映していない歪んだステレオタイプが形成されやすい［Kasperson et al. 2001］。日本や欧米からの旅行者の大半にとっては、プーケットは明らかになじみのない遠い場所であるために、身近な土地で生じたハザード・イベントの場合と比較して、安易なスティグマ付けが起こりやすかったという事情が推察できる。事実、津波後もリピーターは比較的ネガティブなイメージをもたずにプーケットを再訪しているが、新規の客の数は激減している。当時の地上波テレビにタイ関連のニュースが登場することは珍しかっ

たので、津波災害から数年の間、視聴者がテレビを通じて得たタイについての情報は、ほとんどが津波関連のものであった。津波被害という特定のトピックに偏った情報の氾濫は、プーケットへの心証形成の仕方に大きく影響したであろう。

　ある特定の土地で生じた出来事に関するリスクへの懸念は、やがてその土地の対他的アイデンティティを、ネガティブに変容させていく方向で徴付ける。外部者から見たある土地の対他的アイデンティティが、土地の実情や在住者たちのセルフイメージから乖離していく過程が、リスクに誘発されたスティグマの形成である。先に強調したように、その場合のスティグマとは、対人関係におけるスティグマが危険のシグナルばかりではないのと同様に、土地や関連する商品などに対する危険視を伴うものでは必ずしもない。プーケットの場合でいえば、元々はビーチリゾートとして日本や欧米の消費者に認識されていた土地に、津波という烙印が押される。津波被災地に行くことは決して津波に襲われることと同義ではないが、楽しみを求めて遊びに行く場所に津波災害という属性はそぐわない。第1章で詳述したとおり、プーケットはステレオタイプな〈楽園〉イメージとともに、国際観光市場に売り出されていた。旅行会社が作成するパンフレットが端的に示すように、輝く太陽、透き通った空、青い海、おいしい食事、楽しいアクティビティなどが期待される〈楽園〉ビーチリゾートにとって、被災地という陰鬱な属性は場違い以外の何物でもない。プーケットは、津波によって、観光地としてのイメージを傷つけられてしまった。言葉を換えると、プーケットにおけるスティグマが意味するところは、観光地というカテゴリーからの逸走なのである。津波後のプーケットの対他的アイデンティティは、かつての「アンダマンの真珠」から「津波に襲われた悲劇の地」へと変容してしまった。旅行会社の店頭で海外ツアー商品を物色する日本や欧米の消費者にとっては、危険であろうがなかろうが、ビーチリゾートにあるまじきスティグマがついたプーケットは、もはや選択肢には入らない。観光客はプーケットを忌避しているのではなく、プーケットに烙印された津波というスティグマによって、もはや観光旅行の目的地とみなさなくなったのである。

　少なくとも日本においては、プーケットの言わば「非‐観光地化」を先頭に立って推し進めたのは、旅行代理店であり航空会社である。JTB、HIS、近畿日本ツーリストといった大手の旅行代理店の経営陣が、プーケットへの支援を早い段階において記者会見などで表明していたにもかかわらず、旅行商品が販売される現場、すなわち各支店の店頭にあっては、プーケットを初めとする被災地のパンフレットは撤去され、他の地域のパンフレットに置き換えられた。さらに航空各社は、次々と

**図 2-7　パトンのカフェに貼られた「被災地」を応援するメッセージ**

プーケットへの直行便を休止した。なかでも、タイ国際航空が日本からの直行便を取りやめたことは、国内の旅行代理店によるプーケットへの送客意欲をそぐうえで、決定的な要因となった。

　2005 年 2 月に筆者が都内の数件の旅行代理店を訪れ、2 〜 3 月のアジアのビーチリゾートへの旅行について質問してみたところ、ほぼ例外なくバリを勧められた。〈楽園〉イメージを求めて熱帯域のビーチリゾートに向かう観光客にとっては、プーケットもバリも似たようなものだ。一方がタイ、他方がインドネシアと言われても、世界地図上で両者の位置を特定できない者すら、少なくないだろう。吉田竹也[2013; 2020] は、途上国のビーチリゾートが、旅行先としての魅力を国際観光市場に訴求する上で、典型的な〈楽園〉イメージに頼りきりであることに、強い警鐘を鳴らす。青い海、白い砂浜、ココヤシの木、原色のパラソル、水着の若い女性、グラスの縁に花とフルーツをあしらったカクテル――こうしたアイコンを並べてみせれば、世界中の誰に対しても瞬時にして魅力が伝わる。回りくどい説明など、一切必要ない。世界の果てに埋もれたような無名のビーチであっても、〈楽園〉イメージを利用しさえすれば容易に、自身を観光市場における売り物としてパッケージできるのだ。しかしその一方、すべてのビーチリゾートが同じ〈楽園〉イメージを売りにするなら、互いの差別化は困難になる。いまは集客できているビーチリゾートも、他ならぬその場所でなければならない特段の理由を欠くなら、明日になれば競争相手に根こそぎ客を奪われてしまうかもしれない。自らを〈楽園〉色で塗りつぶして個性を殺すことは、競争優位の構築という観点からは、自殺行為といえる。誰からも親しまれる〈楽園〉プーケットは、いったん瑕疵がつけば旅行代理店の店頭に

おける居場所を即座に失う、潜在的な脆弱性を抱えていたのである。当時はそれでも、旅行会社の販売員と会話を続ければプーケットも話題に上ったが、アジアン・リゾートの選択肢が増えた現在なら、セブやボラカイやダナンなどが次々に代替候補となり、プーケットの出る幕は皆無だろう。

　いかに量産型の〈楽園〉ビーチリゾートとて、よく見れば個性や違いはある。11月から3月はバリの雨期であり、ベスト・シーズンは5月から8月とされているため、通常であれば、3月の旅行先としては乾季であるプーケットを推奨することが多い（もちろん、客のニーズ次第であるが）。しかるにこちらから水を向けるまで一切プーケットに言及しないのは、明らかに売りたくないという意思の表れである。販売現場としては、万が一にもクレームにつながることは避けたい思いがあるため［cf. 田中 2020］、少しでも瑕疵の生じた目的地は、敏感に排除するのだ（後に筆者が話を聞いた複数の旅行代理店勤務者が、この理解を追認した）。旅行商品販売者のこうした態度は、観光施設の状況や治安などへの不安を客が見せるたびに、強化されていくことになる。かくして、プーケットのリピーター以外の消費者にとっては、プーケット旅行は検討対象として挙がることすらなくなったのである。

　2005年の前半にプーケットを訪れた日本人観光客に話を聞くと、日本を出発する前に、周囲の人間（特に両親）から「危ないからやめておいた方がよい」との忠告を受けた、と語る人が多かった。他方で自らは、リスクはさほど感じなくても、「遊びに行くのは申し訳ないと思った」ともいう。この、自粛・遠慮の意識はすなわち、プーケットが観光地である以上に今は津波被災地であり、軽い気持ちで遊びに行く場所ではないとカテゴライズされていたことを示唆する。第4章で詳述するが、2005年の1月から2月にかけて、インターネット上において、プーケット観光を宣伝する日系の観光関連業者に対して、「人の不幸を商売に利用するのはけしからん」という趣旨の非難が殺到する事態が生じた。非難をした者たちにとってはおそらく、プーケットは観光地から被災地へと変容を遂げていた。ゆえに、そこで観光業を営むことは、道義的に許し難いとみなされたのだろう。実際には現地の人々は、むしろ観光客が戻ってくるのを待ち望んでいたが、日本の多くの消費者たちはそのような事情は考慮せずに、プーケット観光を自粛した。ある場所の対他的アイデンティティは、現地住人の意思とは関わりなく、ひとえに外部者の視点において形成されていく。津波後プーケットのホテルやダイビング・ショップにおいては、英語も現地語もままならない日本人の学生などが、いささか的はずれな熱意をもって「ボランティアがしたい」とやってきた例がいくつもあるという。1997年のナホ

図2-8　ボランティア・ダイバー募集の張り紙

トカ号事故でも、同地の海産物の購買が控えられ、自粛によって観光客が激減する一方で、重油回収のために多数のボランティアが現地を訪れた［粟野・高橋 1997］。プーケットも三国町も、ハザード・イベントの発生によって、遊ぶための場所から自己実現や修行の場に変容したということであろうか。そのような文脈においては、どちらの場所も決して忌避の対象となっているわけではなく、スティグマが烙印されたとは言い切れないが、その対他的アイデンティティは、観光地から観光地以外の何かへ、明確に刷新されているのである。

第3章

# 危険からリスクへ

## 在住日本人における風評災害の経験①

### 1 リスクという視座

　本章と第4章は、近年の社会科学分野で注目を増している「リスク」という概念を補助線として活用することにより、津波の発生から1年ほどの期間における、プーケット在住日本人たちの経験を理解することを、主たる目的とする。本章では、社会状況との関わりからリスクの有り様を捉え、第4章では個人レベルのリスクにまつわる心象風景を掘り下げて考察する。

### 1-1 「リスクの文化理論」の盲点

　突発的で大規模なハザード、すなわち「社会や基盤設備や環境に損害を及ぼす可能性のある力や状況やテクノロジー」［ホフマン・オリヴァー゠スミス 2006: 8］の存在に直面した集団は、人々が環境認知を短期間に革新していく必要に迫られる、急激な流動性に特徴づけられた社会の好例である。ここで言う環境とは、単に物理的な物の配置ではなく、主体が行為を通じて自己にとって有意味としていく事象の総体としての環境世界 [1] を指す。インド洋津波の来襲直後のプーケットにおける在住日本人たちは、津波による物理的な環境への打撃のみならず、社会的にも経済的にも大きな変化のなかを生きることを、余儀なくされた。第2章第3節で詳述した風評災害が、彼らの生活を大きく揺さぶったからである。津波それ自体および引き

---

1) 環境世界とは、ユクスキュルが動物を、ハイデガーが人間を、念頭に置いて使用している概念である。ユクスキュルの想定する「《機能環の総体としての環境世界》という考え方は、人間についても当然ながら適用可能と思われるから、それらの機能環から直接的に、且つ因果連関的に拡張していく客観的世界、それらをさらに意味連関的に読み替えて自分なりに表象していく主観的世界、それらを合わせたような世界、そうした世界を人間の環境世界と呼ぶことにすれば、それは我々の日常世界であろうし、Heideggerが環境世界（Umwelt）と呼んだ世界と変わるものではない」［中原 1998: 32］。

続いて生じた観光客の減少という事態は、後述するように、プーケット在住日本人にとっては未だかつて経験のない、そして参考にすべき前例すらない、曠古（こうこ）の事態として受け止められた。しかし彼らは、数ヶ月という期間のうちに、その事態を自分たちなりに咀嚼し、重大な危険を特定し、各自が妥当だと考える仕方で対応していった。その対応は、環境認知の変化というにとどまらず、問題の特定と解消への努力や自らが属する社会的ネットワークの更新など、行動面における多岐なる革新を含むものであった。

　リスクに関する人類学における従来の議論は、人々が危険をいかにして乗り切ってきたかに注目する生態人類学的な研究と、社会／集団が何をどのように危険とみなすかという認知論的な研究に大別される。ここでいう認知とは、人々が物事を感覚器官や思考を通じて主観的かつ綜合的に捉える、その全体を指す。日本リスク研究学会が編纂した『リスク学事典』に従えば、リスク認知とは「不確実な事象に対する主観的確率や損失の大きさの推定、不安や恐怖、楽観、便益、受け入れ可能性などの統合した認識」［楠見 2006］である。人類学におけるリスク認知論的な研究は、リスクを人々によるある種のものの見方として扱うため、社会文化的な特性こそが人々による危険の捉え方を決定すると主張する傾向にあった。その代表的なものである M. ダグラスらの研究［Douglas & Wildavsky 1982］が提示した、人間による環境への対応のなかで認知的に構築されるものとしてのリスクという視座は、リスクを確率的／統計的な記述法において捉えようとしてきた社会科学全般におけるリスク研究に大きな影響を与え、心理学などの分野において精密化されてきた［Slovic 2000 etc.］。人類学の分野においてはその後、ダグラスらによる「リスク（認知）の文化理論」［Douglas & Wildavsky 1982: 8］を批判的かつ建設的に引き継いで発展していくような、強力な議論は出てきていない。

　ダグラスらが提示する説明は、社会と個人との関係性をパラメーターとする社会の分類図式に、リスクのあり方を重ね合わせるという形をとる。まず、ある社会／集団を、例えば①社会で共有されている分類体系や境界の明確度と、②社会関係による個人の拘束度合い、という二つのパラメーター[2]を直交軸とする平面上のどこかに位置づける。そして、座標の位置に応じて、その社会におけるリスクのあり方

---

2) このパラメーターの例は、ダグラスが採用する「グリッド」と「グループ」という独自の指標である。ダグラスによれば、「グループとは［…］境界をもったある社会単位の経験である。グリッドとは、一人の人間が自己を中心とする基盤に立って他者と関係づけられる法則を指す」［ダグラス 1983: 9］。

が規定される、とする。このような図式的説明が、現代社会における個人のリスク認知と社会／集団のあり方の描写としては単純に過ぎることは、つとに批判されている［cf. 山口 2002］。加えて筆者が強調したいのは、ダグラスらはリスクをあくまでも集合的な構成物として扱い、さらにその提示する分類図式には時間軸がないため、個々の意思決定主体におけるリスク認知および対応の継時的生成という視点が欠落している点である。リスクの文化理論は、個人にとって何がどういった意味で危険とみなされるのかを、その個人がおかれた社会／文化のあり方から説明しようとする。その際に注目されるのは、雑多な現象のうちの何が危険とされるかというよりも、雑多な危険のうちどの特定の危険が社会において注意を惹くか（裏を返せばどの危険は重要視されないか）である［Douglas & Wildavsky 1982: 8］。ダグラスは、リスクの文化理論とは「危険の現実性についてではなく、それらがどのように政治化されるかについての議論である」［Douglas 1992: 29］としている。つまり、リスクの文化理論においては、現実的な危険の存在および人々によるその了解が、自明視されている。問われているのは、人々にとってはすでに危険と判明している諸現象が、社会においていかに扱われるかという点である。その問いへのダグラスらの答えは、危険の分類およびその枠組みに応じての対処の仕方が、それぞれの社会／文化においてすでに存在しているので、その枠組みを参照すればよい、ということになろう。しかしながら、ダグラス自身による有名な研究［ダグラス 1972］が明らかにしているように、人間が生きる上で遭遇するすべての出来事が、既成の分類枠組みにきれいに当てはまるわけでは、もちろんない。特に、意思決定に際しての適当な参照枠組みがない全く新たな／未知の事態と遭遇する可能性が常にあることは、留意されてしかるべきであろう。所与の認知的な分類図式に瞬時には落とし込めないような曠古の事態に直面した人間は、それが危険であるかどうかの判断に相応の時間を費やし、必要ならさらに時間を掛けてその危険に対処していくという、認識および行動における継時的な変化の過程に身を投じる。リスクの文化理論は、誰もが行なっているはずのそのような運動を説明することに特化した視点を、持っていない。

　津波後の急激な状況変化のなかで、プーケットの在住日本人たちは何をいかなる形でリスクと捉え、そのリスクに対してどのような反応を示したのか。その問いに答えるためには、ある一時点における見取り図を提示するにとどまらず、人々によるリスク認知および対応の変遷過程を捉える、時間という要因を取り込んだ視点が不可欠となる。本章と次章は、津波後のプーケット在住日本人たちのリスク認知と

対応を、社会状況との関わりにおいて描き出すことを試みる。本書では、人々のリスク認知のあり方は社会状況と密接な関係にあるというリスクの文化理論の前提が継承されるが、一方で、突発事態が導く急激な社会変化という条件を視野に入れての描写を行うための手段として、N. ルーマンに代表される社会学的なリスク論に依拠したリスク概念が導入される。

## 1-2　危険のリスク化

　リスクという語は、多様な分野において多様な含意のもとに使用されているが、リスクに関する研究の、少なくとも蓄積が多いという意味での主流は、その客観的な測定と、回避・軽減のための方策の追求である。E. キャッシュダン［Cashdan 1990］が「処方的リスク研究」と呼ぶそうした営為[3]は、増大し続ける需要に支えられ、今後も巨大な研究領域であり続けるだろう。処方的リスク研究においては、リスクは統計的な分析によって数値化され、確率として理解される。対して、人類学や社会学においては、生活世界のなかで人々がいかに危険を捉え対応しているのかという問いから、必ずしも数値化を要求しない形で概念化されてきた。かつての人類学者たちの多くは、環境がもたらす生活を脅かすような様々な不確実性というほどの意味で、リスクという言葉を使用してきた。この文脈においてはしばしば、リスクという語は望ましくない事象を語るための幅広い語彙となり、危険や災厄といった概念との明確な線引きが難しくなる。実際、ダグラスらによる「リスク」に関する著作では、「リスク」を「危険」（danger）という語に置き換えたとしても、論旨において大きな齟齬は来さない。

　一方で社会学にあっては、1980 年代後半以降、リスクについての議論が新たな角度から興隆し、今日の社会科学におけるリスク概念への注目の高まりに大きく寄与した。現在では一般的な用語として流布している「リスク社会」という語を表題に用いた U. ベックによる 1986 年の著作［ベック 1998］は、特に大きな影響力を持った。ベックによれば、工業化の進展や科学技術の発達は、新たな「リスク」の登場を招く。それは極めて複雑で甚大で広範囲に影響を及ぼすために、防御や対処が困

---

3)「処方的リスク研究」が応用・実践志向を強くもつのに対して、人類学者によるリスクへのアプローチは多くの場合「記述的リスク研究」であったと、キャッシュダンは整理する［Cashdan 1990］。つまり、「問題 – 解決」を企図するよりも、そもそも何がどう問題であり、人々がその問題をどう受け止めていかに対処するのかを描き出すことに、人類学的リスク研究は注力してきたのだ。

難であり、その発生を特定の人物や組織へと単純に帰責させづらい。また仮に責任者を特定したところで、賠償のさせようもない。原子力発電所の事故や地球温暖化が典型である。ベックは、現代社会をそのような「リスク」に覆われている「リスク社会」と規定し、その諸特徴について論じた。

　ベックによる「リスク」の捉え方は、安全（safety）という概念と対比的に考えるものであったのに対し、ルーマンは、リスクを個人や組織による決定の結果として生じる（かもしれない）未来の不利益の可能性と定義し、危険という概念との間に明確な区別を設定する［cf. 小松 2003］。

　　［…］リスクと危険という区別［…］が前提にしているのは［…］未来の損害に関
　　して不確かさが見いだされる、ということである。このとき、二つの可能性がある。
　　すなわち、場合によっては起こりうる損害が決定の帰結と見なされ、したがって、
　　決定に帰属される、というのが一つ。この場合には、リスクと呼ぼう。くわしく言
　　えば、決定のリスクである。もう一つは、場合によってはありうる損害が、外部か
　　らもたらされたと見なされる、つまり環境に帰属される場合である。このときには、
　　危険と呼ぼう。［ルーマン 2014: 38］

　この弁別に従えばリスクとは常に決定のリスクであって、未来に影響するような何らかの意思決定があるとき、その決定に参加できる者にとっての認識である。つまりそれは、未来に対して能動的に対応した結果に付随するものとなる。対して、その意思決定に参加できない者、すなわち決定による被影響者の認識が、危険とされる。自らの決定が及ばない外部の出来事が、自らには如何ともしがたい形で自身に影響してくるとするなら、問題の起点は環境にあるのであって、危険を認識する者は事態に翻弄される受動的な存在となろう。本書では、こうしたルーマンによる捉え方の延長において、「リスク」を「①未来、②不利益（損害）、③不確実性、④コントロール（操作・制御）、⑤意思決定、⑥責任、という六つの要因すべてを内包する、現在における認識である」［市野澤 2014b: 4］と定義する。問題視される未来の（どこかで現実化するかもしれない潜在的な）事象は、それを見る者の視座に応じて異なる立ち現れ方をする――すなわち、危険ともリスクともなり得るのだ。

　リスクとは、第一義的には未来の捉え方であり、まだやってこないがゆえに知ることができない世界の有り様についての予期である。例えば A. ナセヒは、リスクについて以下のように述べる。リスクとは「一般的には、未来の被害の現在にお

ける予期、より厳密に言えば、現在においては未来のことがまだ分からず、知ることもできないがゆえに、不確実性を伴う未来の被害の現在における予期、という意味で理解される」[ナセヒ 2002: 21]。ただし、前述したように、本書が着目する意味でのリスクとは単なる未来の予期ではなく、不確実な状況における自らの決断とそれに続いて起こす行動の帰結に関わる予期である。したがって、人々が自らの決断と行動が起こす波紋について思いを巡らし、望ましくない帰結がもたらされる可能性に敏感になればなるほど、「リスクはすぐれて未来志向的なモメントをわれわれの社会にもたらす。リスクは時間の問題であり、未来の問題である。現在の決定が未来を拘束するからである」[土方 2002: 13]。近代的なリスク算定のルーツがギャンブルにあるとされることからも分かるように、リスクとは自らの決断が利益と損害のどちらの帰結をももたらし得るときに頭をもたげてくる問題である。そこで例えば C. ジェーガーらは、リスクとは「人間にとって価値のある何か（人間自体を含む）が賭にさらされて、かつ結果が不確実な状況や出来事」なのだと述べる[Jaeger et al. 2001]。ここでいう「賭」とは、不確実性下における意思決定と同義である。意思決定の帰結がどうなるかは不確実であり、それが好ましからざるものとして我々自身に降りかかってくる将来的な可能性は決して排除しきれない。そして、我々は、常にそのような賭をしているというのみならず、むしろ賭を強いられている。種々雑多な局面において、我々は不確かさを前にしての意思決定をしなければ、状況を乗り越えていくことができない。

　ルーマンによる弁別を受け入れたうえで、危険とリスクという一対の作業概念を使用して、人々による環境把握と対応を描き出そうとするとき、そこにはある認識的な運動の存在が含意されることを、筆者は指摘したい。危険は誰か（個人でも組織でもありえる）にとって降りかかってくるものとして認識されるが、認識された瞬間すでに、その誰かは自ら対応可能な部分を含み持っている。言い換えると、認識主体が外的な環境要因に関しての操作的な選択肢を完全に奪われている状況においてさえ、自らが持つ脆弱性[4]については、限定されたやり方であっても、自らの決断によって繕うことが可能である。そしてその決断は、未来を見据えた際に想定される潜在的な損失の度合いを増減させる。危険を察知した者は一般に、何らかの形での防衛策を模索するが、そこには不可避的に決定が含まれる（何もしないとい

---

4）経営戦略論において一般に、競争主体の内部条件としての弱み（weakness）と呼ばれるものに相当すると考えれば、理解しやすいだろう。

うのも一つの選択である）。危険を認識し、その危険に対して防衛的であろうとする者は、厳密に受動的であり続けることはなく[5]、その危険に対処するための決定をする。決定することはすなわちリスクを生むことに直結するのだから、危険を具体的に認識した意思決定者は、時間の経過の中で不可避的にリスクに向き合うことになるのである。

　予期せぬ突発的なハザード・イベントに見舞われた人間は、そのハザードを危険として認識する。津波直後の 2005 年 1 月からプーケットで問題となっていた国際観光客の激減は、在住日本人たちにとっては外部から降りかかってくる危険として、まずは把握された。しかし彼らは、刻々と変化していく状況のなかで、当初における危険という捉え方を、そのまま更新せずに保持し続けたわけではない。彼らは観光客の減少を降りかかる危険としていったんは受け止めたが、その一方で、その危険に対していつまでも受動的な存在であり続けはしなかった。言い換えると、彼らは、降りかかる危険を、自らの決定において能動的に対応できるリスクへと読み替えていた——つまり「危険のリスク化」を実践していた。したがって、津波後プーケットにおける在住日本人たちのリスク認知について考えるとき、彼らにとって状況は危険とリスクのどちらであったのかという問いは、意味をなさない。むしろ彼らは、危険からリスクへ、という認識的な運動において状況に対応していたと捉えるのが妥当なのである。

　本章は、風評災害下のプーケットにおける人々のリスク認知と対応のあり方を、ある一時点における社会状況に規定された固定的な状態としてではなく、社会状況の変化と絡み合いながら進展していく危険のリスク化という継時的な運動として提示する。プーケット在住日本人たちにとって、津波後の数ヶ月間は、大きな不確実性と不安に彩られていた。彼らは、津波後の風評災害という未経験の事態に放り込まれ、生活基盤が切り崩される危険におびえながら、問題に対処すべく意思決定を重ねることを迫られた。（風評災害も含めた広義の）被災者の多数を占めるタイ人たちと比較して、在住日本人の置かれた状況は、いささか特殊であった。つまり、タイにおける外国人居住者という立場ゆえに、国家や地域共同体によるセーフティーネットや支援に全く頼ることができない状況に置かれていた。津波来襲から 1 年ほどの期間における在住日本人たちの経験は、生活上の関心が風評災害にま

---

5）大森荘蔵の言葉を借りれば、「世界は常に何がしかの意志的状況の下に立ち現れる」からである［大森 1981: 236］。

つわるリスクによって浸食され占有されていたという、いささか特異な日々だったとまとめることができる。外部からの支援の枠外にいた彼らにとって、風評災害は、まずは自分個人に降りかかる問題として現出し、自ら積極的にリスク化していかねばならない対象であったのだ。

　危険のリスク化について考察する際には、その三つの次元を区別することが、状況整理の助けとなるだろう。すなわち、歴史的な次元、社会的な次元、そして本章で主に言及する個人的な次元である。歴史的な次元とは、ある種の危険一般が、長期的かつ漸進的な状況変化の過程で、社会において次第にリスクとして捉え直されていく過程である。例えば、近代以前のヨーロッパでは、遠洋貿易を行う商人たちにとって、長い航程のなかで船の沈没や海賊による略奪によって積荷が失われることは、自身の関与を超えた、甘受すべき以外にない出来事であった。しかし、彼らはやがて、積荷の逸失可能性をあらかじめ見積もり、その損失から被るかもしれない経営上の打撃を最低限に抑えるべく、努力するようになる。この、積荷の逸失に起因し得る潜在的な損害を、自らの決断や行為において管理していこうとする態度は、損害保険の制度が確立することによって、ひとまず完成を見る。世にあるすべての保険制度は、このような歴史的な危険のリスク化の典型例である。

　対して社会的な次元とは、ある事象についてリスク／危険という異なる捉え方をする複数の集団が、相互のコミュニケーションを通じて認識を新たにしていく過程である。ルーマン［2014］は、不確実な未来をリスクと捉えるか危険と捉えるかによって担い手も形態も異なる社会的連帯が立ち上がる、と指摘する。ルーマンの議論は、そのような社会的連帯の断絶が、政治的な交渉と利害関係の調停の過程を通じて解消に向かう可能性を見据えている。その過程において、当の「問題」についての情報が持てる者から持たざる者へと開示される、「問題」に関わる意思決定を行う者へのそうでない者からの信頼が醸成される、当初は情報を持たず意思決定への関与もできなかった者が何らかの形で意思決定へ参与するようになる、などの変化が生じることがある。それが危険のリスク化の社会的次元である。これらに個人的な次元を加えた三つの次元は、それぞれが質的に異なる、互いに相容れない現象の地平を指すものではない。むしろ、ある同一の事象の、異なる観察の解像度および時間的尺度における描出であると、理解できよう。ある次元における危険のリスク化は、他の次元における危険のリスク化の、動因となりまた帰結ともなる。——ここで提示した危険のリスク化の三つの次元は、議論の焦点を絞る上での便宜的な区分に過ぎない。本章は、津波後プーケットの日本人社会において生じていた風評災

害のリスク化という集合的で政治的な過程を、危険のリスク化の個人的な次元への着目から見通して、描き出す試みである。

## 2　リスク化される危険

### 2-1　降りかかる危険

2005 年 1 月から 2 月の時点では、前章で整理したような形で進行しつつあった外国人観光客によるプーケット観光の忌避は、あずかり知らぬ島外での出来事の帰結がプーケット在住者たちに大きく影響するという意味で、彼らにとってはまさに降りかかってくる危険であった。そもそもインド洋津波そのものが、タイ人たちと同様にプーケット在住日本人にとっても青天の霹靂だったのは、第 1 章で述べた通りである。彼らは、天災といえばちょっとした嵐や時化、といった程度の生活感覚のもとに、日々を送っていた。木村周平［2006; 2013］は、トルコにおける地震のように、過去における発生の事実と未来における発生の可能性が広く一般に知られた周期的災害に関して、人々は過去に起こった災害と未来に起こるだろう災害の間を生きているのだと指摘する。プーケット在住者たちはそれとは全く対照的に、地震も津波もない世界の住人だったのである。インド洋津波に対しては、彼らは心の準備もなく、過去の経験に依拠しての判断もできなかった。ただし日本人在住者は、遠く離れた場所での地震が津波をもたらすメカニズムへの予備知識があったので、災害発生当日の混乱が一段落つき、テレビニュースなどによる情報に接すると、津波が生じたという事実をすんなりと理解した。それは同時に、新たな大地震が生じさえしなければ津波が再来することもないと、安心することでもあった。

　在住日本人にとっての事態の特異さと不可解さは、希有ではあるが既知の現象である津波そのものではなく、一向に改善の兆しが見えない、津波後の観光需要の減退にあった。その特異性は、2001 年 9 月 11 日のアメリカ同時多発テロ事件や 2003 年の SARS 禍の際にプーケットが経験した観光不振との比較において、明瞭となった。いずれの出来事も、観光客減少の直接の原因と考えられたが、それらは観光客にとってのリスク、すなわち、航空機破壊テロに巻き込まれたり SARS に感染したりする可能性の、源泉であった。観光客がそうしたリスクを取ることを避けるのは、プーケット在住者にも直感的に共有可能な態度であり、それゆえの国際観光市場の縮小も、避けられない帰結として納得のもとに受け入れられた。プーケット在住日本人たちは当初、インド洋津波後の観光低迷についても、同様の出来事の再来と

図3-1　営業店舗が少なく暗いバングラ通り

して理解していたのだが、時が経つにつれて、過去の経験との相違を感じるように
なった。2005年2月半ば、彼らは近い未来における津波の再来はないと判断してお
り（大規模震災の発生頻度に関する常識的理解から）、同時にプーケットの各ビーチ
における観光地としての施設的・機能的な基盤の再整備が急速に進んでいる様を目
の当たりにしていた。津波後に心配された伝染病についても蔓延の危険はないとい
う安全宣言が、タイ国厚生大臣の名義で早い段階（1月14日）から出されていたの
に加えて、2月に入ると、在タイ日本大使館が「一般観光客に対して津波以降、事
件事故が特に増えているとの情報はなく、治安が以前と比較して、悪くなったとの
認識はない」との声明を在住者向けに出した（2月10日）。また、日本旅行業協会
（JATA）は、1月22日から26日にかけてプーケットへ視察団を派遣した結果とし
て、「総合的に判断すれば8～9割方、被災前と同様に復旧し、稼動状況にあると言
える」と総括するなど［JATA 2005］、各方面からプーケット観光の安全性を保証す
る報告が相次いだ。こうした次第から、プーケットを訪れる観光客にとっての物理
的危険はもう消え去った、と在住者たちの多くが考えていた。1月の後半から2月
にかけて彼らが開始した観光客を呼び戻すための努力が、プーケットの安全と利便
的な問題のなさを訴えることに集中していたことからも、それはうかがえる。プー
ケットは観光地として物理的に立ち直りつつあるのに、観光客が全くといってよ
いほど戻ってこないのは、彼らにとっては容易には理解しがたい事態だった。2月
8日に若手の有志によって「プーケット復興委員会」ウェブサイトが開設されたが、
その背景にあったのは、プーケットから日本語で情報発信をすることで、日本から
のインバウンド観光の復調を導きたいという思いであった（第4章で詳述）。ある

図3-2　客足がまばらで休業が多いバングラ通りのオープンバー

　旅行代理店の従業員はこう述懐する——「SARS の経験から、半年ぐらいは厳しい
かな、となんとなく［皆で］話をしていた。それでも津波は行ってしまったのだか
ら、まさかこんなに客が来ないとは思わなかったし。［日本人会会長が］日本に行っ
てきて、今年いっぱいダメかもしれないって。それでみんなどうして？って」。

　2月から3月にかけて、プーケットで最もにぎやかな繁華街を形成するパトン
ビーチを歩くと、津波による直接の打撃を受けていない地区でも、閉店している商
店や飲食店が目立った。オープンバーが建ち並び、通常であれば色とりどりの派手
な電飾で不夜城の様相を呈するバングラ通り（Bangla Road）にあっても、多くの
バーは営業しておらず、午後6時からの歩行者天国も通行人の少なさを強調する
のみで、真夜中前後の最も賑わう時間帯ですら、ほとんど人と行き交うことがなく、
閑散とした道幅が不自然なほどに広く感じた。筆者が2月下旬に話を聞いたある
パトンビーチ在住者は、そうした様子を以下のように説明した——「特に日本人は
ね、歩いていても全く見かけないですからね。どこに消えてしまったんだろうと思
いますね。［レイチェル・カーソンの］『沈黙の春』って本があったじゃないですか。
［…］あれのはじめのところで、農薬のせいで虫も鳥も全くいなくなってしまったっ
ていう描写があるんですけど、春が来たのに鳥の歌声も聞こえないみたいな、それ
がすごく感動的なんですけど、感動的というか胸を打つというか、なんか今のパト
ンもそんな感じですよね。ハイシーズンなのに。見ていて悲しいというか」。この
発言は、『沈黙の春』冒頭の、主に以下の部分への言及だと思われる——「奇妙な静
けさだった。例えば、あの鳥たちはどこへ去ってしまったのだろう。多くの人々は
そのことを話題にし、当惑し、混乱した。［…］声のない春だった。［…］多くの鳥

図 3-3　例年より静かなパトンビーチ

たちの声による夜明けのコーラスで沸き立っていた朝は、いまや音がなかった。沈
黙だけが畑や林や沼地に横たわっていた」[Carson 1962: 1]。カーソンによるこの
記述は、アメリカにおける農薬汚染を寓意的に描いたもので、津波後の観光低迷と
は全く文脈を異にする。しかしながら、パトンビーチの状況を描写するためにこの
記述に言及したことから、当時の彼がいかなる感慨をもって情景を捉えていたのか
の一端がうかがい知れる。津波によって観光客が減少したという因果関係を、彼は
重々承知していた。それでも何か釈然としない違和感を抱えつつ、賑やかであるこ
とこそが最大の魅力ともいえるパトンにそぐわない静けさを、見据えていたのだろ
う――「もちろん鳥じゃないんですけど、ファラン［欧米人という意味のタイ語］
が騒ぐのも聞こえないし、シーンと静まりかえってる感じで、こんなのパトンじゃ
ないですよね」。

　在住日本人たちにとって、観光客の激減は、後に明らかになる統計データに示さ
れる数字上の減少率よりも、はるかに深刻に感じられた。その一因として、彼らの
商売（もしくはサービス提供）の主たる相手となる日本（および東アジア諸国）から
の観光客の減少率が、欧米人などに比べて高かったという事実が挙げられよう（表
3-1）。上記のパトン在住者の発言にある、日本人観光客の少なさへの言及は、当時
の在住日本人だけでなく、観光に関わる職業に就いているタイ人たちからも、頻繁
に聞かされた。そのような話題が人々の口に上るときには、ただ日本人が少ないと
いうだけでなく、欧米人の観光客に比べてなぜこんなにも戻りが悪いのだ、という
疑問の形をとるのが常であった。津波来襲から数ヶ月の間、「プーケットに遊びに
来ることこそが復興支援だ」という在住者たちの声に対して、欧米人観光客たちは

表 3-1　津波後の観光客数（2004 年のプーケット観光客数上位 10 カ国）
出典：TAT［2006］の統計を元に筆者が作成

| 国籍 | 年 | 1 月 | 2 月 | 3 月 | 4 月 | 5 月 | 1 月 -5 月計 |
|---|---|---|---|---|---|---|---|
| ドイツ | 2004 | 25,053 | 26,616 | 26,236 | 23,991 | 17,136 | 119,032 |
| | 2005 | 3,063 | 3,515 | 9,475 | 7,142 | 5,470 | 28,665 |
| | （前年比） | 12% | 13% | 36% | 30% | 32% | 24% |
| イギリス | 2004 | 16,159 | 14,108 | 14,951 | 28,601 | 21,955 | 95,774 |
| | 2005 | 3,787 | 3,488 | 5,108 | 12,856 | 5,985 | 31,224 |
| | （前年比） | 23% | 25% | 34% | 45% | 27% | 33% |
| 台湾 | 2004 | 21,073 | 19,563 | 16,663 | 14,061 | 19,635 | 90,995 |
| | 2005 | 496 | 758 | 1,850 | 1,559 | 1,779 | 6,442 |
| | （前年比） | 2% | 4% | 11% | 11% | 9% | 7% |
| 日本 | 2004 | 14,169 | 11,390 | 11,461 | 16,329 | 18,580 | 71,929 |
| | 2005 | 1,908 | 1,363 | 2,705 | 5,033 | 3,001 | 14,010 |
| | （前年比） | 13% | 12% | 24% | 31% | 16% | 19% |
| 香港 | 2004 | 4,110 | 4,257 | 7,516 | 22,403 | 29,614 | 67,900 |
| | 2005 | 1,087 | 1,411 | 2,152 | 1,854 | 1,930 | 8,434 |
| | （前年比） | 26% | 33% | 29% | 8% | 7% | 12% |
| オーストラリア | 2004 | 9,156 | 9,143 | 8,344 | 20,165 | 15,410 | 62,218 |
| | 2005 | 1,644 | 1,175 | 2,836 | 6,252 | 6,704 | 18,611 |
| | （前年比） | 18% | 13% | 34% | 31% | 44% | 30% |
| スイス | 2004 | 15,433 | 11,696 | 14,901 | 9,604 | 9,633 | 61,267 |
| | 2005 | 2,113 | 1,768 | 2,217 | 2,405 | 2,066 | 10,569 |
| | （前年比） | 14% | 15% | 15% | 25% | 21% | 17% |
| スウェーデン | 2004 | 12,195 | 10,967 | 12,672 | 14,429 | 10,061 | 60,324 |
| | 2005 | 2,768 | 8,223 | 9,052 | 9,131 | 1,743 | 30,917 |
| | （前年比） | 23% | 75% | 71% | 63% | 17% | 51% |
| イタリア | 2004 | 14,907 | 14,131 | 15,303 | 8,158 | 7,198 | 59,697 |
| | 2005 | 2,039 | 1,549 | 2,720 | 1,622 | 949 | 8,879 |
| | （前年比） | 14% | 11% | 18% | 20% | 13% | 15% |
| フランス | 2004 | 11,922 | 11,431 | 11,440 | 7,024 | 7,303 | 49,120 |
| | 2005 | 4,087 | 2,184 | 2,812 | 2,340 | 1,714 | 13,137 |
| | （前年比） | 34% | 19% | 25% | 33% | 23% | 27% |
| 10 カ国計 | 2004 | 144,177 | 133,302 | 139,487 | 164,765 | 156,525 | 738,256 |
| | 2005 | 22,992 | 25,434 | 40,927 | 50,194 | 31,341 | 170,888 |
| | （前年比） | 16% | 19% | 29% | 30% | 20% | 23% |

呼応してくれていると見えるのに、日本人たちは消極的な姿勢を変えないように感じられたことが[6]、日本人市場に依拠して事業を展開している者たちに、あたかも復興から取り残されたような感覚を与え、先行きをひとしお懸念させることになった。「全然分からなかった。お客さんが全然いなくなって、問い合わせもなくなっちゃって。最初はね、やっぱり報道が悪いと思って。日本の。だって、カオラックの映像をこうやって流して、以上、プーケットからでした、ってやるでしょ。そしたら日本の人は、プーケットがひどいことになってるって思っちゃう。でも 1 ヶ月

たったらさすがにニュースもやらなくなるし。日本のマスコミは、1ヶ月って決め
てるみたい。なにかあってから1ヶ月。そしたらみんな一斉にいなくなる。それで
良くなるかなと思ったら、全然。だからこれはまずいよって。2月に［TATが100
人程度の日本の報道関係者を視察に招いた］メガファム[7] をやって、もう大丈夫だ
よって分かってもらったのに、全然関係ない。大変ですよ、うちなんか、しばらく
の間がんばればと思ってやっていたのに、分からないでしょう、いつ［観光客が］
戻ってくるか。大丈夫なのに、来てくれないんだから」――2月下旬に聞いた、あ
るパトン在住者の感想である。別の同地区在住者は、7月の時点で過去を振り返り、
「何も確信がなかった」ことを強調した――「ゴールデンウィークに戻ってくる？
夏休みは？ 来年のハイシーズンは？［…］2月から4月の復興ライブ［本章第3節
で詳述］まで、イベント続きで気が張ってたでしょ。でも4月で［客足が］ガクン
と来て、ゴールデンウィークも戻らない。もうなんだか分からなくて、心がポカー
ン、カクーンという感じで」。2月から4月頃にかけて、観光活動を脅かす危険要素
は取り除かれ、津波に関する日本での報道も落ち着き、現地の受け入れ態勢も整っ
ているのに、一向に客足が戻らず、しかもいつまでそれが続くのか全く分からない。
この惨状は、過去における経験に照らし合わせて解釈することができないという意
味では、津波以上に空前未曾有の事態であった。

　津波直後における観光客の低減は激甚であり、特に日本人を対象とした観光関連
ビジネスは、営利事業として成立し得ない有様だった。多くの観光事業者にとって、
津波後の数ヶ月間、利用客は途絶したも同然であった（表3-2）。筆者がプーケット

---

6) 柄谷友香［2008］は、2005年2月にVISAが行なったアンケート調査結果などに依拠し
　 て、欧米人に比べて日本人が「被災地」への渡航に消極的な傾向が強かったことを指摘
　 している。ただし、表3-1が示すとおり、津波直後から半年程度にかけてのプーケット
　 への日本人渡航者数の減少は、スウェーデンを除く欧州諸国と比較して著しかったとは
　 必ずしもいえない。TATの統計によって示される数値と（日系に限らず）現地の観光
　 産業従事者の実感（および取り扱い客数・売り上げなどの数値データ）との間の不整合
　 が生じた理由については、本書での検証範囲を超える。
7) ある地域の観光業界や観光振興の旗振り役の自治体が、域外の旅行会社やマスメディア
　 などの関係者を集めて、売り込みたい観光地へ招聘し、実際に現地を訪れてその魅力を
　 知ってもらう。同時に、招待客から意見や要望を聞いて、後の観光開発やマーケティン
　 グの計画策定に役立てる。こういったイベントを、エージェント・ファム・トリップ
　 （Agent Fam Trip）と呼ぶ。ここで言う「メガファム」とは、その大規模なものを指し
　 ている。

表 3-2　2004 年と 2005 年の 1 月と 2 月における日本人観光客数

|  | 2004 年 1 月 | 2005 年 1 月 | 前年比 |  |
|---|---|---|---|---|
| 日本人観光客（取り扱い総数） | 9,710 | 376 | 3.87% | *1 |
| ダイビング（日本人客のみ、延べ人数） | 1,514 | 395 | 26.10% | *2 |
| シーカヌー（日本人客のみ、延べ人数） | 1,841 | 82 | 4.45% | *3 |
| ニューハーフ・ショー（来店総数） | 34,319 | 300 | 0.08% | *4 |

*1 プーケット日本ツアーオペレーター連絡会調べ
*2 日本タイランドダイビング協会調べ
*3 Phuket Ecotourism Association 調べ
*4 Simon Cabaret Co., Ltd. 調べ

滞在中に参与的調査をした日系のダイビング・ショップの場合も、2005 年の上半期の客数は、前年同期に比べて 80%以上の減少となった[8]。同社では、10 名弱の日本人ダイビング・スタッフやオフィス要員に加えて、利用者数の減少によって運航する目処が立たなくなった 2 隻のダイビング専用船専属のタイ人従業員たちの雇用も止めなかったため、大幅な赤字を計上し続けることになった。当時の同社は、このまま売り上げの低迷が続けば倒産が不可避の窮状にあり、2005 年 6 月には 1 ヶ月間の営業休止に追い込まれた。また、従業員の収入については、その半額程度を占める歩合給がほぼ消滅したのみならず、給料そのものが 2 ヶ月以上の遅配に追い込まれた。日本人従業員たちは 2005 年を通じて、虎の子の貯金を切り崩す形で何とか生計を立てていた。十分な貯金を持たない者は、プーケット在住が困難になった。異なる例を挙げると、日系の旅行代理店に所属する観光ガイド（タイ人）の収入も、激減した。あるガイドは、津波の以前は月に 3 〜 5 万バーツの収入を得ていたが、2005 年の 6 月に筆者が話を聞いた時点で、同年 1 月から半年間の総収入が 6 千バーツ弱であったという。このガイドの経験によると、2002 年から 2003 年にかけての SARS 渦の際に一時的に月収が 1 万バーツ程度に落ち込んだことがあるなど、ある程度の収入の変動は織り込み済みだが、今回のようにほぼ無収入の状態が半年以上にわたって継続するというのは、想定外だという。

　筆者は、2 月半ばにプーケット入りをし、在住日本人に津波による観光産業への影響についての聞き取りをするなかで、反対に彼らから観光を取り巻く情勢につい

---

8）ダイビング・ショップの客数減少がこの程度で済んだのは、他の業態よりもリピーターが多かったからだと考えられる。

ての質問を頻繁に受けた。プーケット在住者たちが知りたがったのは、第一に日本人がプーケットのことをどう思っているかであり、第二にこの観光客の激減がいつまで続くのかであった。筆者はいずれの質問にも確たる答えを持たなかったが、当時における自分なりの理解に立脚して、状況を整理することで答えに代えた。その際に筆者が述べたのは、①実際には危険はないのにもかかわらず、人々がプーケットに悪い印象をもってしまい観光忌避につながっていること、②それは「風評被害」と呼ぶべき状況であること、③「風評被害」に対する効果的な対応策を、政府や報道機関はもっていないこと、という三点である（この時点では筆者はまだ風評災害という概念にたどり着いていない[9]）。この筆者による「風評被害」という状況定義は、在住日本人の間に瞬く間に広がった。「みんな、なんだろうって思ってたんですよ。なんなんだろうって。でも、市野澤さんにこれは風評被害ですよ、津波の二次災害ですよって言われて、ああそうだって」——こう述べたプーケット復興委員会のメンバーは、自分たちも被害者なのだと思うことで、「ずいぶん気が楽になった」という。自分たちも津波の被害者であると明確に定義できたことが、「来てくれることが復興につながる」との姿勢を前面に出してプーケットからの情報発信をしようとする復興委員会の活動を行ううえでの、自信につながった。復興委員会メンバーは次のように続けた。「でもぼくらも生きてるんやから。食っていかなきゃかんのだから。みんな観光で食べてますよ、ここは。だから遊びに来てくれと言うしかないんですよ」。

　２月から３月上旬にかけての筆者による津波後初のプーケット滞在中、「風評被害」という言葉を筆者が持ち出す前に使った人間は、知り得る限り皆無であった。しかし、筆者が再びプーケットを訪れた３月下旬には、「風評被害」という言葉は、在住者たちの会話のなかで日常的に頻出するようになっていた。「風評被害」の概念が在住者たちの間で速やかに受け入れられたのは、彼らが自分たちの置かれた状況を、外部から降りかかる危険と認識していたことの証左となろう。彼らは、自分たち以外の誰かの決定に影響される者として自らを捉えていた。津波後の観光客の激減という危機が、自己責任が問われるビジネス上の問題というよりも、謂れ無い「被害」として理解されていたからこそ、彼らは「風評被害」という言葉を積極的に使ったのである。

---

9) 第２章第３節で詳述したとおり、（潜在的な）観光客によるプーケット旅行の忌避は、必ずしもプーケットを危険視することから生じたものではない。当時の筆者は、そうした観光忌避のメカニズムについて、理論的に整理された理解は持っていなかった。

### 2-2　リスク化の二つの方向

　在住者たちは、「被害」にただ甘んじるのみならず、能動的に対応しようとしていた。彼らにとっては未曾有の出来事であった津波後の観光客の激減は、「風評被害」（本書でいう風評災害）という定義を与えられ、自らの決断を通じて対処すべき困難として捉え直された。「風評被害」は、手をこまねいてみているのみでは、去っていかない。場合によっては数年にわたって継続するかもしれない不安のなかで、将来的に被るかもしれない不利益を、自らの決断と対応如何で左右できる対象へと、人々は読み替えていった。降りかかってくる危険は、自らの決断に応じて帰結するものとして捉え直されたなら、もはや単なる危険ではない。津波後の風評災害に対する人々の立ち位置は、無力な被害者から、その困難のなかで種々の決断をいかに下していくか、さらには決断の帰結として目指すリターンをいかに増大し、生じるかもしれない不利益をいかに軽減するかを関心の焦点とする、意思決定者へと移行していったのである。

　先に触れた「プーケット復興委員会」の立ち上げは、そうした動きの一例である。復興委員会は、自力でウェブサイトを開設して（2月8日）、プーケットの被災状況について報告し、特にホテルの営業再開や各種イベントの開催などといった、復興の進展度合いを示す情報を逐次提供し始めた。同様に観光ビジネスの落ち込みに対応するために立ち上げられた組織で、復興委員会と正反対の様相を見せたのが、通称「ツアーオペレーター連絡会」である。ツアーオペレーター連絡会とは、2004年以前から存在していた組織で、主にプーケットタウンに本社を置くツアーオペレーター[10]各社の情報共有と業務提携を目的とするが、津波の来襲に至るまで、ほぼ活動を休止した状態にあった。2005年の2月以降、プーケットタウンに在住する旅行代理店の関係者たちは、既存の社会的リソースを有効活用して危機に対応するべく、この休眠組織を目覚めさせたのである。

　オペレーター連絡会と復興委員会は、等しく風評災害に対応すべく立ち上がりながらも、その活動内容は全く相反する方向へと進んでいった。オペレーター連絡会は、自分たちの事業を継続させるのに有利な条件を得るために、会員企業数1,200

---

10）日本の旅行会社から委託を受けて、海外現地での移動、宿泊、食事、観光など様々な活動の手配（および運営）を行う、現地の会社のこと［cf. 田中 2020］。日本企業の系列会社の場合もあれば、日本の旅行会社が現地企業と業務提携する場合もある。かつてはランドオペレーターとも呼ばれたが、現地の国内線航空券や海でのアクティビティの手配なども行うことから、ツアーオペレーターと呼称するのが一般的である。

を超える巨大組織であったバンコク日本人商工会議所や日本の財界とのコネクショ
ンを活用して、助力を得るべく、様々な働きかけを行なった。具体的には、日本や
バンコクの旅行会社への、送客や金銭的援助の依頼などである。その働きかけは、
プーケット観光市場の全体を覆う暗雲を払拭するというよりも、連絡会会員企業の
売り上げをなんとか確保することを第一義として、行われた。オペレーター連絡会
は、「風評被害」そのものの早期解消は難しいと薄々悟りながらも、自らを取り巻く
環境的な諸条件の改変および制御への志向を強く示した。つまり、自身を含む諸ア
クターの関係を、自らが影響力を発揮できるような文脈へと持ち込み、自らが状況
の決定力をもつ側になろうとしたのである（少なくとも、決定力を持つ者に対して
の働きかけを可能にしようとした）。

　対して復興委員会は、自らの決断による外的環境の変革をあきらめてしまったよ
うに見えた（復興委員会の苦難については、第4章で別の角度から詳述する）。メ
ンバーたちは、ウェブサイトでの情報発信を通じて観光客を呼び戻すことを当初は
期待していたが、それは長くは続かなかった。ウェブサイトのアクセスカウンター
の数字こそ増加していたものの、それは日本での報道量と連動していたに過ぎない
と、復興委員会のあるメンバーは言う——「要するに好奇心ですよ。ニュースで、
津波後のプーケットでは……とやると、その日は［アクセスが］ぐっと増える。だ
からといってその人たちが［プーケットに］来てくれる訳じゃないから。この間
も、ニュースで、プーケットにはまだ冷凍保存の死体がある、ってやられて。それ
で［復興委員会サイトを］見に来る人とか。まあ、怖いもの見たさなだけで」。メ
ンバーたちは、復興委員会の活動が、観光市場の回復にどれだけの効果をもたらす
のかについては、ゴールデンウィークが過ぎたころには、自信を失っていたという
——「ゴールデンウィークは期待したんだよね。さすがにちょっとは戻ってくる
だろうって。うちらも［3月28日のスマトラ沖］地震[11]の後とか、すぐに大丈夫
ですって情報出したでしょ。ガゼット［地元の英字新聞］の翻訳もいれて、相当詳
しく。そういうのが少しは効くんじゃないかなって思ったし。でもあれだった［客
足が延びなかった］からね。あれで［メンバー間の］やりとりも落ち着いちゃっ
たよね」。2005の7月になって、復興委員会のメンバーの一人は、自分たちの活動

---

11) 2005年3月28日の夜、スマトラ島沖でM8.5の地震が発生した。前年12月26日の反
　省から、タイ南部においても津波発生への警告がなされ、ビーチエリアに住む多くの
　人間が高台に避難しようと家を飛び出し、パニックに近い状態となった。その後すぐ
　に、タイでは津波被害の心配はないことが分かり、沈静化した。

について「自己満足」に過ぎない、と明確に総括した。ただし、その活動を通して、メンバーや協力者たちのなかに相互協力や新たな状況認識の芽が生まれたことには、価値があったと考えているという。つまり「我々も見つめ直さないとだめってこと。今まで、客が来てたから［考えなかった］。どういう商売をするのか、人間がどうやって暮らしていくのか。今までは商売のことだけだった。来る客をこなすだけだった。それは考え直さないと。今後のプーケットのことを考える。人間らしく。自分を見つめなおす」。このような態度は、ある種の内向性によって特徴づけられている。すなわち、外的な環境に対する働きかけというよりも、自らの（内的な）脆弱性を修補することによって、事態に対処しようという志向、そしてさらには、事態に対処することをやめることによってメタレベルの認識において葛藤を解決しようという志向である。状況や環境に対して、制御すべく働きかけることや決定権をもつことはあきらめ、自己の属性に関する決定に意識を向け、やりくりする。インバウンド観光の縮小が経済的な困難をもたらしているなかで、自らの関心を経済以外の文脈へと持ち込むこと、つまり問題を問題視することをやめるということは、それ自体で一つの解決策でありうる（P. ワツラウィックら［1992］は問題へのそのような対応を「リフレイミング」と呼ぶ）。

　ツアーオペレーター連絡会と復興委員会関係者との間に見られた、危険のリスク化における方向性のこうした分岐は、個人が有している社会・経済・政治などの各種リソースとの関わりのなかでリスクが捉えられたという視点から、理解が可能である。第1章では、プーケット在住日本人をふたつの類型に落とし込んで描写したが、その二分類は、「タウン組」と「パトン組」という言い方で、彼ら自身が行なっていた自己言及的な区分を下敷きにしている。津波被災が間接的にとどまったプーケットタウンの在住者、つまり彼らが言うタウン組は、一般に在住が長く年齢層が高い。プーケット日本人会の主流派であり、プーケットの観光関連業界では老舗といえる企業と関わっており、それがゆえに経済力と政治力が強い。その力はさらに、日本やバンコクや地元政財界とのつながりを保持しているところからも生じている。もちろん、こうした条件が十全に当てはまる個人が皆ではないが、典型的なタウン組として共通に思い描かれる人物像であるといって差し支えない。対して、パトン組は、パトンを筆頭とする西岸のビーチエリア在住者のことを指す。津波の被害を直接被った浜辺およびその後背地にいた人たちである。パトン組に関連づけて語られる特徴は、在住が短く年齢層が低い、在住日本人社会のなかでの非主流派、ゆえに経済力と政治力が弱い、などとして、タウン組と対比できる。そして、復興委員

会のメンバーはパトン組であり、オペレーター連絡会のメンバーは全員がタウン組
であった。

　津波後の数ヶ月間を観察すると、オペレーター連絡会関係者に代表されるタウ
ン組には、共通の環境要因を見いだすことができる。彼らは例えば、A. ギデンズ
［1993; 2005］のいう「専門家システム」の恩恵を享受できた。TAT などの観光関
連の専門機関は、プーケットの国際観光は短期のうちに V 字回復するとの極めて
楽観的な予測を早い時点で出し、マーケティング面での対策を矢継ぎ早に打ち出し
ていた（第 4 章）。タウン組は一般に、会社組織やときに地方政府との人的つながり
などの情報チャネルを持ち、それらの機関の動向をいち早く知ることができた。不
確実性の高い状況下、専門機関を全面的に信頼することはできないまでも、状況の
推移を予測して改善のための働きかけを行うという意味で、それらの機関はタウン
組のロールモデルとなった。

　加えて重要な点として、タウン組は状況認知におけるある程度の間主観的な「確
からしさ」を得ることに成功したようであり、そのことが、不安の封じ込めに大き
く寄与したと推察される。その「確からしさ」は、風評災害の全容すなわち観光市
場の回復具合についてというよりは、日本大使館や旅行代理店各社など、地域外部
の諸アクターの動向に関する情報を入手することによって、高められた。タウン組
が判断の材料とした情報は、観光市場全体や日本社会といった漠たる対象ではなく、
固有名をもち相応の影響力もそなえていると期待された特定の外部アクターに関す
るものだったからこそ、十分な「確からしさ」をもちえたのである。1 月にプーケッ
トを訪問した町村信孝外相（当時）と、2 月に日本人会会長が日本に出向いて面談
をした小泉純一郎首相（当時）は、そのような名前と顔をもった外部アクターの象
徴的存在といえよう。いずれの場合も接触の窓口は、オペレーター連絡会の関係者
が理事などの主導的な役職を寡占していた、日本人会である。連絡会は、外部アク
ターに関わる情報を入手する手段、かつ共有する場として機能した。「情報共有を
しようということです。オペレーター間で、完全な。まあ、ぬけがけはなしにしま
しょうということですね。こういう話を聞きましたけど、知ってますかって。あと、
問い合わせが入ったときは、［個別の会社としてではなく］オペレーター会で受け
る。今も月イチで集まっているけど、それ以上独自にどうこうというのはないです
ね。結局、14 社あるなかで、得意先や親会社の意向を無視して自分たちだけの判
断で何かできる会社はゼロ」（会員企業の従業員）。タウン組は、オペレーター連絡
会という情報収集・分配能力の高い組織に所属する（もしくは頻繁に接触をもつ）

ことによって、その組織によるフィルタリングと解釈を受けた、状況改善に関わる
「確からしい」情報を受け取ることになった。そのことが結果として、リスク認知の
共有につながったのだと考えられる。オペレーター連絡会のメンバーたちは、風評
災害という危機を、彼らがその歯車として機能している、日本とバンコク、そして
プーケットを結ぶ国際的な送客システム内部における機能的な問題として、リスク
化した。そこで彼らが行なった観光不況による財政状態悪化への対応とは、津波以
前から保持していた外部アクターとの個別的なつながりにおける機能不全の解消を
目指すことであり、津波以前からの業務の延長線上においてなされた。彼らは、「津
波を機に［特別に］協力しようということはあまりなかった」という。連絡会メン
バーは、バンコクの日本人政財界への協力要請、航空会社や日本の旅行会社への働
きかけ、日本政府への陳情、報道機関へのアピールなどを協力して行なった。なか
でも精力を注いだのは、大手旅行代理店など日本の送客元との交渉であった。

　対してパトン組は、オペレーター連絡会が入手する情報からは、半ば隔離されて
いた。連絡会はあくまでも「日本の［旅行代理店からの送客の］受け」役であるツ
アーオペレーター各社が情報を共有する閉じた場であり、その「おこぼれをもらう」
（某大手旅行代理店のプーケット現地法人関係者）存在とみなしていたパトン組に、
情報を伝える理由はなかったからである。加えて、パトン組が日本人会から（仮に
所属をしていても）距離を置いていたことも、災いした。「日本人会は、主婦の集ま
り。井戸端会議をやっているようなイメージで。そこには加わりたくない。なにか
行事があっても、手伝いましょうか？と言っても、いいですよ、忙しいでしょって
［断られる］。でも裏で、やってくれないって愚痴る」――パトン在住のホテル従業
員が語ってくれた、日本人会の印象である。このような状態であったため、タウン
組が入手した外部アクターの動向に関する情報がパトン組に伝わる確固とした経路
は、存在しなかった。また、TATなどが提示する、タイ語または英語による専門
的なレポートなどの情報についても、パトン組は、単なるうわさ話としてのみ聞く
ことが多かった。さらには、そもそも情報の存在を知らないというケースも少なか
らずあった。「うちらは結局、独立でやってるから。普段は日本人のお客さんの相
手をしてるだけだし。取引相手もタイ人だしね。言葉［英語やタイ語］だって、み
んながそんなにできる訳じゃないでしょう。なんとか仕事に使うだけで一杯一杯」
（パトン在住の旅行代理店経営者）。情報の入手方法が貧弱であったのみならず、パ
トン組の多くにとっては、複数の人間の見解を相互参照しての共通理解の獲得が、
そもそも難しかった。例えば、仮にホテルのような大きな組織で働いていたとして

も、タイ人ばかりの職場に日本人が一人といった条件下で情報的に孤立していたり、インフォーマルな機会に他の日本人と会ってうわさ話をしたり愚痴を言ったりするときも、入ってくる情報が錯綜していたり、出会う人出会う人が違うことを言っていたり、といった具合であったのだ。「［他の日本人に］会えば話をしていたけどね。いつお客が戻るかなあって。でも結局、確かなことなんて誰も分からないから」（パトン在住の旅行代理店従業員）というのが、パトン組の置かれた状況であった。

　在住日本人たちは、外国人という立場上、タイ政府が打ち出した被災者への援助も事実上受けることができず、さりとて日本政府による支援の対象にもならないという、セーフティーネットから抜け落ちた存在となっていた。例えば、タイ政府は、2005年5月までにタイ南部6県における津波被災者に対して総額8億バーツを超える金銭的援助を実施したが［在京タイ大使館 2005a］、プーケット在住日本人は基本的にその対象とはなっていない。また、2004年12月27日から2005年5月31日にかけて在日本のタイ王国大使館に直接間接に寄せられた義援金の総額は、1億6000万円以上であったと報告されているが［在京タイ大使館 2005b］、その資金がプーケットやピーピー島などに在住する日本人に還流することはなかった。外部からの支援のネットワークから疎外されているという感覚は、上に描いたような事情から、タウン組よりもパトン組において顕著であった。ゆえに彼らは、外的環境への働きかけというよりは、リフレイミングに代表される内向的な決断（コストの切りつめ、事業の縮小や停止、仲間内での心理的結束の強化、プーケットからの離脱など）によって状況へ対処する傾向を見せた。例えばある土産物店は、1月から6月の半年間の売り上げが、2004年の2月度の売り上げに満たなかったという。その経営者は、7月で店を畳んで日本に帰るという決断を余儀なくされた。同様にプーケットを去ることになったのは、ビーチで独立して事業を営んでいた者や、タイ人もしくは欧米人経営の会社の従業員であった。また、職を失ったタイ人の夫に日本人の妻が見切りをつけて離婚する「津波離婚」が見られたのも、主にパトン組においてであった――「霞を食べて生きていけるわけじゃないから。仕事がないならないで、仕事を見つける努力をするとか、なんとか稼ごうとするとか。［タイ人の夫に］そういう姿勢が全く見られない。日本人の妻としてはやっぱり自助努力をして欲しいから」（タイ人男性と結婚している日本人女性）。「［外部アクターとの交渉のために］いろいろなところに出て行くのはタウンの人、被害を受けているのはパトンの人」（パトン在住者）、という認識のなかでパトン組は、風評災害を、観光地プーケットと外部の日本人一般（観光客／市場）という関係においてリスク化した。

そのような集合的で漠とした対象への働きかけの不調は無力感を醸成し、事態が望ましくない方向へ推移していく圧倒的な慣性力の存在を可視化させた。復興委員会のメンバーの一人は、3月28日に発生したスマトラ沖地震についての報道が日本で大々的になされたことを知ったときの心境を、「もうやめて、これ以上いじめないで［と思った］」と表現している。こうして、パトン組における風評災害のリスク化は、ますます内向的な性質を帯びていったのである。

## 3　危険のリスク化と社会

### 3-1　リスク化を通じた分断

　津波直後の数週間、プーケットの在住日本人たちは「災害ユートピア」［バートン 1974; 林 2003; 野田 1995］と形容できる、災害の発生直後の混乱を乗り切った被災者たちの間に生じる利他的な関係の発露を経験した——「ばたばたしていて、商売のことには気が回らなかった。津波のときには［在タイ日本］大使館の人たちが来たけど、結局は日本人会に丸投げ。大変でしたよ、ホテルに泊まれない人［観光客］が何人もいたから、事務局を解放して、みんなで炊き出しをして。困ったときはお互い様だから」（日本人会事務局の関係者）。

　大地震などの激烈な破壊をもたらす出来事の直撃を受けた社会においては、まず日常性が失われた混乱状態が生じ、引き続いて「被災地社会ともいうべき、新しい社会状態が生まれる」［林 2003: 63］。被災地社会における秩序は、「災害前にあった社会秩序とは違う被災地内だけのとてもローカルな全く新しい秩序」［林 2003: 63］である。ローカルで新しい秩序を特徴とする被災地社会は、その状態の急激な変化を経験しつつ、おおむね1年以上の時間をかけて落ち着きを取り戻していく。ハザード・イベントの発生を端緒として変化していく社会において、一般には100時間後から1,000時間後の期間に生じることがあるとされる特異な状態が、災害ユートピアである。災害ユートピアとは、被災者たちの間で個別の利害を越えた連帯感が高揚し、日常生活に支障をきたすなかで、相互の助け合いを基盤とする平等な社会状況のことを、理想郷に比して表現した言葉である。しかし一般には、災害ユートピアが成立することがあっても、それは永続的ではあり得ない。時間の経過と共に災害以前と同様の社会状況が回復してくるが、ここで注意しておきたいのは、以前と全く同一の構造を取り戻すのでは必ずしもない点である。プーケットの日本人社会に関していえば、多数のボランティアや多額の援助の流入が社会の構成要素を

大きく変えたわけではないが、少なくとも本章が考察の対象とする津波後1年くらいまでに限れば、人々の関わり方における津波以前との違いが、確かに生じていた。

　前節までで描き出してきた、タウン組とパトン組という分断は、そのような呼び名があることからも明らかなように、津波以前から人々の間で意識されてはいた。しかしながら、津波以前のタウン組とパトン組の間には、後者が前者を表面上たてるという一種の役割秩序が存在し、明確な反目行動はなかったという。1990年代前半からビーチでの事業を営むある人物は、かつてタウン組から市場の擾乱者とみなされ敵対された、と考えている。現在に至っても、「タウンの人たちとは仲良くはできないですよ」という——「[彼らは] パトン [などのビーチ在住者] を低く見ているし。貧乏人の集まりって。でもこっちは、自分のお金で独立して商売をしているんだから」。しかしそれでも、日本人会に籍を置き、行事などで人手が必要なときには協力もしている——「あの人たちとは歳も違うしね。困ったときだけ声をかけてくるけど、はいはいってお付き合いしていれば。それなりにね」。

　そのような仕方で表面化を免れていた対立は、災害ユートピアという非日常を経て2月以降に先鋭化したと、在住者たちはみなしている——「[タウン組とパトン組の間には] 溝があった。わざわざ自分で作っているような感じ」(日本人会関係者)。その「溝」は、オペレーター連絡会とプーケット復興委員会の反目において、最も鮮明に可視化された。復興委員会ウェブサイトが設置されたのは2月8日だが、実際には1月下旬頃から、状況の抜本的な打開を求めると同時にタウン組の動きに反発するパトン在住／勤務者たちによる、立ち上げに向けた動きが水面下で始まっていた。2月になって、復興委員会は形式的にはプーケット日本人会の下部組織とされたが、タウン組による活動への参加はほとんどなく、ほぼパトン組による組織および協力において、日本人会の活動とは全く独立して運営された。タウン組の中核をなす連絡会側の復興委員会への態度は、以下のようなものであった——「9割は気にしていない。活動そのものも何をやっているか分からないし。自分たちにメリットがあるかというと、良いでも悪いでもない。[連絡会メンバーは] 日本の旅行業法[12] のもとでやっているんだから、あちらさん [復興委員会] みたいな旅行業の素人とは違って、好き勝手に言いっぱなしはできない」。

　復興委員会とオペレーター連絡会(および日本人会の理事たち)とは、単に別個に活動をするのみならず、同一のリソースや出来事をめぐって全く異なる対応をし

---

12)「日本の旅行業法」については、第4章で詳述する。

図 3-4 Genki Phuket Live

ようとし、その度に明確な対立を見せるようになっていく。そのような出来事の典
型が、4月2日にパトンビーチで行われた「復興ライブ」(Genki Phuket Live) であ
る。それは日本の若手バンドの「day after tomorrow」とタイの有名女性アイドル
ユニット「China Dolls」による無料野外ライブであり、TAT が主催・費用負担し、
タイ国際航空の協賛のもとに開催された。復興ライブの目的は、津波によって被災
したプーケットの観光地としての復活をアピールし、同時に在住者の激励をするこ
と、とされた。このイベントには、日本の大手旅行代理店が便乗し、売上金の一部
を寄付するチャリティー応援ツアーを企画・販売した。それは東京、名古屋、大阪、
福岡を発着地とする4日間から6日間のパッケージツアーで、バンドのファンクラ
ブ会員を中心に良好な販売成績を収め、参加者は60人を超えた［読売新聞 2005］。
そのツアーには日本からの添乗員はつかず、現地の係員が案内するとされた。つま
り現地のツアーオペレーターが「受ける」形となった。ライブ会場の設営なども含
めて現地でのツアー運営は、連絡会メンバーの某社に有償で委託された。

　滞りなく終了した復興ライブであったが、パトン組は苦々しい思いで経緯を傍観
していた。彼らは、ライブを成功とはみなさなかったのである。ライブに集まった
観客は「2,500 人に膨れあがった」［毎日新聞 2005］という報道もあったが、筆者
が当日観察した限り、ライブ会場は閑散として盛り上がりに欠けていた。ライブは
午後7時に開始予定で（実際の開始は8時過ぎ）、昼下がりから照明付きの大型ス
テージが浜辺に設営されていたが、ライブを期待して待っているとおぼしき人間は、
開始予定時間になっても 100 人そこそこだった。演奏が始まると、聞きつけた観光
客らが集まっては来たが、筆者の目算で最大 500 人に達していない──「あれじゃ、

人数をごまかして報道するしかないよね」(当日ライブに来たパトン在住者)。午後9時過ぎの終演まで、最前列に陣取った日本からのツアー客以外は、全く盛り上がらなかった(演奏者がアンコールを「ごめんね、なしです」と拒否する状況だった)。

　パトン組は、復興ライブに「人数が集まれば、日本側で大きく取り上げてもらえる」という期待をしていた(復興委員会メンバー)。観客を集められなかったということは、その意味では失敗であった。パトン組は、その失敗を、運営者(すなわちタウン組)の対応に帰因させて理解した。その一つが、宣伝活動の貧弱さである。当時のタイで知名度が極めて高かった China Dolls の無料野外ライブであれば、宣伝さえしっかりしていれば相当数の観客動員が見込めたはずだが、「それがあの結果。信じられない。China Dolls なら放っておいてももっと[観客が]来るはず」(パトン在住者)。筆者が話を聞いたライブ運営者も、事前の宣伝が不足であったことは認めている(ただし、意図したものではなく不可抗力として)。パトン組は、タウン組の運営において復興ライブ「の趣旨がどこかに飛んでいってしまった」と解釈した——「[日本の旅行代理店はツアー客を]こっちに連れてくるだけ、演奏者と[所属事務所]はコンサートの準備をするだけ、TAT は名前を貸すだけ、タイ航空は連れてくるまでの段取りをするだけ、[運営委託された現地業者]は現場で段取りをこなすだけ。イベントをいかに盛り上げるかということに誰も責任をもたない。[パトン在住のホテル従業員某氏]が、来てくださいね、とかやっていた。なんでホテルの人間がそういうことをしてるねん。[ライブの運営者ではない]末端の受けやろ」(復興委員会メンバー、発言の一部を匿名化)。

　ライブ開催に先立って、復興委員会のメンバーや幾人かのパトン在住者は、日本人が協力してライブ開催地であるパトンビーチでの宣伝活動を強化するべきだという意見を、日本人会の理事などに個別にぶつけていた。ビラ配りなどに協力する準備がある旨も伝えていた。その助言が結果的に聞き入れられず、運営にも参加できないなか、ライブが彼らの予想通りに「失敗」に終わったことで、パトン組はタウン組への反目を強めた。復興ライブの運営をめぐるパトン組とタウン組とのすれ違いと対立は、当時の在住日本人社会における内的葛藤の典型である。「結局、彼らは単に商売としてやっただけ。プーケット全体をどうするとか、考えてない。在住者の存在は無視して。日本[の旅行代理店や親会社]の方しか向いてない」(復興委員会メンバー)というコメントには、復興ライブが特定の外部アクターとの関係を利用してのビジネスに貶められてしまったとパトン組が理解し、強い違和感を持って反発した様子がよく表れている。

　風評災害という突発事態に見舞われた日本人たちは、自らが投げ込まれた状況を
リスク化していくなかで、タウン組とパトン組における認識の違いを、明確に感じ
取ることになった。風評災害をリスク化していくそのやり方は、タウン組とパトン
組のそれぞれの内側においては似通っており、皆がほぼ同じ問題に直面していると
互いに共感しつつ語り合うことができた。しかし同時に、それぞれの「組」におけ
る内的共通性の強さは、一方の「組」から見た他方の「組」（つまりパトン組から
見たタウン組またはその逆）における風評災害への対応が自分たちとは異なる（よ
うに見える）ことを強調し、違和感を際立たせることとなった。風評災害のリスク
化は、人々の間での相談、うわさ話、愚痴のこぼし合いなどを通じて、個人におけ
る認識的運動でありながらも高度に共同性のある営為として進行していったが、そ
の方向がタウン組とパトン組それぞれにおいて明らかに異なっていたために、双方
にとって互いを、理解と共感が難しい疎遠な相手として対象化する動因ともなった。
いわば、リスク化を通じた分断が生じていたのである。日本人会の会合のような公
式の場、もしくは個々人が関わり合うなかでの雑談において、人々はタウン組とパ
トン組という異なる思考様式の存在を意識させられるとともに、自分がどちらの側
に属するのか、またはどちらにより近くあるべきか、考えざるを得なくなる。タウ
ン組とパトン組との間の軋轢や相互不信が、それぞれの集団を互いに遠ざけようと
する。グループ間におけるリスクの捉え方の差異が明確になっていくことと、社会
にもともと潜んでいた薄らかな区切りが明確になっていくこととは、相互強化的な
過程にあった。リスクがつくる人々の関係性のあり方と、人々の関係性がつくるリ
スクのあり方との、相互作用と再帰性は、分裂生成的とも表現しうる社会状況を生
み出した。つまり、双方におけるリスク化のあり方の差異が、相補的にエスカレー
トしていく過程である。このことは、津波以前から人々の間で薄々と意識されてい
たタウン組とパトン組の分断をより強化し、他方では、タウン組とパトン組の間に
それでもあったある種の役割秩序、つまりパトン組が、タウン組を表面上たてるこ
とで丸く収まっていた状況を、明確な反目状態にすることにつながっていった。

## 3-2　リスク化を通じた連帯

　パトン組は、あからさまにタウン組と対立していったが、その一方で、日本人同
士の協力や協調を通じて、津波以前にはなかったような共同性を、実感するように
もなった。特にパトン組においては、自分たちが直面しているリスクを、日常の具
体的な人間関係を超越した日本社会や日本人一般という対象との関係において捉え

たことが、そうした傾向の背景となっていた。プーケット復興委員会は、「［日本から］忘れられているプーケットを、忘れられないようにするために」（委員会メンバー）、パトン組によって立ち上げられた。復興委員会の主な活動は、結果としてはウェブサイトの運営に限られたが、そこには多くのパトン組が情報提供者として参加した。あるパトン在住者は、その状況について、「バラバラな［プーケット在住］日本人が、協力すれば、やればできるんだと思った」と述懐する。

　津波来襲以前、プーケット在住日本人の間にはあまりまとまりがなく、協力関係も希薄だと、彼ら自身が考えていた。特に、日本人会と距離を置いているパトン組においては、全員が一致団結して参加するような対象や機会は、存在しなかった。観光地プーケットの現状についての情報を網羅的に収集し発信しようとする復興委員会への協力が、ビーチ周辺に在住して観光で生計を立てる日本人という集合の存在を、広汎に意識させる初めての機会となったのである。風評災害を生む主体である潜在的な観光客としての日本人一般に対比される形で、プーケットという土地を基盤にした人々が一つのまとまりとして対象化され、そこにローカルな同一性と共同性が見いだされた。カタビーチ在住のダイビング関係者のひとりは、パトン組におけるそのような意識の変化を以下のように描写した──「プーケットは、ってみんなが言うようになった。プーケットを、どうにかしないといけないって。津波の前は、みんな自分の商売をどうするって、それだけだったのに」。このような、プーケット在住者という共同性の意識は、一面では災害ユートピアの延長として理解できるだろうが、津波後半年が経っても確実に継続していたのみならず、その数年後になっても人々の行動に刻印を残しており、単なる一時的で特異な状態としては片づけられない[13]。例えば、日本人会の運営にパトン組が積極的に関わり、役職に就いたり、組織変更や改善への意見を述べたりするようになったのは、災害ユートピア後にも継続して残る在住者間の関係の変化であった。

　風評災害という困難が在住日本人たちの間にもたらした連帯への志向が、行動面

---

13) とはいえ、やはり時が経つにつれて、プーケット在住者という共同性の意識は、薄れつつある。ただし、その理由としては、在住者の顔ぶれが次第に入れ替わっていくという要因が大きいようだ。筆者が本章の元となった論文を執筆した2009年頃のプーケット日本人社会においては、タウン組とパトン組という従来の二極に加えて、津波を経験した者としていない者という対比が顔を出すことが時折観察された。さらに2022年現在では、津波の記憶は一部の古株による昔語りの域を出なくなっており、在住者の多くが共感できる話題ではもはやない。

において最も具体的に現われたのが、2005 年 6 月 25 日に行われた第 2 回「日本人祭り」というイベントである。「日本人祭り」とは、プーケット日本人会が、主に在住日本人とタイ人との親睦を図るという目的で企画したイベントである。そのイベントは、「イーブン・ラック・タイ」（日本はタイを愛する）というタイ語の標語を掲げて、日本食の屋台や日本の伝統的な遊びの紹介などによって、タイ人に日本への親しみをもってもらうと同時に、日本人とタイ人が触れ合う機会を設ける、というものであった。津波前の 2004 年 2 月に行われた第 1 回の「日本人祭り」は小規模ながらも一応の効果を上げたと日本人会は理解しており、再び開催する機会を模索していたが、会場の確保や予算の不足などで延び延びとなり、話が立ち消えかけていた。第 2 回「日本人祭り」は、津波後プーケットにおいて苦しい生活を送っている在住者（日本人に限らず）に楽しみの機会を提供する、そして何より観光地プーケット発の明るいニュースの材料をつくるという意図が付け加えられたことにより、在住日本人たちの全面的な参加協力を得て、第 1 回よりもはるかに大規模なイベントとして、プーケットタウンのホテルでの開催にこぎ着けた。6 月 25 日当日は、予想を大きく超える 3,000 人以上のタイ人の来場者を集め [14]、日本食の屋台は早々に品切れが続出する盛況となった。日本の文化を紹介する一端として、盆踊りや和太鼓の演奏、浴衣の着付けと記念撮影などの企画が催された。また、バンコク日本人商工会議所の会員企業などの協力により、電化製品や旅行券などを景品とするラッキードローが、大きな人気を集めた。イベントは全体として 20 万バーツを超える収益金を生みだし（ただし最終的な収支は赤字となった）、日本人会によってパンガー県の津波被災者支援のために寄付された。

　津波直後から、諸外国やバンコク在住の人々、すなわち潜在的な観光客に対して、プーケットという場所を明るい印象と共に宣伝していくべきであることは、プーケットで観光業に関わる者たち全員が認識を同じくするところであった。その有効な手段として、多数の参加者を動員するイベントを行いたいことは、マスメディアが取材をして記事にしやすいという側面も含めて、早くも 2 月の段階で、日本人会の会合において議題とされていた。3 月になって、TAT が企画し主催するいくつかのイベントの計画は日本人たちにも漏れ聞こえてきてはいたが、在住日本人が中

---

14) 主催者による目算。日本人会としては、1,000 名の来場者を集めることを目標としていた。当日は、日本人会の名入りの団扇を 1,000 枚用意し、それを配った数で入場者を数えようとしていたが、午後 5 時の開場後すぐになくなってしまった。

心となって企画し運営するイベントも可能であれば行うべきだ、という意見が出ていた――「人が死んでいるのに能天気にお祭りなんかしていていいのかという議論もあったし、そもそもすぐにというのは、物理的に無理。でも今だからこそやらなければ、という意見が多かった」（日本人会関係者）。そうした状況下、プーケット外部の組織が主導した４月の「復興ライブ」が拍子抜けの結果に終わったこともあって、在住者が主体となっての「お祭り」が必要だとの認識を、皆が強めることとなり、日本人会の会合において、「日本人祭り」復活への動きが具体化していった。その準備にあたっては、日本人会とは別組織として運営委員会が設けられ、全体的な運営、屋台運営、屋台用のクーポン券、盆踊り（櫓の設置なども含む）、来賓対応、当日販売するＴシャツ、その他のノベルティ、音響、受付や金銭管理などの事務、ステージの設営と進行、ラッキードロー、衣装、浴衣を着ての写真撮影、などの業務別に責任者が設定された。そのうちの半数程度が、かつては日本人会の行事にあまり深入りしなかったパトン組となった。

　タウン組とパトン組との分断は、「日本人祭り」の準備過程においても、やはり明確となっていた。４月になって、日本人会の会長や理事数人がバンコクへ赴き、日本人商工会議所の理事会に出席して協賛金・協賛品の供出を訴えた頃から、イベント準備におけるタウン組とパトン組の努力の比重の置き方が異なってくる。パトン組は何よりもまず、イベントに人を呼んで盛況にすることに努力を傾注した。パトン組にとって「日本人祭り」は、「復興ライブ」の場合にも増して、在住者自身の心情を鼓舞する意味合いが強くなっていた。企画の一端として、津波による最も甚大な被害を被ったパンガー県カオラックの子どもたちを招待するとの項目があったが、それはマスメディア受けするであろう見栄えの良さのみを狙ったものではなかった――「タイの人に楽しんでもらいたい。そういうみんな［運営者側］の気持ちがあった。同じ被災者としてね。私たちは結局、一次被害を受けていないからまだマシ。でも家を流されちゃったりした人たちは、本当に大変。［…］結果としてプラスイメージの発行になって、お客が戻ってきてくれたらというのはもちろんあるけど」（「日本人祭り」運営委員）。この語りには、被災者という共同性における相互扶助の意識が読み取れる。

　「日本人祭り」を、単に観光地プーケットを宣伝するためのみならず、心理面で追い込まれていた在住者たち自身を盛り上げるための材料として評価する語りは、開催後にその成功を振り返ったときにも聞かれた――「この何ヶ月か普通に暮らしてたら、プーケットにいられなかった。もし「日本人祭り」がなければ、一時帰国し

て、またプーケットに帰ってくる気力がなかった」（パトン在住の運営委員）。パトン組の多くが語ってくれた、「日本人祭り」に対するこのような意味づけは、前節で描き出した、内向的な危険のリスク化という文脈において理解することができるだろう。わけてもイベントの開催が目前に迫った5月から6月は、パトン組における風評災害のリスク化の枠組み、すなわち、日本人市場に対する自身の働きかけ如何で「風評被害」を軽減できるという希望的認識が、現実から乖離していることがすでに露呈して、人々が無力感に打ちひしがれている時期でもあった。したがってパトン組にとっての「日本人祭り」への参加は、日本の観光市場に対するマーケティング上の効果を期待してというよりも、まさに「お祭り」として運営し成功させることそのものに価値を見いだしていく営為だった。これは、プーケット復興委員会における活動の意味づけが内向的に変容していったのと同様に、実際上は解決不可能な問題への対処行動を、行動そのものの目的をリフレイミングすることによって、モチベーションを失うことなく継続するという文脈において、理解できよう。

　パトン組はその一方で、続々と集まってくる日系企業による協賛の申し込みや、イベント当日のタイムスケジュールのなかで政府関係者などの来賓の挨拶に割り当てられる時間がどんどん長くなっていく事態に、当惑していた──「ゴールデンウィーク明け頃、これは祭りなのか？っていう話にはなった。いつの間にか、来賓が多すぎ。［在タイ日本］大使に［来賓挨拶の］お願いをしたら、大使から、あっちもこっちもしゃべらせろって。［…］お祭りをやろうとしていたのにお祭りになっていないって葛藤があった」（パトン在住の運営委員）。自分たちで行うはずのイベントが、いつの間にか外部の人間に利用されつつあるという認識も、そうした反発の背景にあったようだ。「日本人祭り」への資金や物資面での協力を申し出た企業や大使館の関係者などとの折衝には、日本人会の理事たちがあたった。彼らは、前回の「日本人祭り」の経験から、イベントを成功させるためには資金面での手当てが何よりも大切だと理解しており、各方面への協力要請に奔走した──「タイでは何事も進みが遅いので、なかなか返事がもらえないんですよ。だから思いついたはしから追加してお願いしていたので、ぎりぎりになって次から次へと［協力の申し出］出てきた」（日本人会理事）。また理事たちは、このイベントを、バンコク日本人商工会議所とのパイプを強化するためのまたとない機会として捉え、協賛企業を多数集めることをもって成功とみなすような発言もあったため、イベントそのものを盛り上げることを主目的として準備に奔走したパトン組との認識の相違が浮き彫りとなった。「［商工会議所との］接点ができたといって喜んでいるけど、内実、

こちらにいいことは何もない。宣伝に使われるだけで」（パトン在住の運営委員）というのがパトン組の偽らざる心境であった。例えば協賛金や物品の寄付に関しても、多数の日系企業から協力の申し出が集まりだした時点における皮算用からすると、はるかに低調な金額に終わったため、来賓のもてなしなどに神経を使わされた割には、イベントの成否には直結しなかったと判断したのである。「日本人祭り」のもつ意味はこのように、運営委員会内部において、パトン組とタウン組（特に日本人会の理事たち）との間で大きく異なっていた。

　しかしながら、少なくとも「日本人祭り」の準備から実行段階までは、そのような分断の芽は顕在化することなく、むしろ連帯感が強まる効果のほうが、当事者たちにとってははっきりと意識されたようである。タウン在住のある運営委員は以下のように振り返った——「日本人会は、何というわけでもないけど、結束は強まったと思う。運営委員会［の会合］では、言いたいことはみんなそれなりに言ったと思うし。人それぞれ考えは違うけど、実務では違うなりに協力したし」。「祭り」の意義をどこに見いだすかの分裂が、実際の人間関係における対立にまで発展しなかったのは、各人が思惑の違いこそあれ、イベントに多数の人間を集めて大過なく運営するという意味で目標を同じにしていた点が、功を奏したのだろう。加えて、各自が業務に追われて周囲のことを気にする余裕もなかった事情もあろう——「［事前準備の］後半はもう必死。自分の担当業務をなんとかこなすだけで。こんな大きなイベントは初めてだから、要領を得なかった。誰も。段取り悪いし。意思統一ができていなくて、ボランティアは混乱。協賛の人たちにも迷惑をかけたと思う。直前にお願いして、早く早く、みたいな」（パトン在住の運営委員）。

　人々にとっての「日本人祭り」の位置づけは、個々人における風評災害のリスク化の方向性に応じて、確かに異なっていた[15]。ただし、「祭り」の実務遂行に付随する一時的な状況要因によって、その違いが生む局部的な対立よりも、全体としての協力のほうが、当事者たちの認識において前面に出ることになったのである。地域在住のタイ人たちを招待してもてなすという条項がイベントの趣旨にあったのは、以前に行なった「日本人祭り」をなぞる形で開催されたという偶然にもよる

---

15）「日本人祭り」を終えた後の反省会においては、準備と当日運営の評価をめぐって、タウン組とパトン組との間で全く異なる見解が提示された。タウン組は、多数の参加者と協賛金を集めたことをもって成功とみなしたが、パトン組は準備の過程でイベントが外部からの援助者の思惑に引きずられてしまったことを反省するべきとして、議論は平行線をたどることになった。

が、それは結果として、参加した日本人たちに、プーケット在住者としての共同性
を意識させることにつながったようだ。先のタウン在住の運営委員は、次のように
振り返った——「タイ人を呼んだというのが大きかったかもしれない。日本人とし
て、タイの人たちに何をするかって。最初は、日本へのアピールって意味で始めた
けど、やっぱり、招待する以上はね。楽しんでもらいたいし、これを機会に、タイ
人ともっと仲良くできればってね。普段はやっぱりあまり接触がないし」。

　筆者は2005年の調査で40人を超えるプーケット在住日本人と話をしたが、自
分たちの間にはまとまりがないという語りは、職業や年齢を問わず頻繁に聞かれた。
復興委員会の活動を通じてパトン組が、自らと日本の観光客と対比させつつ、プー
ケット在住の日本人という共同性に思い至ったのと同様な認識の変化が、「日本人
祭り」の参加者においては、タイ人という隣人との対比において生じた。「日本人祭
り」への参加は、排他的な部分がある日本人会という組織の存在がかえって遮って
いた、パトン組でもタウン組でもない一つの集合としての在住日本人という認識に、
人々が思い至る契機となったのではないだろうか。「日本人祭り」の当日は、運営委
員に加えて、多数の在住日本人のボランティアが参加した。ボランティアたちが念
頭に置いていたのはやはり、来訪するタイ人にいかに楽しんでもらうかということ
であり、「我々日本人」がタイ人をもてなすという構図であった。屋台の売り子とし
て参加したある在住者は、以下のように感想を語ってくれた——「こんなにたくさ
ん日本人がいるんだって。すごいですよね。知らない人ばっかり、初めて見ました。
［自分は］プーケットで働いているけど、結局自分の知り合いなんて少ないし、よく
見かけるのは観光客だし。でもこんなに住んでいる人がいるんですね。タイ人も驚
いてるんじゃないですか」。

## 4　リスクと環境の再帰性

　本章は、プーケット在住日本人たちが観光客激減という危機にいかに対応した
かを、固定した社会的条件に規定されるリスク認知としてではなく、社会状況の変
化と絡み合いながら進展していく危険のリスク化という、認識および行動の両面に
おける継時的な運動として描写した。リスクとは、環境に対する人間の反応であり、
自己の選択と決断に関わる問題である。観光客の減少は、在住者たちに初めからリ
スクとしてみなされていたわけではなく、予測や制御を超えた次元において自らに
降りかかってくる危険として、捉えられていた。しかし時が経つにつれて、彼らは

　その危険を、自ら対処可能な問題すなわちリスクとして把握し直していった。

　ある事態がリスクを孕んでいるかどうかは、過去の経験を参照して判断される。つまり、現在における未来像としてのリスクは、過去が確率的なぶれと変容を伴いつつ投影された像として、人々の意識のなかに形成される。曠古の事態の発生が確認された瞬間においては、その解釈のための範例となる過去の出来事が存在しないのだから、その未来への投影としてのリスクも存在し得ない。かつて起きたことのない出来事のリスクは、アプリオリには存在しない。曠古の事態は、人々がかねてからもつ分類図式に当てはめられるのではなく、時間の流れの中で漸次解釈されていく。その継時的な過程において、危険が見いだされ（見いだされない場合もあろう）、不可避的にリスクへと転換していく。つまり、時間という観点からすれば、事態の進展と同時進行で、リスクが人々によって作られていくことになる。ただし、危険のリスク化とは、環境変化の単なる関数としての受動的な認知変容ではない。津波後プーケットの日本人たちは、観光客の激減という危機に対して、様々な決定を積み重ねることによって能動的に対処した。彼らはその対処行動を通じて、曖昧だった状況認知を明確化していき、その過程のなかで、種々の決定の（予想される）帰結としてのリスク像が形作られた。例えばパトン組においては、風評災害に立ち向かうことの困難が、事態が孕むリスクの深刻さをあぶり出すことになった。リスクへ対処することが、反照的にリスクを彫塑していったのである。

　リスクは環境に対する人間の反応であるが、その一方で、人間はリスク対応を通じて環境を変えていく。どこかに何らかの危険が生じたとき、それに立ち向かう当事者たちの動きを観察すると、常に二つの側面を見いだすことができる。すなわち、環境が作るリスクとリスクが作る環境、というコインの両面である。リスクと環境の間にはある種の相互作用があり、その結果として互いが互いを規定しあうという再帰的な動きが生じる。そのような視座において本章が描き出したのは、在住日本人における危険のリスク化が、個人の認識的な運動であるのみならず、状況に対しての集合的な合意のあり方、そして自らが身を置く社会の有り様を、更新することでもあったという事実である。人々は、新たに共有されるようになった環境像への適応活動を通じて、集団内部の人間関係の網の目を再編成していく。急激に変化する環境に揺さぶられる流動的な社会状況のなかで人々がリスクをいかに捉えるかに着目するとき、社会／文化がリスク認知を規定するというリスクの文化理論を単純に適用するのみでは、重要な側面を描き落とすことになる。人々によるリスクへの認識と対応は、それ自体が社会的な状況を構築していく運動でもあるからだ。

　風評災害に見舞われたタウン組とパトン組は、それぞれ異なる仕方でのリスク化の運動に身を投じた。しかしながら、その過程は、ただ一本の線に還元して理解できるような性質のものではない。例えば、復興ライブの開催は主にタウン組による風評災害への対応であったが、彼らにとっては、イベントへの関与そのものが大きなリスクであったことに注意したい。パトン組に消極的であると批判されはしたが、実際にイベント運営を任された企業にとっては、経費と労力を投入すればするほど、回収できないリスクを増大させることになる。仮にイベントが成功したところで、直接的かつ即効的に望める経済的効果はないのだから、最も効果的なリスクヘッジは、なにもしないことに尽きたのである。転じて復興委員会に目を向けると、ウェブサイトでの観光地プーケットのアピールは、非難を招くかもしれないというリスクであったし、無給の仕事に時間を取られて本業の立て直しがおろそかになるかもしれないというリスクでもあった。風評災害のまっただ中で在住日本人たちが示したリスクの解消への努力は、すなわち次から次へと立ち上がる雑多なリスクの連鎖へと自らを投げ込むことであり、結果として継起的な連続性を要求されるがゆえに、社会状況の大幅な変革につながる潜在性を秘めた営為だったのである。

第4章

# プーケット復興委員会の熱い夏
## 在住日本人における風評災害の経験②

## 1 在住日本人たちの「よく分からないしんどさ」

　観光業に従事する在住日本人たちにとって、インド洋津波への被災は、全く予期せぬ事態だった。そして彼らにとって、特に深刻な問題としてのしかかったのが、引き続いて生じた観光客の激減であった。津波による物理的な混乱が一段落した2005年1月から2月にかけて、プーケット観光のあまりの縮小ぶりに、在住者たちは愕然とした。それでも在住者たちは当初、津波による観光客減少は一過性の出来事であり、混乱が収まればプーケットはまたすぐに賑わう、と考えていた。しかし、現実はそれほど甘くないということを、やがて思い知ったのである。

　インド洋津波に引き続いてプーケットを襲った風評災害は、被災者たちにとっては、1年以上の長期にわたる苦難の経験であった。巨大で回避不能、そして加害者の存在が不明瞭で特定の誰にも帰責不可能な困難であったという点で、津波に引き続いた観光客の激減は、少なくとも在住者たちの生活実感からすれば、「災害」と呼ぶにふさわしい。本章は、前章とは異なる角度から、プーケット在住日本人たちが風評災害をいかに体験したのかについての解釈を呈示する。

　「なんやよう知らんけど、正直ほんましんどいです」——これは在住日本人の一人がふと漏らした言葉である。このような、理由のよく分からない、漠然としたネガティブな感覚についての言及は、津波後の数ヶ月間、特に個人で零細な事業を営む者（または小規模事業所の従業員）たちの間で、よく聞かれた。例えば、就業環境の激変、経済的な困窮、人間関係の悪化や各自のエゴ丸出しの行動を見ての幻滅、そういった諸々の「しんどさ」があっただろうことは容易に想像がつく。しかしそれらは、彼らも十分に認識し、頻繁に話題にしていた、「よく分かるしんどさ」である。それでは、「よく分からないしんどさ」とは、何だったのだろうか——それが本章の問題意識である。本章は、風評災害に立ち向かうべく積極的に動き、「プーケット復興委員会」を立ち上げた人々に焦点を当てて、彼らの経験を描き出していく。

## 2 マーケティング・アプローチの不発

　インド洋津波は、プーケットにおいて 1980 年代から築き上げられてきた、観光関連業従事者たちの仕事と生活のルーティンを大きく揺さぶった。津波による影響は、津波来襲時およびその直後の混乱という、短期的な変動のみにとどまらなかった。人々は復旧に向けて驚くべき精力的な活動を見せ、店舗が破壊されて営業不能になるなどの被害を被った一部の者を除いて、買い物、通信、移動といった日常生活上の困難は、津波後一ヶ月ほどのうちに急速に解消された。しかしその一方で、一時的な混乱を乗り越えたプーケットの住人たちは、観光セクターの構成員としての職業生活においては、明らかに異常な状態に置かれることとなった。通常であれば年間で最も賑わうはずのハイシーズンを通して、観光客が一向にやって来ず、プーケットの各ビーチには閑古鳥が鳴いていたからである

　当然ながら、津波後の観光客の激減を受けて、TAT は速やかにアクション・プランを提示した。また、現地の観光事業者たちも、観光客誘致に向けて様々な施策を講じた。以下に 2005 年に打ち出された観光プロモーションの一例を示す。

- ・TAT とタイ関税局が連携して、南部 6 県に免税エリアの設定を計画（2 月）
- ・南部 6 県にある海洋国立公園の入場料を無料とした（2 月）
- ・各国の旅行会社を招いて、プーケットの事情を視察してもらい（安全や復興状況の確認）、協力を求めた（2 月〜 3 月）
- ・大手旅行代理店（日本では JTB や HIS など）の協力の下、「復興支援」と銘打った格安のパッケージツアーを販売した（2 月〜 3 月）
- ・TAT とクレジットカード会社が連携して、ツーリスト向けの買い物割引特典カードを発行した（3 月）
- ・タイ航空と HIS が日本とタイの有名歌手を呼んで復興支援コンサートを行い、日本からのパッケージツアーと連動させた（4 月）

これらの狙いを集約すると、以下の四点となるだろう。

①積極的な広告展開を通じて、明るいプーケットのイメージを打ち出すことにより、津波の記憶を払拭する。
②旅行商品（パッケージツアー）、航空券、宿泊、現地での買い物などにおける割

　引価格を提示する。

③流通チャネル（各国の旅行代理店など）への直接の働きかけと協力依頼を行う。

④魅力的な観光の新商品を開発する。

　最重視されていたのは、各国の観光市場におけるプーケットの露出を増やすと同時に、価格面での割安感を醸成することだった。TAT の指導のもと熱心に展開されたこうした施策は、通常のマーケティング行動の延長において計画された。警報システムの導入など、安全面のアピールなども行われたが、そのメッセージが旅行市場に浸透したとは言い難い。TAT 主導による、マーケティング面を重視したこれらの施策が、期待通りの効果を発揮したかどうかは、疑わしい。結果として、観光客は遅々として戻らなかったため、プーケット在住者たちは、この観光不振がいつまで続くか分からない、存外に長く続くかもしれない、という不安を、2005 年を通して次第に強めていった。また、これら TAT による施策は、風評災害という特殊な事態に対して既存の施策を拡大したに過ぎず、質的に特別な緊急対応ではなかったため、被災者救済という意味合いは弱かった。とりわけ、収入源を失った人々への生活支援の機能が貧弱だったために、人々の焦燥感を緩和するうえでは、有益とは言い難かった。

## 3　プーケット復興委員会

### 3-1　日本人による／日本における津波関連報道

　プーケットにおける日本人経営による事業の主流は、旅行代理店、ダイビング店、飲食店（日本料理店やアルコールを提供するバーなど）、土産物店、宿泊施設、スパやマッサージ店などの各種サービス業である。いずれの業種においても、日本人経営の企業は、主な顧客が日本人であるために、複数の日本人従業員を雇うのが一般的である。加えて、日本人以外の経営による事業体についても、日本人市場の開拓のために、日本語話者を必要とするケースが見られる。観光セクターに参入してくるタイ人の多くが、英語での接客能力が高くても日本語会話は片言の域を脱することがないため、日本語話者が必要とされる業務ポストには、結果として日本人が就くことになる。

　プーケットを訪れる日本人観光客の多くが、タイ語はおろか、英語も満足には話せない。語学力に難のある多くの日本人客の多様なニーズを十分に汲み取ること

ができるのは、やはり現地で働く日本人なのだ。その際、特に重要なのが、トラブル対応の問題である。プーケットは、日本大使館がある首都バンコクからは航空機での移動が必要な遠距離にあるが、日本領事館を持たない。つまり、津波以前は年間20万人を超えていたプーケットへの日本人観光客が泥棒や事故にあったり、パスポートをなくしたりしても、すぐに駆け込める大使館も領事館もプーケットにはない。結果として、現地の警察に行って英語かタイ語で事情説明ができるごく少数を除くほとんどの日本人は、自分が客として世話になっている旅行代理店やホテルで働く在住日本人に頼ることになる。いわば、日本領事館に代わって観光客の緊急トラブル対応にあたっているのが、在住日本人たちなのだ。日本人にとって快適なビーチリゾートであるプーケットは、現地に飛び込んだ日本人たちがホスト側にいるからこそ、成り立っていることを忘れてはならない。

　インド洋津波という未曾有の災害が発生した際にも、その構造は同じであった。津波の来襲により、年末年始を過ごす観光客で賑わうパトンビーチやカマラビーチなどに面するホテルのほとんどが、津波の直撃を受けた。多くの宿泊客が被害を受ける中、ビーチエリアの各ホテルの従業員たちは、逃げ出すこともせずに献身的に対応にあたり、怪我をした宿泊客の手当、行方不明者の捜索、ショックを受けた宿泊客の精神的ケア、被災したホテルの滞在者のための新たな宿泊先の手配などに尽力した。プーケット日本人会も、迅速に自主的な救援活動を開始し、特に日本人被災者への炊き出しや簡易宿泊所の提供、犠牲者の身元確認作業への協力などに奮闘した。

　津波直後の数日間における緊急対応が一段落つくと、プーケット日本人会関係者には、日本の報道関係者からの接触が相次ぎ、取材への便宜を図ってほしいとの依頼を数多く受けることとなった。在住日本人たちは大概の場合、報道関係者の行動をサポートするだけでなく、自らがインタビュイーとしてカメラの前に立ち、様々な質問に答えた。しかしながら彼らは後に、自分たちが示した報道関係者への厚意と協力が、半ば裏切られたとの思いを強めることになる。在住者たちが問題にしたのは、第一には、報道関係者の取材態度であった［cf. 白石 2009］。筆者が話を聞いた在住日本人たちのうち、日本からの報道関係者と直接に接した者のすべてが、住民の苦しみや悲嘆といったネガティブな材料を探すことに終始する取材姿勢に対して、批判的な発言をしていた。とりわけ、順調な復興や安全の確立などを強調する在住者たちの語りには耳を傾けず、身内や家財を失った者を探し、その体験談のみを収集しようとする多くの記者たちの態度が、問題視されたようである。

　日本のマスメディアの報道姿勢に関していえば、筆者がプーケットで耳にした興味深いエピソードがある。プーケット日本人会には、インタビュー可能な「被災者」の紹介を求めて、数多くの報道機関がコンタクトしてきた。その一つの某テレビ局からのインタビューを受けた在住日本人は、以下のように憤った——「自分は無傷だったし、知り合いに被害者もいなかったから、困っている人を助けるためにがんばったでしょう、自分なりに。そんな話をしていたら、じゃあ知り合いが亡くなったっていう人を知らないですか、って聞いてくるんですよ。無事だった体験談を聞いても仕方ないと思ったんじゃないの。それで、誰か、知り合いが亡くなったっていう人、知りませんかって。［インタビューを受けている人が］涙を流している画でも欲しかったんだろうね。じゃあって何だよって話だよね。信じられないですよ」。プーケット在住日本人たちは、日本のテレビニュースで流される映像をビデオなどで見聞きするたびに、内容が偏向していると受け取った。また、取材を受けた複数の人間が、自分はあえて前向きな発言を多くしたにもかかわらず、実際に報道されたときには、つらい体験や悲観的な見通しなどが恣意的に切り取られて流された、と語っていた。

　マスメディアによる報道が、プーケットで生じた出来事の悲惨な側面と、在住者たちの助け合いや順調に進む復興状況などの明るい側面とを、どの程度の割合で伝えたのか、その定量的なデータを筆者はもっていない。また、仮にもっていたとしても、いかなる割合が適正なのかを判断する基準がない。そして、悲惨さを伝えようとする報道のすべてが、事実でない情報や過度に誇張された描写であったとは、もちろん言い切れない。しかしながら、そのような留保をつけつつも、その報道姿勢が不公正に映ったという在住者日本人たちの声に、報道関係者は真摯に耳を傾けるべきだろう。

　津波に関する情報を日本に伝えたのは、テレビに代表されるマスメディアのみではなかった。被災地から帰還した個人がインターネット上で発信している情報は、当然のことながら、観光地であるタイのプーケットやカオラックに関してのものとなった。それらは、自らが受けた衝撃を吐露するという形態をとっていたため、やはり被害を強調する内容が多かった。

　在住日本人たちにとっての第二の、そしてより大きな問題は、彼らが協力した結果のニュース報道の内容と放送頻度であった。彼らは、プーケットの状況が日本でどのように報道されているかを、逐一モニターしていた。プーケットでも視聴可能なNHK海外放送が、そのための主立った材料となったほか、インターネット上に

94

おける報道を閲覧する、日本からやってくる知人にテレビニュースの録画と持参を依頼するなどして、可能な限り、日本での津波報道を追いかけようとしていた。なぜなら、日本における報道の質・量が、プーケットを訪れる日本人観光客の増減に大きく影響することを、SARS の世界的流行など過去の経験から身に染みて承知していたからである。日本のテレビ局の取材を受けた複数の在住者は、自分たちが登場するインタビューがテレビで放映された際に、殊更に苦難のみを語っているように編集され、彼らが強調したプーケットの現状説明（復興が順調に進んでいること）の部分が完全にカットされている様を見て、大いに憤った。そして、在住者同士での会話のうちでは、その憤りを隠そうとはしなかったため、多くの在住者たちが、同じように批判的な視線を日本のテレビ報道に向けるようになった。観光関連の仕事に従事する彼らは、被害のみを伝える日本の報道が、観光市場におけるプーケットのイメージダウンにつながることを恐れた。特に、カオラックやピーピー島、さらにはインドネシアなどのプーケット以外の地域についての被災状況レポートが、プーケット発の情報として流通することに、大きな疑問を抱いた[1]。そこで在住者たちは、日本からの報道関係者と接するときには、災害の悲惨さだけでなく、現地の人間が前向きに対処しようとしている明るい側面も取り上げてくれるように頼むのが、常であった。しかし、その頼みが実際に聞き入れられたと判断した在住者は、筆者の出会った限りでは皆無である。

加えて、2005 年 2 月以降は、日本における報道量が激減したことも、在住者たちにとっての心配の種となった。津波来襲の直後は、被害の大きさを強調する報道が多くなる。特に、国際観光地であるプーケットの場合には、観光客がたまたま家庭用ビデオカメラで撮影した被災時の映像が次々と発掘され、テレビ番組やウェブサイトの主要コンテンツとして流用された。その一方で、建造物や公共のインフラの復旧がある程度進み、プーケットが観光地としての機能をほぼ取り戻した頃には、プーケットが日本のテレビニュースに登場することはほとんどなくなってしまった。在住者たちはその経過を、プーケットの悪いイメージだけが 1 ヶ月にわたってさ

1) 当時、日本のマスメディア各社が、インド洋津波の被災国・地域を網羅して特派員を置けたわけではない。主な被災地のなかで最も交通の便が良く宿泊などのインフラが整っているプーケットに基地を置き、各地から集まってきた情報をそこから発信していた。特にテレビ報道において、パンガー県（や時には諸外国）の被災状況を伝えるレポートの最後が「以上、プーケットからでした」と締めくくられることについて、在住者たちは誤解を招きかねないと心配していた。

んざん流され、その後は修正されることなく放置された、と捉えた。それがゆえに、日本のマスメディアを、観光客による旅行商品の買い控えを助長する加害者と見立てるようになった。2月半ば以降、在住者たちは、報道関係者がプーケットに押しかけたことについて、忌まわしい災厄として語るような有様であった。

　報道によって与えられたネガティブなイメージを身にまとったまま、プーケットが日本のマスメディアに登場しなくなり忘れられてしまう、という危機感のもとに、2005年2月頃から、在住日本人たちによる様々なボランティア活動が立ち上がった。それらの活動は、津波来襲直後における、宿泊場所を失ったり怪我をしたりといった物理的な被害を受けた人々を支援する活動とは異なり、観光事業者である自分たちが置かれた苦境を改善することを、明確に意図してのものだった。日本人会を通しての外部への働きかけ（第3章）とは別に、観光関連業者による自社ウェブサイトを利用しての情報発信、日本の報道関係者や外務省などへの直接陳情に似た働きかけ、バンコクの日系企業社会への支援要請などが、特別に組織立つことなく、散発的に試みられた。なかでも、最も多くの在住者が試みたのが、自らの手による情報発信である。彼らは、日本社会に伝えたい明確なメッセージをもっていた。第一には、プーケットの観光地としてのインフラ面の復興が順調に進んでおり、日本人の来訪にあたっての安全面・機能面での不安は払拭されているという、彼ら自身による状況診断である。そして第二は、観光地であるプーケットへの渡航自粛は在住者の経済的な苦境に拍車をかけるだけで、むしろ遊びに来てくれることが復興への助けとなるのだという、日本社会からの間接的な支援を求めるメッセージだった。

### 3-2　復興委員会の立ち上げ

　そのような情報発信活動の典型が、第3章でも触れた「プーケット復興委員会」の立ち上げであった。2005年1月後半頃から、一部の在住者の間で、プーケットの実態がゆがめられて伝わっている（と彼らはみなしていた）問題についての、頻繁な意見交換が行われた。そこで浮かび上がってきたのは、「津波の直後とか、［在住者は］みんなすごくがんばったし、今でも全然お客さん来なくて厳しいのに、がんばってる。そのことを、日本の人たちに分かってもらいたい」（復興委員会メンバー）という、プーケットの住人としての日本人たちの思いであった。「本当の本当の事実を知ってもらいたいと思った」と強調したある在住者の言葉は、日本における関連報道を見た彼らが、その内容が現実とかけ離れていると受け止めていたことを、如実に示している。そうした考えのもとで、特に個人レベルの活動においては

図 4-1　プーケット復興委員会ウェブサイト

難しい、日本の新聞社やテレビ局に直接訴えかける手段を、在住者たちが協力する
ことで見いだす可能性が、模索された。最初の動きとして、大手ホテルの従業員で
あるふたりの人物が、そのような仲間内の話し合いの内容を文章にまとめ、できる
だけたくさんの賛同者を得るべく、在住日本人のネットワークに流して意見を募っ
た。結果、似たような構想を抱いている人間が複数存在することが、明らかになっ
た。意見を共にする者たちは迅速に行動を開始し、2005 年 2 月 8 日、「プーケッ
トの現状を知って頂く為に、一早い復興を実現する為に」［プーケット復興委員会
2005］、在住者による情報発信の専門ウェブサイトを開設した。このウェブサイト
および運営母体は、「プーケット復興委員会」と名付けられ、日本人会の下部組織と
いう形を名目上はとっていたが、日本人会内部では「若手」と目されていた会員有
志による自然発生的な組織であった（主たる構成員は 8 名）。それはまた、津波被災
の直後に一部在住者の間で顕著に見られた、利他的で共同的な災害ユートピア的情
熱の結晶でもあった。
　復興委員会のキャッチフレーズは「プーケットは元気！」とされ、その主な活動
は、プーケットの被災状況についての報告であった。特に、ホテルの営業再開や各
種イベントの開催といった、復興の進展度合いを示す情報を逐次提供していくこと
で、被災のイメージを払拭できるのではないかと、期待がかけられた。同時に、来
島を検討するリピーター顧客の希望に応える形で一部の観光業者たちが個別に行
なっていた現状報告を、復興委員会ウェブサイトに集約して一手に引き受ける狙い
もあった。
　2005 年 1 月半ばから、日本人経営による複数の現地旅行業者が自社ウェブサイ

トを立ち上げて、自らが見聞きした範囲でのプーケットの現状報告を行い、同時に
「遊びに来てください」と訴えかけたところ、そのウェブサイトに設置した掲示板
に批判のコメントが殺到するという事態になった。会社のサイトは営利目的であり、
被災地を材料にして運営すること自体が好ましくないという意見、さらには「人が
死んでいるのに不謹慎」「カネの亡者」「そこまでして金がほしいか」「喪に服せ」
「そんなところに行けるか」などといった罵倒の書き込みも多くなされ、それらの掲
示板は早々に閉鎖に追い込まれた――「とにかくひどかったですよ。金儲けと言わ
れても、ぼくらは観光で生きているんだし、それが当たり前じゃないですか。被災
地の人間は飢え死にしろって言うんですかね」(現地旅行会社従業員)。それらの出
来事は、在住者たちがうっすらと感じていた、「結局は商売ですから。我々のやって
いることは。営利活動。いいのかなという気持ちはありましたよ。だからお金をく
れ[援助をしてほしいという意味]とは言えないし」(タウン在住の旅行代理店関係
者)といった躊躇を、負い目や罪悪感に近いような戸惑いに変えていた。「ウェブ
を潰されちゃったらどうにもならないですよ。[パトン地区の個人経営代理店は]
ウチと違って[日本の旅行代理店からの送客を]受けている訳じゃないから。実質
休業ですよ。でも、そんなに悪いことをしたんですかね。こっちは良かれと思って
やっていることだけど、あれだけ叩かれたら、悪いことなのかなあって思っちゃい
ますよね」(同上)。

　観光業を再生しようという趣旨の在住者たちの発言が、観光従事者個人もしくは
個別の営利企業によってなされることで、かえって日本社会の反発を買う恐れがあ
るという危機感が、形式上「公的」な情報発信母体としての復興委員会を組織する
うえで、重要な動機となった。また同時に、個別ばらばらに情報発信を行うよりも、
多数の在住者からの情報を集約し吟味することで、より正確で網羅的な情報を提供
することが望ましいという判断も、働いていた。

　復興委員会は、観光客がプーケットに来てくれることが真の復興支援だという
信念を前面に押し出し、潜在的な観光客に対して、観光旅行の対象としてプーケッ
トを選択してもらうことを主たる到達目標に据え、活動を続けた。復興委員会のロ
ゴマークに描かれた「We are alive!」の一文には、津波後のプーケットがあたかも
滅亡した無人島のようにみなされ、日本人による観光旅行の選択肢から抹殺されて
しまったという、在住者たちが抱えていた焦燥感が、よく表れている――「死んだ
人もいる、でも我々はまだ生きとるねん。つらいことも確かにあった、でもまだ大
丈夫。でもあんたら[日本人観光客がプーケットに]来てくれないと、とんでもな

いことになる」（復興委員会メンバー）。日本という国境を越えた彼方にいるステークホルダーたちへ、プーケットから直接の呼びかけを行うという目的、およびプーケットの現状を逐次報告するという復興委員会の活動は、多くの日本人在住者の支持を集め、ホテルやレストランの従業員などから、営業再開（もしくは再開見通し）などについての情報が、相次いで寄せられた。「受ける側は待つしかない、無理矢理呼ぶわけにもいかない」（在住日本人）という認識を共有する、個人レベルでの営業をしている零細な観光業者たちにとって、復興委員会への協力は、自らの手によってできる数少ない広報活動の一つであった。

　復興委員会ウェブサイトには、インターネットの双方向性を最大限に生かすための掲示板が設置されたが、個人営業のサイトの場合のようなあからさまな非難の書き込みはなされなかった。そのことは、復興委員会の存在意義が日本社会に受け入れられた、少なくとも反発は買っていないという、運営者たちの自信につながった。そこで復興委員会メンバーたちは、単なるウェブサイトの運営にとどまらず、ウェブサイトを窓口として接触してくるマスメディアや研究者への協力なども、重要な業務として積極的に取り入れていく。取材協力という形で接点をもった報道関係者に、「遊びに来ることが復興支援となる」という復興委員会（そして大多数の在住者）の見解を直接口頭で伝えていき、また調査に訪れる研究者への便宜を図るなかで、観光客激減による現地経済の停滞にも目を向けてもらうよう要望した。また、日本人会が中心となって進めた、日本およびタイ両国政府への陳情、大手旅行代理店や航空会社への働きかけなどにおいても、広報面での役割を自発的に担っていった。復興委員会によるこうした活動は、メンバー全員がそれぞれの本業を持った上での、完全な無給ボランティアとして行われた。

## 4　不確実性とリスク

　当時の在住日本人たちが「復興」という言葉を使用するときのふたつの意味について、ここで確認しておきたい。その第一は、物理的な破壊からの回復である。復興委員会ウェブサイトや、日本の報道関係者との接触においては、在住者たちは、「復興」は果たされた、順調に進んでいる、と強調した。この場合、「復興」という語によって言い表されているのは、宿泊や交通などの観光関連設備の再構築である。例年と同程度の観光客を受け入れても大きな困難は生じないであろう程度まで、パトンビーチをはじめとする観光地区のインフラ整備が進んだ──という意味で、在

住日本人たちは対外的に「復興」という言葉を多用した（第7章で言及する原形復旧の考え方に近い）。プーケットを訪れるかもしれない潜在的な日本人旅行者たちに、可能な限り肯定的なイメージを与えたかったからである。対して、在住者同士の会話の中では、「復興」は多くの場合、第二の意味において使用された。すなわち、自分たちを苦しめる風評災害からの脱却、という意味である。プーケット復興委員会とは、彼らの心情においては、第二の意味での復興を目指す組織であり、活動であった。更新を終了した後も、「参考資料として」数年に渡って残されたプーケット復興委員会のウェブサイトには、「これから先に、プーケットが本当の意味での「復興」を成し得た時に、皆で振り返り、笑い合える事を願い」という、委員会メンバーの気持ちを表明する文言が掲げられていた。そこからは、委員会が活動を停止した2005年12月26日の時点においても、ここでいう第二の意味での復興はまだ成し得ていないのだという含意が、明確に読み取れる。

　ウェブサイトの充実と更新は精力的に行われ、アクセス数も増えてはいたが、日本からの観光客が目立って増加する兆しはなかった。立ち上げから3ヶ月ほど経過した2005年5月（例年であればハイシーズンの終わり）の時点において、委員会のメンバーたちは、津波直後の混乱さえ乗り切れば観光客は戻って来るという楽観的な展望を持ち続けることが、もはやできなくなっていた。自分たちの活動が、結果として観光客を増やすうえで何ら寄与していないのではないかという徒労感のなか、委員会内部には悲観的な空気が蔓延し、メンバー間における意見の衝突や感情的なもつれが、頻繁に生じるようになった。その当時の彼らの経験を考えていくにあたっては、彼らの認識における風評災害の地理的な構造を解きほぐすことが、理解の助けとなる。風評災害の発生と継続に関わるステークホルダーは、多種多様であり、それらは世界中の個人もしくは組織という無数の意思決定主体によって構成される。在住者の視点からすると、風評災害がもたらすリスクは、プーケットを襲った津波というローカルな出来事に起因してはいるものの、その増幅と波及効果が、国境を越えた国際観光市場の広がりを覆うように生じているという点で、明らかな「越境的リスク」[Linnerooth-Bayer et al. 2001]であった。プーケット在住者の視点からその広がりを模式的に示すと、図4-2のようにまとめられよう。

　図4-2における縦軸には被災地からの物理的距離をとる。これは被災現場のビーチから外国まで、数段階のスケールに分けて考えることができる。横軸には問題への心理的距離[2]をとった。さしあたっては、風評災害をまさに死活問題として捉える人たちから、遠い国における他人事として傍観している人たちまで、関心の度

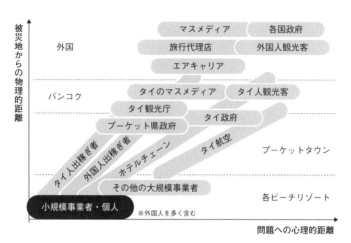

図4-2　プーケットの風評災害における利害関係者の概略図

合いに幅があったということが理解できればよい。この図が描写するのは、風評災害が、政治家や一部の実業家のような特定少数の意思決定の帰結ではなく、無数のアクターによる無数の意思決定の連鎖の帰結として、現象している構造である[Ichinosawa 2006]。この風評災害という事態においては、誰が被影響者で誰が決定者かを、明瞭に区分けすることはできない。

　しかしながら、委員会メンバーをはじめとする在住日本人は、自分たちが被影響者であるという素朴かつ強固な認識を共有していた。つまり、この困難は自分（たち）以外の誰かに帰因／帰責されるべき事態だ、という確信である。グローバルに点在する無数の意思決定の集合的な影響がプーケット在住日本人に降りかかって来ていたのは確かだが、彼らの視点からそうした構造の全体像を明瞭に見渡せたわけではない。にもかかわらず、自分たちがその構造の末端におり、最も脆弱な存在として影響を被っているということを、直観していた。風評災害をめぐる因果の網の目は複雑であるが、少なくとも彼らが身近に意識している国際観光の送客システムという観点からは、自分たちがその川下の末端にいることは明白である。そして、送客システムの川上もしくはそのシステムに影響を及ぼす情報流通のアリーナにお

---

2）心理的距離とは曖昧な概念であり、その定義は慎重になされるべきであろうが、それは後日への課題とする。

いて（わけてもプーケットの外部において）生じている、自分たちに影響を与える無数の「決定」の存在が、彼らには見えていた。それは例えば、旅行先としてプーケットを避けるという（潜在的な）観光客個々人の決定、旅行代理店のそれぞれがプーケットを取り扱わないという決定、視聴者の興味を惹くために津波来襲時の衝撃的な映像を我先に放映する日本のテレビ局の決定、などである。ただし、それらの「決定」は、あくまでも集合的に作用するのであり、そのうちのいずれかのみを取り上げて事態を帰因／帰責させることは、当然ながらできない。

　それらの「決定」についての情報は、住人同士の会話を通じて広まった。一部の大手ホテルチェーンの日本市場マーケティング担当者や日系資本の旅行会社につとめる幾人かは、プーケットの観光地としての機能回復についての報告、および割引価格を提示するなどの営業活動のために日本を訪れ、そこで彼我の温度差に愕然とした。また、当時プーケットを訪れていた数少ない観光客の証言から、彼らのプーケット行きに対して周囲の人間がいかに否定的な意見を述べたか、もしくはその知人が早々にプーケット行きをキャンセルした経緯などについても、あくまでも個別事例の断片的報告としてではあるが、知ることができた。こうした形で得られた情報は、互いに顔を合わせれば自分たちのおかれた困難について語り合っていた当時の状況下、ときに尾ひれがつきながら、瞬く間に在住者たちの間に流通していった。

　加えて、インターネットの普及による情報氾濫という要因も忘れてはならない。津波来襲当時にタイ南部にいた観光客たちが日本に帰国した後、その体験談を自らのブログに書き込むという形での情報発信を始めた。その記事をめぐって繰り広げられる読者コメントの応酬や、「Yahoo! 知恵袋」「教えて！goo」「2ちゃんねる」といった不特定多数が参加するインターネット掲示板において、プーケット観光についての否定的な見解が書き連ねられていく様子を、常日頃からインターネットを主要な情報源として頼っている在住日本人たちは、つぶさに見ることとなった。プーケットの外部における、在住者たちのあずかり知らぬところで下される無数の「決定」が、いわば検索エンジンにおける「プーケット」という語の検索結果によって可視化されていたのである。

　2005 年を通して、観光客数という指標によって示唆される未来は、不確実性に充ち満ちていた。風評災害がいつまで続くか分からないという不安が首をもたげるなか、やがてはかつて通りの活況が戻るだろうという期待と、もしかしたらこのまま何年も観光客は帰ってこないかもしれないという悲観が、人々の間で、そして個々人の認識のうちにおいても、錯綜していた。その当時、彼らにとっての未来は、二

つの顔を持っていたのである。2005年の前半の時点で、ゴールデンウィークやお盆、さらには次の年末年始にプーケットを訪れる観光客が、例年と比較してどの程度の減少率にとどまるのかは、あまりに未知数であり、その予測を予測として機能させることなど、試みることさえ無駄に思えた。ゆえに在住日本人たちはすでに、風評災害という事態の源泉である観光客の減少について、実効性のある予測をほぼあきらめていた。もちろん、観光客が戻るか否か、戻るのであればいつ頃、どの程度まで戻るのかは、彼らにとっての最大の関心事であり続け、人々が顔をつきあわせればその都度、会話の中で予想は開陳され、尽きせぬ議論の源となっていた。しかしその予想は、その内容に応じて何らかの（防衛的）行動を起こすための準拠対象としてなされるのではなくなっていた。例えば、調査活動を通して筆者が最も頻繁に話を聞いた相手である自営業者は、メモに記録した20回以上の対話機会において、楽観と悲観の両方を、とめどなく語ってくれた。1時間を超えるような長い対話においてはそのなかで、提示される予想は揺れ動いた。彼は心情の機微を隠そうとせずに語ってくれる人物であったが、多くの場合において、観光客の戻りについての予想が先にあり、その予想結果に応じて哀楽を示すのではなく、逆に感情の振幅に応じて予想がなされているように見えた。つまり、気分が落ち込んでいるときは悲観的な予想を提示し、高揚しているときは明るい見通しを語る。むしろそれは、予想という形を取った感情表現であり、同時に会話を続かせるための燃料であった。会話がふととぎれたとき、言葉を継ぐための糸口として、「お客さんはいつ戻ってくるのか……」という話題は、うってつけだったのだ。

　第3章で定義したとおり、未来において被るかもしれない不利益について、それが自らの意思決定と責任に帰すると受け止めるならリスクとして、自身にはどうにもできない仕方で降りかかってくるとみなすなら危険として、人々は経験する。プーケット在住者たちにとっての風評災害は、自らのあずかり知らぬ無数の外部者たちが引き起こした危険として、まずは認識された。しかし彼らは、危険の火の粉が自身に降りかかるに任せていたのではなく、やがてその事態を、自らの決定に関わるリスクへと読み替えていった（第3章第2節）。彼らは、津波後の混乱のなかで協力し合い、プーケットに観光客を呼び戻すための広報活動を行おうとして、プーケット復興委員会を立ち上げた。深刻化していく風評災害に何とかして対応しようとする多くの賛同者が、復興委員会ウェブサイトへと情報を提供し、プーケットに外部者の耳目を引きつけるためのイベントを開催するなど努力を重ねた。その試みの過程のなかで在住者たちは、自らが生きる観光地プーケットという場への認識を

新たにし、自らを取り巻く社会的なネットワークを構築し直していった（第3章第3節）。彼らによるこのように積極的な状況変革への自助努力は、しかしながら、状況に半ば強制されたものであったことを、見落としてはならない。在住日本人たちは、降りかかる困難のすべてを、自己責任において引き受ける以外には選択肢がない状況に、追い込まれていたのである。

　風評災害を引き起こしているのは、プーケットにとどまらず、国境を越えた彼方にいる人々によるものを含んだ無数の決定の集積である。ゆえに誰か特定／少数の意思決定主体に困難を帰責させることはできない。そう認めるならば、たとえ風評災害を引き起こしたのが自身の決断や行動ではないと考えていても、事態の帰結を他者に転嫁することは能わず、自らが引き受けざるを得ない。加えて彼らは、日本国籍を持ちながらプーケットに在住している観光関連事業者（もしくは従事者）という立場ゆえに、プーケットの内外から津波被災者たちへと向けられた支援のまなざしから疎外された存在であった。タイ政府およびプーケットの地方自治体が、津波来襲直後の緊急対応期に引き続く長期的な被災者支援の対象として想定していたのは、タイ人のみである。ある日本人の飲食店経営者の体験によれば、津波の当日から数週間後、プーケット県の公務員が訪ねてきた。被害状況の聞き取りに来たのか、または何らかの支援をしてくれるのかと思ったら、税金を払え、今すぐ払えという──「つまり、店がつぶれる前に税金をかっぱいで［かき集めて］おきたいってことだよ。あいつら、助けるどころか追い打ちをかけてきやがる」。当時の日本人事業者の多くは、タイの政府機関という存在を、保護者というよりはむしろ潜在的な加害者として、受け止めていたようである。一方で、タイ国外からの支援も、彼らには恩恵をもたらさない。NGO などによる経済的援助は、プーケットの観光産業集積は対象とせず、パンガー県やクラビー県のタイ人漁村に流れていく。日本を含めた世界各国から訪れる研究者も、プーケットの空港に降り立ち、ビーチエリアで宿泊をする場合こそあるものの、調査の対象はやはりタイ人の漁村である。さらには、彼らが加入していた損害保険会社さえもが、津波の被害を想定していなかったために、十分な額の保険金を支払おうとしない。このように、在住日本人たちは、津波の少なくとも二次被害に関しては、在住国／出身国／国際機関のいずれによるセーフティーネットからもこぼれ落ちた存在として、好むと好まざるとにかかわらず、すべての困難を自身で甘受した。彼らは、津波後の風評災害という未経験の事態に放り込まれ、生活基盤が切り崩される危険におびえながら、問題に対処すべく意思決定を重ねることを迫られ、その帰結を自己責任において引き受ける以外に道

はなかった。ゆえに、津波後の1～2年ほどの期間において在住日本人たちが経験したのは、生活上の関心が風評災害にまつわるリスクによって浸食され占有されている、特異な日々だったとまとめることができよう。

　風評災害という困難のなかで、在住日本人たちは、各自が置かれた状況に応じた仕方で、降りかかる危険をリスクとして捉え直していった。ただし第3章で指摘したように、その過程を、ただひとつの危険が別のひとつのリスクへと転換されていく単線的な図式によって理解してはならない。風評災害を打開すべく彼らが取った様々な対応は、その結果として異質なリスクを招くことが、往々にしてあった。在住日本人たちの多くにとって風評災害とは、「問題−解決」への努力が、かえって連鎖的にリスクを生み出すという皮肉であったのだ。例えば前章でも触れたように、観光地プーケットを市場にアピールしようという努力は、不謹慎だとの非難を招く可能性があった。また、世間の耳目を集めるべくイベントを開催することは、金銭的な損害を招くかもしれなかった。風評災害は、意図した決定や行動がリスクを生むだけでなく、日常的・習慣的なありふれた行動（ともいえないような単なる日常）が、唐突にリスクを孕む決断へとすり替わるという体験ですらあった。タイ人男性を配偶者とする日本人女性にとっては、その結婚生活がリスクへと変貌した。プーケットで事業を営む人間にとっては、その事業の継続が、多額の負債を背負う可能性と同義になった。だからといってプーケットでの生活・事業基盤を放棄しようという決断も、離婚、廃業、転職、移住などにまつわるリスクとなる。在住日本人たちにとって風評災害とは、それ自体がリスクであるのみならず、リスク回避のための対処や努力をすることが新たなリスクを生む、八方塞がりの様相を呈していた。

　そこに浮かび上がるのは、人々の営為にリスクが常にまとわりついてくる、リスクの不可避性とでもいうべき事態である。リスクに対して、人は当然どうにかして対応しようとする。その対応は常に何らかの決定を必要とするが、その決定が新たなリスクを生んでしまう［cf. 渡邊 2014］。結果としてリスクは増殖し続け、人はその回避行動を通じてリスクから逃げ切ることはできない。リスクへ対処するための決断は、それ自体がリスクを内包するのである。ゆえに彼らが直面していたリスクとは、何かしらただひとつのリスクでは決してなく、風評災害という事態に付随して見えてきた、そのような無数のリスクの集合であった。ただし彼らにとっては、複数の「○○のリスク」が個別に立ち現れていたのではなく、それら「○○のリスク」が連合して全体の印象を形作っていたのでもなかった。生活世界そのものが、無数の理不尽なリスクが立ち上がる母胎として、かつてとは相貌を異にして

いたのである。そこに彼らが見いだしたのは、リスクが次から次へと立ち現れ、それらのリスクへ対処することがさらなるリスクを生むという、泥沼のようなアポリアであった。

## 5 免疫化と存在論的不安

　本節では、前節で描いた増殖するリスクの泥沼に加えて、彼らの心境を「よく分からない」ままに重苦しいものにしていたもうひとつの要因があることを、指摘したい。それはすなわち、自分たち以外の外部のステークホルダーたちから「見捨てられた」（復興委員会メンバー）という感覚である。彼らが置かれていた「見捨てられた」状態は、国境を超えた複数のネットワークが連関して構築される、災害への対応システムにおける機能不全、もしくは複数のネットワークの重なりにおける齟齬であると理解することができる。つまり、マスメディア（報道）のシステムは機敏かつ効率的に稼働し、被災地の状況を世界各国に伝えた。国際観光の送客システムも、事態に迅速に対応して、顧客の安全を確保しつつ、ニーズを満たすような代案を提供した──プーケットを旅行商品や航空路線のリストから外すという形で。タイという国家も、自国民を保護する上で、一定の役割を果たした。それらの個々の対応を見れば、津波という非常事態に際して、ある特定の目的に照らし合わせて、健全に働いたとみなせる。しかし、その動きが重なり連関して機能する背後で、エアポケットのように生じていたのが、プーケット在住日本人たちが陥っていた苦境であった。以下では、津波後のプーケットをめぐる国際観光の機能的なネットワークから自分たちが排除されたメカニズムを、当事者たちがどのように感触していたのかについて、「免疫」という概念を援用して説明したい。

　イタリアの思想家 R. エスポジトは、共同体が自己と非−自己との弁別を通じて危険な要素を括りだしていく「否定的な防衛」の運動を、「免疫化」と呼ぶ［エスポジト 2006: 182–183］。エスポジトが着目する免疫化の特徴は、第一には、それが運動としてしか存立し得ない点である。免疫系は、一定の物理的・地理的な連続として捉えられる内部と外部の境界線を、必要としない。免疫機構は、自らの内部に侵入しようとする（またはすでに侵入済みの）外部要素を、その都度ひとつずつ、識別して攻撃・排除することで、自己を防衛する。第二の特徴は、境界線とは異なり、免疫機構は恒常的に作動し続けているとは限らないことである。免疫系は、排除の対象を発見して攻撃を開始したときに初めて、その姿を明示的に現す。人体におけ

るアレルギー症状は、免疫系による過剰な防衛活動がもたらす弊害であるが、そのような活発な運動はある特定の一時点を境に、突如として開始される。その理由は人間の視点からは必ずしも明確ではなく、取るに足らない何かが引き金になってアレルギー症状が悪化するという事態は、珍しくない。

エスポジトは、グローバル化する現代社会においては、様々な局面で、そのような意味での共同体の免疫化が進行していると指摘する——「新たなローカル主義がふたたび芽生えつつあることは、グローバリゼーションという地球規模での汚染にたいする、一種の免疫的拒否として説明できるだろう」[エスポジト 2009: 155]。エスポジトが特に念頭に置いているのは、2001 年 9 月 11 日のアメリカ同時多発テロ事件以降におけるアメリカ政府とイスラム世界との関係に典型的に表れているように、特定の文化圏が異分子を排除していく免疫系の活発化が、自己と非 - 自己の峻別を強化し、結果としてより深刻な摩擦を頻発させていくという、悪循環である。しかしながら、「今日の世界で起こっていることをどのような側面からみるとしても、免疫の問いがすべての道の交差点に位置している」というエスポジト [2009: 155] の見方に従うなら、国家や共同体の政治のみならず、経済活動を含むより微細な局面においても、免疫化の動きが観察されるはずだ。本節で着目するのは、津波という出来事を引き金として、様々な共同体もしくは機能的ネットワークからプーケット在住日本たちが排除される、免疫化の動きが重層的に生じたという点である——少なくとも、当時の復興委員会メンバーたちは、(免疫という言葉こそ使用しないものの) そのように状況を理解した。

免疫化の動きとして捉えうる局面は何にも増して、在住日本人たちが周縁的ながらもその一員として参与してきた広義の観光産業のうちに、見いだすことができる。日本からプーケットへという国際観光の送客システムは、大まかに捉えて以下の五つの層 (およびその相互協力関係) から成り立っている。

①マスメディア (日本語による各種情報媒体およびその作成・提供者)。

②日本国内の旅行代理店 (特に海外パッケージツアーを組む大手)。

③航空会社 (アジアの航空旅客市場における格安航空会社 (Low-Cost Career) のシェアがまだ少なかった 2005 年時点においては、主にタイ航空、日本航空および全日空)。

④航空会社／日本の旅行代理店から送客を受ける下請け的な立場にある現地旅行代理店 (ツアーオペレーター) や大型ホテル。それらのその多くは日本企業の

系列にあり、タウン地区に事務所を構える。

⑤独立経営の現地サービス提供業者（ゲストハウス、旅行代理店、ダイビング・ショップ、マッサージやスパ、飲食店、土産物店、日本人事業者向け IT サービスなど）。日本人のマーケティング担当やゲストリレーション担当を置く現地資本経営のホテルなども、ここに含まれよう。多くは最も開発が進んだビーチであるパトン地区に拠点を置く。

　これら①から⑤までの各層は、日本からの観光客という同一の集団を対象としてサービスを提供するうえで、水平的な役割分担を行なっている。整理すると、以下のようになる。

①（潜在的な）観光客がプーケットを選択するうえでの情報提供
②日本からプーケットまでの往復旅行の設計および諸手続き代行
③日本〜プーケット間の往復旅客輸送
④パッケージ化された（レディメイドの）現地サービス
⑤客のニーズに柔軟に対応した（オーダーメイドの）サービスを提供する現地仲介者

　各種メディアでプーケットのことを知った観光客が（①）、日本の旅行代理店が販売するパッケージツアー（または航空券）を購入し（②）、航空機に乗ってプーケットを訪れ（③）、ツアーオペレーターが運営する定型的な現地ツアーを楽しみ、ホテルに宿泊する（④）。一部の観光客は、自分で現地の情報を調べて、ビーチエリアの安ゲストハウスに泊まり、必ずしも日本人向けではないものも含めて様々なオプション的サービスをその場で追加購入する（⑤）。復興委員会の構成メンバーは、全員が上記⑤の階層に関わる職業に就いていた。そして、彼らを含む現地の独立系サービス事業者は、④の業者が用意する定型には収まらない旅行者たちのニーズに応える役割を果たすことで、一定の存在意義を担っていた。

　このような水平的な役割機能分担の背後では、川上である日本から川下のプーケットの各ビーチに至る垂直的な客の受け渡しの連鎖が、隠蔽された形で機能している。大手資本の系列下（もしくは提携関係）にある④のツアーオペレーター各社は、日本からの直接の送客を安定して望めるのに対し、最も川下に位置する独立経営の事業者⑤は、客が現地入りしてからプーケットを発つまでの短い滞在期間中に、

108

コンタクトを成立させサービス商品を販売しなければならないという点で、大きな違いがある³⁾。換言すると、日本の旅行代理店と航空会社の協同による送客システムの直接の恩恵にあずかれる者たちと、そうではない者たち、という格差がある。ツアーオペレーター各社からすれば、日本の大手旅行代理店と航空会社を経由してプーケットにやってくる旅行者は、可能な限り自らの顧客として囲い込みたい。対して独立系事業者は、ツアーオペレーター各社に勝る諸価値（低価格、独自性、利便性、柔軟性など）を提供することで、ツアーオペレーターから客を奪い取ることが、自らの事業の生き残りのためには必須となる。乱立する個人事業主たちによる種々雑多なサービスの提供は、観光産業集積としてのプーケットを、経済規模においても観光客が得ることのできる体験の広がりと多様性においても、より豊かで魅力ある場所に育て上げることに、大いに貢献した。しかしそれでも、④と⑤の層が客を奪い合う関係にあり、両者の間には潜在的な対立の萌芽が内包されているという基本構造は、残存し続けている。そして、プーケットを襲った風評災害が深刻さを増していく経緯は、⑤の層にあたる人々の視点から見れば、津波という出来事を契機として、隠蔽されていた対立関係が顕在化するのみならず、①から④までの全ての層が自己防衛をするうえでの異物として、自分たちを突き放し「見捨てた」過程として、把握されたのである。

　プーケットへの来訪者の絶対数が多かった津波以前には問題なく作動していた、最終的に⑤の層にまで客を押し流すに至る川上から川下への機能的な連携は、津波という特異事態によって、もろくも崩壊した。マスメディアは、観光地ではない被災地としてのプーケット像を形成し、流布した。旅行代理店は、プーケットへの旅行商品の販売を敬遠した。大手航空各社は、日本からプーケットへの直行便の運行を取りやめ、やがて廃止した。それらのアクターをプーケットの切り捨てに走らせたのは、自己防衛である。特に旅行代理店では、営業損失、そしてプーケットへ送り込んだ顧客からくるかもしれない事後クレームへの恐れが、末端のカウンターで接客をする個々人をして、プーケットを排除するという選択を積み重ねさせた。

　一方、プーケットのローカルな文脈に目を向けると、ツアーオペレーターと独立

3) 次頁で述べるように、インターネット・マーケティングやSNSが普及したことで、こうした小規模事業者も、日本にいる潜在顧客にアプローチできるようになりつつあった。ただし、2005年当時は、日本人観光客のネットリテラシーがまだ低かったため、「プーケット（のビーチエリア）に来た人たちを捕まえる」のが基本的なビジネスモデルであった。

系事業者の間の格差と競合は、津波以前にはふたつの要因によって、巧妙に隠蔽されていた。第一には、独立系事業者が、ツアーオペレーターによるサービスが及ばない部分を補完する（およびツアーオペレーターが引き受けたがらない低価格でもサービスを提供する）役割を担っていた。第二には、インターネットの普及により、零細な観光事業者（事務所すら持たない個人営業者も含む）が、大手企業と同等の資格において国際的な観光市場へとアクセスできるようになった。つまり、現地のダイビング・ショップやビーチに店を構える零細旅行代理店なども、ウェブサイトによるマーケティングを通じて、川上の送客チャネルを迂回する形で、限定的ではあるが日本の観光市場から集客できていたのだ。これらふたつの要因により、タウンのツアーオペレーターとビーチの独立系事業者とは、共存共栄が可能となっていたのである。ツアーオペレーターが、自社では扱いが難しい（扱いたくない）客を独立系事業者に流すことも、頻繁に行われていた。

　ところが、津波が引き起こした風評災害は、ツアーオペレーターから客を選ぶ余裕を失わせたのみならず、インターネットが拓きつつあった新たな市場をほぼ壊滅させてしまった。その事態を敏感に察知した川上の事業者たちは、インターネットを通じた市場アクセスを必要としない従来型の送客チャネルに堅固に組み込まれた領域のみを、自己防衛の範囲として再定義した。プーケットのツアーオペレーターは、現地の事業者でありながら、航空会社または日系の大手旅行会社からの直接の送客を（加えて多くのケースで資本参加も）受けるという、両義的な存在であるが、風評災害のさなかには、自らの「系列事業者」としての立場を明確にし、「現地事業者」との間に距離を置くことで、生き残りを図った。ツアーオペレーターは、独立系事業者との間の協力関係を破棄して、数少ない客を抱え込んだ。復興委員会メンバーを含む独立系の事業者たちは、現地を訪れたフリーの客を掴むこともインターネットによる集客も（リピーターを除いて）、困難になった。さらには、ツアーオペレーター各社が日本の旅行代理店および航空会社を巻き込んで展開した外部への陳情活動および情報共有のネットワークからも、閉め出されることになった。

　免疫化とは、漸進的な過程ではなく、むしろ恣意的な「発見」を境とする即時的な断絶である。そして排斥と攻撃の対象となる非−自己は、アプリオリな外部としてあるのではなく、常に内部に「発見」されるのであり、排斥と攻撃の行動それ自体によって、輪郭が示される。送客システムの川上に近いアクターたちは、内なる非−自己を異物として括り出す行為において、免疫メカニズムを作動／可視化させることで、自己防衛が達成されつつあるという状況理解を得ようとした。そこで内

なる異物として色づけされたのが、復興委員会のメンバーを含む最も川下にいるアクターたちであった。

　エスポジトは、免疫という語には、ある共同体や場に共通して適用される法や義務の適用を除外するという含意があることを指摘している——「もし共同体のメンバーが、贈与というこの義務、すなわち他者への配慮というこの法によって特徴付けられるとすれば、免疫は、こうした条件からの免除もしくは適用除外を意味することになる。他のすべての人々を巻き添えにしている義務や危険から、ある人を保護すること、それが免疫なのだ」[エスポジト 2009: 152-153]。エスポジトによるこの指摘は、津波後のプーケット日本人社会において、独立系の事業者を中心とした一群の人々（上に示した⑤かつ前章でいうパトン組）をプーケットの日系観光事業者という全体集合から括り出し徴付けするために用いられた、ある概念的小道具を連想させる。それは、「日本の旅行業法」である。日本の旅行代理店や航空会社は当然ながら、旅行業法による規制と管理の下に、事業活動を展開している。プーケットに事業所を置くツアーオペレーター各社は、それらの企業が国内で販売した企画旅行の現地コーディネーターとして客を受け入れるうえでは、やはり日本の旅行業法に準拠する形での業務運営が必要となる[4]。それに対して、独立系事業者たちが日本の旅行業法などは念頭にも置かずにビジネス展開をしていることが、彼らの特異性を示差する特徴として、言及されていたのである。当然ながら、経営者の国籍にかかわらず、タイ国内でタイの法律に基づいて設立・運営されている事業所（およびその従業員による事業活動）は、日本の旅行業法の適用を受けない。その当然のことが、あたかも共通の義務からの適用除外を受けているかのように語られるなかで、例外的に自由な存在としての独立系事業者たちの異質性が、水際立ったのである。

　ビーチで営業する独立系事業者たちも、ツアーオペレーターと同じく、プーケットから日本へと広がる国際観光のシステムの内側で機能していた存在であり、津波

---

4)　日本の旅行会社が開催する海外ツアーの旅行約款には通常、手配の全部または一部を他の会社に委託することが明記されている。ただし、業務委託を受けた現地のツアーオペレーターによるサービスの品質に関し、旅行者に対して最終的な責任を負うのは、あくまでも旅行者と契約を結んだ当事者である日本の旅行会社となる（旅行者に損害を与えた場合の賠償責任などを含む）。したがって、現地のツアーオペレーターは日本の旅行会社の下請けとみなされ、事実上日本の旅行業法に則る形で、委託を受けた旅行手配業務を遂行する責務を負う。

後の困難においてもやはりプーケット観光産業集積の構成員であり続けた。ゆえに、上段に描いたような形で彼らが機能的な互恵連関から切り離されることがあったとしても、それは決して越境的な国際観光のシステムからの完全な放擲を意味してはいない。彼らはツアーオペレーターと同じく日系観光事業者として認知され扱われたからこそ、「日本の旅行業法」に準拠しないことが問題とみなされた。かつてはそれとして殊更に認識されることのなかった内なる非‐自己を作り出すという免疫化の運動は、空間的な隔離、コミュニケーションの拒否、敵意を露わにしての攻撃といった形での、対象との関係切断や距離の構築のみに集束されるものではないのだ。

　2005年2月の発足以来の数ヶ月、ウェブサイトの運営を中心とする復興委員会の活動は軌道に乗り、各方面から好意的な反応があった。ウェブサイトを見た人たちからの励ましのメールや、日本のマスメディアからの取材申し込みなども増えた。ウェブサイトへのアクセス数も、増加傾向にあった。しかし復興委員会メンバーたちは同時に、そのような外部からの反応が、観光客の増大という形での状況改善に結びつかないことに、いらだちを覚えていた。いくらがむしゃらにがんばっても目に見える成果が出ない状況を、メンバーの一人は、風車に立ち向かうドン・キホーテになぞらえて、筆者に語った。また、メンバーたちは全員が何らかの形で観光に関わる職業に就いていため、それぞれの仕事や経済状況がどんどん悪化していくことが、モチベーションの低下につながった。折り悪く、3月28日に、インドネシアのニアス島沖でマグニチュード8を超える地震が起こり多数の死傷者がでたという報道が大々的になされたことが、疲れの見え始めた彼らに、さらなる衝撃を与えた。いくら自分たちがプーケットからの情報発信をがんばっても、インド洋で地震が頻発するという報道が日本でなされていたのでは、観光市場におけるイメージの回復などは到底望めないからだ。3月28日のパトンビーチでは、津波避難勧告を受けてパニック状態になった群衆が我先にビーチエリアから逃げ出そうとして、夜中にもかかわらず道路が大渋滞になった。その際の映像が後にテレビニュースで放映されるのを見て、とりあえず津波が来なくて良かったという安堵感と、これでまた復興が遠のいたという思いが、メンバーたちの胸裏で交錯した。事実、一部のメンバーが管理業務に携わっていたホテル予約サイトでは、3月29日以降、数少ないながらも獲得にこぎ着けていた日本からの予約のほとんどが、キャンセルされてしまった。加えて、4月2日に日本から若手の音楽グループを招聘して行われた、報道機関の注目を集めるためのイベントが失敗に終わったことも（第3章第3節）、委員会メンバーたちの心理的な疲労に拍車をかけた。

　復興委員会のメンバーは、自分たちが置かれた苦境を世に訴える声を奪われた
わけではない。むしろ、復興委員会ウェブサイトという場を作り出すことによって、
日本社会に向かって大声で叫び、呼びかけていた。着実に増加するウェブサイトへ
のアクセス数は、彼らの声が、呼びかけられる側の耳に（物理的には）届いてはいた
ことを、雄弁に物語っていた（最終的には、1年弱の活動期間の合計で、14万ヒッ
トに達した）。しかしながら、その訴えはついぞ聞き入れられることがないように、
彼らには思えた。そして、例年であれば多くの集客をもってハイシーズンの掉尾を
飾る日本のゴールデンウィークを迎えたものの、結局は期待をはるかに下回る数の
観光客しかやってこない実情を目の当たりにしたとき、彼らは改めて、自分たちが
日本社会から「見捨てられている」という孤立無援の思いを強めた――「結局、他
人事なんですよね。日本人で暮らしている人からすれば、プーケットがどうなろう
と、知ったことじゃないですよね。私たちはすごく日本のほうを見ているのに日本
の人はだれもこっちを見てないんだなあって。[…] でも、見てはいるのかな、[復
興委員会の] サイトには来てますもんね。[…] どうでもいいんですよね、プーケッ
トなんて」（復興委員会メンバー）。苦難に陥っていた彼らが、手を変え品を変えて、
助けてくれ、という視線を投げかけ、大声で訴えかけているにもかかわらず、その
訴えは相手に好奇心や野次馬的興味以外の何らの感情も喚起させず、助力どころか
共感さえも得られない。復興委員会メンバーたちは、自らの置かれた状況をそのよ
うなに受け止め、口々に孤独感・疎外感を吐露した。その孤独感とは、J. ヤングが
ギデンズの用語を転倒させて「存在論的不安」と呼ぶ苦しみであったと、理解して
よいだろう――「アイデンティティと社会的価値を保持している感覚が他者に尊重
されること、つまり承認の正義 […] が危険にさらされることを承認の不全あるい
は存在論的不安と呼ぶ」[ヤング 2008: 74]。
　ヤングは現代社会の特徴を、彼が「過剰包摂」と呼ぶ、「包摂と排除の両方が一斉
に起きていて、大規模な文化的包摂と系統的かつ構造的な排除が起きている」[ヤン
グ 2008: 69] 事態に求める。復興委員会メンバーたちが、プーケットというローカ
ルな場の住人であるのみにとどまらず、日本在住の人々との個別のつながりを求め
てアピールを始めたことによって招いたのは、頼れるはずの日本社会から冷然と切
り捨てられるという末路だった（少なくとも彼らの視点においては）。それは、一般
の日本人からは存在を意識すらされていなかったプーケット在住者たちが、津波を
契機として生じた新たな文脈において、日本を中心に広がる情報交流ネットワーク
の末端へとゆるやかに包摂された（もしくは単に摩触した）結果として、特定の局

面における明瞭かつ巧妙な排除の対象として浮かび上がってしまうという、まさに過剰包摂のプロセスであった。第3節で述べたとおり、復興委員会ウェブサイトに代表されるプーケット在住日本人によるインターネットを通じての情報発信を日本の一部の人々が非難した事実があったが、それはプーケット在住者たちを日本人という括りに入れることによって、「自粛」や「不謹慎」という自身を律する倫理観の適用対象とみなしたためだと、理解できる。同じことを、プーケット在住のタイ人が行うのであれば、取り立てて糾弾されはしなかっただろう。風評災害という困難を自己責任の問題として引き受けた復興委員会は、状況改善の手段としてウェブサイトの運営によって外部とのコミュニケーション回路を作りだし、配慮を求めて声を上げたことで、皮肉なことに、自分たちの孤独をいっそう際だたせる過剰包摂の罠に、自らはまりこんでしまったのである。

　思えば、復興委員会メンバーの多くを占める零細独立系事業者が、「日本の旅行業法」を理由に業界内の異物扱いされたのも、同様の過剰包摂のメカニズムによるものだろう。津波以前、プーケットの日系ツアーオペレーター各社は、ビーチを拠点とする日本人零細事業者のことなど気にもとめていなかった（第3章第2節）。タイの法律に基づいてタイで設立された純然たるタイ企業として、タイ人事業者と同じく便利に利用するだけだった。しかるに津波後になって、ツアーオペレーターたちが殊更に独立系事業者たちを取り上げて、日本の旅行業法に準拠していないとしてクレーム申し立てを行うのは、批判対象者を自らと同じ範疇に入る者として受け入れているということの、裏返しといえよう。（日本企業の系列にない）純然たるタイ国内の企業およびその従業員に関して、日本の旅行業法に準拠していないことを問題視するのは、あるカテゴリー（この場合は日本の旅行業界）への過度の包摂を行うことによって、初めて可能となる排除の形である。津波以前、捌ききれないほどの日本人観光客がプーケットに押し寄せていた頃は、プーケット在住日本人（や日系企業）という集合への人々の帰属意識は、希薄であった。それが津波を機に、ある種の協働や連帯の意識が芽生えた局面があったことは、第3章で描いたとおりである。もしかすると、そうした特定の状況や環境条件に誘発されて生じた／強まった共同性の副産物として、過剰包摂は避けて通れないものなのかもしれない。

　復興委員会のウェブサイトには、津波発生の1年後に至るまで続けた更新を休止するにあたってメンバーたちが自らの活動を振り返り総括した、以下のような記述があった――「この1年間、私達は津波という天災、その後の経済的な二次災害に直面し、深刻な事態に陥ることになりました。このサイトを通じて私達が発信して

きたことが、その深刻な事態からの脱却の一助になったかどうかの答えを今はまだ、見出すことは出来ません」［プーケット復興委員会 2005］。復興委員会の主たる活動目的は、観光に来ることで復興を支援してほしいという在住者の望みを、日本社会へと訴えかけることだった。その活動が風評災害からの脱却に役立たなかったのなら、それは取りも直さず、彼らの訴えが最終的には聞きとどけられなかったことを意味する。この引用文は、彼ら自身が残念ながら事態をそう認識していたことの、控えめな表明であろう。

## 6 困窮者の声

　プーケットは、国際観光の世界的なネットワークにおける重要な結節点の一つであり、そこにはアフリカと南米を除く各地から、カネとヒトが流れ込む。外国人観光客で賑わうプーケットのビーチエリアでは、多種多様なサービスを観光客の母語で提供する外国人たちが、そこかしこで働いている。数多くの民族を限られた区域内に集住・共存させることで国際観光客の受け入れ機能を充実させているプーケットは、例えていうなら「坩堝」でも「サラダボウル」でもなく、さながら「ポトフ」であろうか――バラエティ豊かな素材群が柔らかく煮込まれながらも、食材としての個性を保ちつづけている。ゲストの多くが外国人であるのは言うに及ばず、ホスト側にも世界各国から移り住んだ外国人がおり、それぞれの文化的独自性を活かしながらタイ人たちと協力して、観光地としての多面性と一体性を同時に形作っている。プーケットの巨大で柔軟な国際観光客収容能力は、外国人居住者の労働力と文化的多様性に支えられて成り立っていると言っても、誇張ではない。プーケットというローカルな一点に立地しているように見える観光産業は、その実タイの国境を越えて広がる諸要素の機能的な連なりなのだ。

　インド洋津波が露わにしたのは、それらの外国人居住者たちがおかれた生活基盤の脆弱さであった。プーケットという異国の地に異邦人として暮らす彼らは、出身国と在住国であるタイとの隙間に落ち込んでしまい、いずれのセーフティーネットにもかからなかった。のみならず、国内外から被災地に向けられた援助のまなざしには捉えられない、幽霊のような存在として扱われ、その苦しみが黙過されている実情が問題視されることすらなかった。しかし当然ながら、タイ国内で発生した災害の苦しみが、タイ国民だけに許された専有物であるわけでは、決してない。

　津波による破壊の衝撃、親しい者の負傷や死亡、通常業務を放り出してのボラン

ティア活動、といった津波直後の経験は、ときに人生観を変えるほどの影響を人々
に与えた。ただし、大多数のプーケット在住日本人の生活実感においては、インド
洋津波の影響は、何よりも風評災害という形で顕在化した。なかんずく、復興委員
会を始めとする多くの観光業従事者にとって、風評災害とは、収入源の縮小という
問題であり、そこから帰結される、食べてゆけない可能性、家庭崩壊の可能性、在
住を継続できない可能性など、将来における雑多な苦難の公算であった。

　しかし、当時の彼らの苦しみを、そのような生活環境の激変と、自己責任で引き
受けなければならない無数のリスクの泥沼のみに帰着させて捉えるのでは、冒頭に
問いとして掲げた、「なんやよう知らんけど、正直ほんましんどいです」というつぶ
やきの解釈としては不十分だ。事態の推移に対して極めて限定的にしか関与できな
い無力感、そして復興委員会を立ち上げて精力的に活動する自身の努力が全く実を
結ばないのではないかという徒労感が、彼らが感じていた「よく分からない」しん
どさ、重苦しさの背後にあった。そして何よりも、自分が声を張り上げて訴えても
応答がなく、承認されないまま見捨てられているという孤独、打ち捨てられた疎外
の感覚こそが、当時の彼らの心情を、陰鬱の淵に沈めていた。彼らを苦しめていた
のは、生活の安全を脅かす種々の危険以上に、それらの危険への対処の努力を通じ
て図らずも強められていった、存在論的不安であった。

　観光客の激減は、商売にはつきものの浮き沈みの一端であり、観光関連事業者
（もしくは従業者）が自己責任において引き受けてしかるべき問題である、とする
ある種の等閑視の態度が、当事者たち以外の人々や研究者の間に散見される。観光
は、市場の高度な変動性に特徴付けられる経済活動である。災害やテロ、景気変動
などにより、国際観光客の数は短期間に大きく増減する。であるなら、そうした市
場縮小の可能性を織り込みつつビジネスを展開し、急激な顧客減少のリスクに常に
備えておくのは、経営体としての自己責任の範疇に入る、という意見には、一理あ
る。しかし、外部者の視点からの「ビジネスの問題だから自己責任である」といっ
た捉え方を自明視して、当事者たちの視点を切り捨てることに、正当な根拠はない。
津波後の 2005 年に筆者が関わったプーケット在住者たちは、ウェブサイトの立ち
上げ、旅行業界やプーケット県・日本政府との接触、プーケットを訪れる数少ない
観光客への語りかけなど、様々な形で、外部へ向けて救いを（少なくとも理解と共
感を）求めるメッセージを発信していた。その呼びかけは、よしんば呼びかけられ
た者たちの立場から見て当を失したものに思えたとしても、ただそれだけの理由に
よって無視され、切り捨てられてよいものではないはずだ。誰が被害者か、何が被

害なのかが定義づけられるときには、その定義からこぼれ落ちる残余の者／事が同時に生み出されていることに、我々は敏感でいる必要があるだろう。

　2011年、福島第一原子力発電所の事故が国外で報じられた結果、日本（の第一次産品）が諸外国から危険だと忌避されて，多くの日本国民は慨嘆した。のみならず日本国内でも、福島県産の農産物は敬遠され、店頭に並べられることなく廃棄の憂き目を見た。福島県の生産者たちは、厳格な放射線測定を積極的に行い、科学的データを示しながら生産物の安全性をアピールしていたのにもかかわらず、国内外の消費者や流通業者は、その訴えを意にも介さなかった。それは、2005年におけるプーケットからの訴えが聞き届けられずに「見捨てられた」のと、構造的には全く同じことである。人間の集団心理は時に、助けを求める弱者を冷酷に切り捨てて憚らないことを、我々は忘れてはならない。

　本章が行なった、当事者たちの経験に寄り添おうとする努力は、風評災害という問題を災害研究の問題系に引き入れる一つの水路となるのみならず、その試み自体が、当事者たちからの呼びかけへ答えるささやかな救済の実践という側面をも、持ちうるはずである。

## 第5章

# 楽しみとしての〈自然〉保護
## ダイバーたちによるサンゴ修復ボランティア

**1** ダイビング観光と自然環境

　プーケットが位置するタイ南部アンダマン海は、国際的な観光地として大きな商業的成功を収める一方、その陰では海洋環境の悪化が目立っている。ビーチリゾートからの生活排水の増加による水質汚染の影響もあり、サンゴ礁の荒廃が懸念されている。観光において人間が自然に踏み込むことの直接の負荷も、大きな破壊的要因である。サンゴ礁を舞台にする観光活動は、十分な環境保護への配慮と持続可能性のもとに展開されねばならないが、観光が市場原理に従う経済活動である以上、実現は容易ではない。

　タイ南部では、野生の海中生態系を目の当たりにする観光としてのダイビング・ツーリズムが盛んである。プーケットを起点とするダイビング・ツアーは、日帰りツアーおよびオーバーナイト・クルーズの二形態において行われている。通常「デイトリップ」と呼ばれる日帰りツアーは、20～40人乗りという比較的大型のダイビング専用船を使用し、プーケット島から1～3時間ほどの距離に点在するダイビング・ポイントを訪れる。国立公園に指定され、世界的にも名が知られているシミラン（Similan）諸島およびスリン（Surin）諸島海域は、ダイバーにとっては一層魅力的なダイビング・ポイントだが、プーケットからは100km以上、最寄りのタイ本土からも60～70kmと離れている。したがって、「live aboard」もしくは「オーバーナイト・クルーズ」と呼ばれる、宿泊を伴うツアーによって訪れることになる。宿泊施設が完備された大型専用船によって運行される2泊から4泊のオーバーナイト・クルーズは、タイ南部アンダマン海におけるダイビング観光の花形であり、ダイビング業者の多くにとって、客単価の高い魅力的な商品でもある。クルーズ船に関しては、デイトリップ船にも増して居住性が追求され、大型化し設備も豪華になってきている。

　できることなら、ツアー運営における海上移動距離は短いに越したことはない。

時間と燃料費がともに嵩むためだ。オーバーナイト・クルーズでは、さらに多額の
経費がかかる（燃料代や人件費などの変動費と、船の建造と維持にかかる固定費と
もに）。しかしそれでも、ダイビング業者が日帰りツアーでも遠く離れた離島まで
足を延ばし、より大型で豪華なオーバーナイト・クルーズ船を競うように建造する
のは、プーケット観光の野放図な拡大の望ましくない副産物である。ダイビング・
ショップの運営経費が増大すれば、黒字を確保するためにより多額の売り上げが必
要になり、商売の規模を拡大せねばならない。売り上げを増やすためにより多くの
ダイバーを受け入れれば、それだけダイビング・ツーリズムが海中環境に与える負
荷は増大し、生態系は荒廃する。既存のダイビング・ポイントの魅力が薄れれば、
より遠くのポイントの開発が始まる。観光開発と環境破壊の、とめどない悪循環で
ある。

　観光ダイビング[1]においては、海棲生物の捕獲や海中からモノを持ち帰る行為は、
固く禁じられている（海中のゴミを拾う清掃活動は除く）。忘れてはならないのは、
例えそうであっても、観光ダイビングという活動は、それ自体が自然破壊的な影響
力を持つ［Barker & Roberts 2004 etc.］という事実だ。人間が海中に侵入すれば、
どんなに抑制的に振る舞おうとも、不可避的に生態環境を攪乱する[2]。行き交う多
数の船からは、ゴミや油漏れなど有害物質の放出が（気を付けられていても）避け
られないし、投錨も海底を痛めつける。同地のダイビング・ツーリズムは、1980 年
代後半から急速に規模を拡大してきた産業であり、そのサンゴ礁に与える影響や資
源保護との両立については、今世紀に入ってようやく研究が始まったばかりである
［Dearden et al. 2006; Worachananant et al. 2008］。しかし現地でガイドやインスト
ラクター業務を行うプロダイバーたちは、科学的な根拠を提示されなくとも、自分
たちの活動が海中の生態環境を疲弊させつつあることを、自覚していた[3]。

　タイ南部のダイビング・ツーリズムの拡大による環境破壊という問題を前にし

---

1) 海中での諸作業や軍事行動などを目的とするのではない、純粋に楽しみを求めて行われ
　るスクーバ・ダイビングを英語で recreational diving と呼ぶが、本書では同じことを
　「観光ダイビング」と表現する。
2) 例えば 2010 年代になって、海水浴客やダイバーが使用する日焼け止め剤に含まれる一
　部成分が、造礁サンゴの生育に悪影響を与えることが問題視されるようになった。2010
　年代後半になるとパラオやハワイで相次いで、そうした成分を含有する日焼け止め剤の
　使用が禁止された。2021 年 8 月からはタイでも、シミラン諸島などの海洋国立公園に
　おいて同様の措置が執られるようになった。現在では「リーフ・セーフ」を謳う日焼け
　止め剤が開発され、広く市販されている。

て、それを食い止めるための実効性のある解決策を提示するのは、現時点では難しい。そこで本章は、2004年インド洋津波の衝撃に突き動かされたダイバーたちが情熱をもって取り組んだボランティア活動に、観光と自然保護の両立を期待させる微かな光明を見いだしたい。具体的には、津波の直後しばらくの期間に展開されたダイバーたちによる環境保護活動が、観光資源の保全という経済的な文脈を完全に排除して成立した特異な局面に注目し、観光ダイビングの現場で働く人々の行動と意識のうちに、単に経済的利潤を得るための利用にとどまらない自然と人間との関係形成のあり方の可能性を模索する。

　自然を対象とする伝統的な生業のあり方を描き出す研究蓄積のなかで、人間と自然のコモンズとの関わりあいの様相の豊かさを我々に教えてくれる議論のひとつに、「マイナー・サブシステンス」に対する近年の注目がある。マイナー・サブシステンスとは、「本業」に対しての「副業」、すなわち生計を立てていくうえで副次的な生産活動（もしくは労働）を指す。人々の生業ポートフォリオのうちの一要素をとりあげたとき、それが副次的である度合いはそれぞれだが、マイナー・サブシステンスと呼びうる活動のなかには、「この活動を行わなかったとしても、一向に生活に支障をきたさないといった活動をも含み得る。ただし、いかなる形であろうと、必ずやなんらかの生産を伴うものであって、その意味で純粋な遊戯とは区別される」[菅 1995: 265]。農業・漁業など、自然を直接相手にしての生産活動を行なっている人々に関する研究蓄積は、メジャー・サブシステンス（主たる生業）に関するものが多くを占めてきた。しかしながら、狭義の経済合理性から距離を置きつつ資源利用を考察しようとする場合、「集団にとって最重要とされている生業活動の陰にありながら、それでもなお脈々と受け継がれてきている副次的ですらないような経済的意味しか与えられていない生業活動 […] の意味を分析すること」に、「一見、より派生的にみえる課題を扱い、そのなかに、きわめて巨大な問題系を解き明かすための端緒が隠されている」かもしれないという松井 [1998: 248] の指摘は、一聴に値する。本章は、マイナー・サブシステンスに関する先行研究が提示する、自然を対象とした生業に付随する楽しみという視座を援用して、津波直後のダイバーたちの行動を解釈することを試みる。それは結果的に、観光ダイビング産業に従事する人々とサンゴ礁の自然との関わりについての、多面的な理解へとつながるはずで

---

3）2006〜08年にかけて筆者が現地ダイビング・ショップに勤務していた当時、失われゆく海中の〈自然〉への危機意識の表出は、スタッフ間の定番の話題のひとつであった。

ある。

　筆者は 2005 年に津波の観光産業への影響を調査する目的でプーケットに断続的に滞在した後、2006 年 4 月から約 2 年間、同地に長期滞在した。本章で詳述する津波後のサンゴ修復プロジェクトが行われた際にもプーケットを訪れていたが、直接の参加はしていない。筆者は 2008 年 3 月まで、2 隻のダイビング専用船を所有していた大手のダイビング・ショップの一つである「マリンプロジェクト」（通称マリプロ）プーケット店に常勤スタッフとして所属し、日々の業務に従事しながら調査活動を行なった。本章が依拠する情報は主に、プーケットに在住する日本人のダイビング事業経営者およびプロダイバーたちからの聞き取りである。特別にインタビュー・セッションを設けて津波後のサンゴ修復プロジェクトについて語ってもらったのは、マリプロの従業員を中心に 15 名ほどであるが、加えて 30 人以上のプロダイバーたちに、日々の会話を通じて思い出話や感想を聞いた。そのなかには、欧米人とタイ人のダイバーも少数ながら含まれる。また、特にサンゴ修復活動の実際を描写するにあたっては、マリプロのスタッフが残していた海中および船上における記録映像を資料として使用させていただいたことが、大変有益であった。

## 2　インド洋津波による被害

### 2-1　2004 年 12 月 26 日およびその直後

　プーケットのダイビング事業者にとって、津波による物理的な被害は限定的なものにとどまった。多くのダイビング・ショップが集中するパトンビーチやカタビーチにおいては、ほとんどの店舗の事務所や器材置き場などが床上浸水の被害を被ったが、営業停止を余儀なくされるほどの打撃とはならなかった。ダイビング・ショップの事務所は基本的に連絡機能を持つに過ぎず、実際のサービス提供は、ボートによって海に出て行われるからである。また、ダイビング器材はそもそも海中で使用するので、海水に浸かってもそれだけでは機能劣化は起こらない。そして、12 月 26 日に津波が来襲した午前中の時間帯は、一般にダイビング・ポイントまでの海上移動中もしくはポイント到着後であり、津波は単なる大きなうねりとして、ボート上の人間には特段の異常も感知させないままに、通り過ぎていったのである。

　マリプロのダイビング船「AQUARTS Ⅱ号」（通称 AQ2）は、2004 年 12 月 24 日の夜にプーケットを出航し、4 泊 4 日の予定でシミラン諸島からスリン海域へのダイビング・クルーズを運行していた。通常のスケジュール通り、25 日にシミラン諸

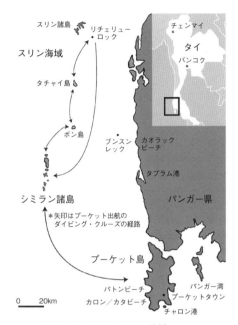

図 5-1　シミラン・スリン海域

島、26 日は午前にボン島（Ko Bon）、そして午後にタチャイ島（Ko Tachai）へと
向かう予定で、順調に北上していた。以下、本節では、主にマリプロの従業員から
の聞き取りにより、津波来襲時の状況を描写する。

　26 日午前、ボン島でのダイビングの最中に、「変な感じで潮が入ってきた」という
感覚があったと、当時のボートマスター（船上におけるダイビング関連の責任者）
は述懐する。プーケット島周辺海域への津波の到来は、スマトラ島沖地震の発生か
ら約 2 時間後の現地時間午前 9 時 55 分頃であるとされている。プーケットよりも
北方に位置するボン島への津波到達時間はそれよりも 30 分程度遅かったと推定さ
れるので、午前中のダイビングの前後もしくは最中に、津波の来襲を受けたと考え
られる。ただし、厳密に津波が通り過ぎた瞬間が認識されたわけではない。

　水面には通常は見ないような三角波が立っており、午前のダイビングを終えて
船上に戻ると、タイ人の船長らが盛んに無線交信を行なっていた。通常は、ダイビ
ング船同士の連絡やときに他愛ないおしゃべりに使用されている無線であるが、そ
のときはいささか緊迫した面持ちでやりとりがなされていた。その時点では、まだ
「ツナミ」という言葉は使用されていない。無人島であるボン島の海域では携帯電

話は使えず、船外との連絡手段は無線通信に限られる。当然、テレビニュースも入らない。「ツナミ」という言葉が出だしたのは、無線交信が激しくなってから2時間ぐらい経った、正午過ぎ頃である。午後の遅い時間になると、プーケットに入ってはいけないという漠然とした情報が、無線網を通して伝わってきた。プーケットが大変な事態になっているという危機感は高まったものの、まずは自分たちの安全を確保するための対処しかできずに26日を終え、島陰に停泊して一夜を明かした。

翌27日は、スタッフと客を含めた全員の話し合いのうえ、携帯電話の使えるシミラン諸島まで南下して情報収集に努めるとともに、ダイビング活動を継続することとなった。ただしそのダイビングでは、通常とは異なり、海中における津波の影響がないかを調べることが優先とされた。海中観察では、岩やサンゴなど多数の物体がひっくり返っていたが、砂が大量に巻き上げられてサンゴやイソギンチャクの上に沈積している、津波による水流が強かったと推測される場所は一部にとどまり、破壊的な影響は限定的であるように見えた。ボートスタッフたちの判断において安全と思われるダイビング・ポイントを選んだので、結果として海中の被害が比較的少ない場所での潜水となったということが、その一因として考えられよう。

さらに翌28日、AQ2がマリプロの店舗があるパトンビーチに帰港すると、すでに瓦礫の撤去作業が始まっており、犠牲者の遺体は運び去られていた。AQ2は、帰港後すぐに「年末年始クルーズ」へ再出航する予定となっていた。航海中に初日の出を拝むクルーズで、年間で最も人気の高いスケジュールであり、16名の定員は早くから満席となっていた。予約客の多くはすでにプーケット入りしており、津波による混乱にもかかわらず、キャンセルする意思を見せない者が大半であった。パトンビーチにおける建造物の損壊はビーチロード沿いのみで、街並みの内陸側は一見したところ平穏であったこと、そして現実にAQ2が、津波来襲の当日にも問題なく航海してきたことが、客にとっては安全面での懸念を払拭する雄弁な証拠となっていた。

AQ2の出航準備は完全に整っていたが、マリプロのダイビング・スタッフたちには、ためらいがあった。多くの犠牲者が出た直後、そして未だに少なからぬ観光客が簡易宿泊所での寝泊まりを余儀なくされているような状況で、自分たちが観光ビジネスに勤しむことに、模糊たるも大きな倫理的問題を嗅ぎ取ったのである。しかし結局は、予約客の希望を優先する形でクルーズを遂行した。

「年末年始クルーズ」が滞りなく催行された後、2005年の1月になると、予約客のキャンセルが相次いだ。マリプロを利用するダイビング客の数は、前年比で2割以

下にまで落ち込んだ。パトンをはじめとするプーケットの各ビーチは、観光地としての機能に関しては、津波後数ヶ月のうちに被災前と遜色がないほどにまで復旧したが、被災地域の復興を阻む最も大きな要因となったのが、観光客の激減であった。そこで、2005 年の 1 月という早い時点から、TAT をはじめプーケット観光をとりまく諸アクターたちは、それぞれに集客の努力を始めていた（第 3 〜 4 章）。2005年 2 月 12 日に開催された、TAT 主催による日本の報道関係者およそ 100 名を招いての現状説明会の実施にあたっては、準備からプレゼンテーションまで、ダイビング関係者たちが主導的な役割を担った。

### 2-2　サンゴ礁の被害状況

タイ南部アンダマン海一帯のサンゴ礁が、津波によって物理的打撃を被った。この事実を重く見た現地のダイビング関係者により、2004 年 12 月 30 日から 2005 年1 月 15 日にかけて、サンゴ礁の破損状況に関する包括的な調査が行われた。調査は領域内 174 カ所の地点を取り上げて、実際に潜水して視認する形で行われ、プーケット海洋生物学研究所を含むタイ国内の各大学および研究所のスタッフが手分けして指揮を執り、現地のダイビング・ショップなども協力した。サンゴの破損状況は、調査地点によって大きなばらつきがあることが報告された［DMCR 2005］。海域によって異なるのは当然だが、同じ海域、さらには通常同一のリーフとみなされる区域内、距離的に極めて近い地点間においても一定しておらず、むしろ偏差が目立った。造礁サンゴは陸地の沿岸部に生育しているが、その生育場所となるリーフそのものの地理的条件（地形や深度）や、サンゴ礁の組織構成などの条件の違いが、破損状況に決定的な違いを生み出した。海中の地形や構造物の構成、そして津波の進行方向に対する角度など、様々な要因によって水流の強弱が生じたと考えられる。また、プーケット西岸の各ビーチやピーピー島などの開発が進んだ観光地に面した湾内においては、特に陸上からの流出物との接触による破損が顕著であった［Plathong 2006］。

　タイ政府の海洋沿岸資源局（DMCR: Department of Marine and Coastal Resources）が主導してまとめられた調査レポートの概括によれば［DMCR 2005: 11］、アンダマン海沿岸域における 176 の調査ポイントのうちの 105 カ所には、深刻な被害は認められなかった。その一方で、サンゴ構造物の 50％以上が破壊されていると評価されるポイントが、23 カ所に及んだ（表 5-1）。

　タイ南部アンダマン海域内での津波による造礁サンゴへの物理的影響は、主に以

下にまとめられる形で生じた。

・サンゴがひっくり返された。これはサンゴの大小に関係なく生じた。
・波そのもの、および岩などの重量のある物質の直撃により破損した。
・砂状の物質が斜面において一種の地滑りを起こしたことにより、サンゴが本来生息していた場所から移動させられた。また、舞い上がった砂状の物質をかぶることによって窒息した。
・浅瀬での地形の浸食が海底の沈殿物を攪拌し、サンゴを窒息させた。
・人工物、自然物を問わず、陸地からの流出物との接触により破損した。

　この被害状況が深刻であったポイントの多くが、プーケットを起点とするダイビング・クルーズの主要な目的地である、シミラン国立公園とスリン国立公園内に分布していた。どちらの国立公園も、パンガー沖の離島である。ラノーンの沖合に位置するラン（Lan）島などの離島の被害も大きかったことから、マレー半島沿岸部よりも、島嶼部のほうが一般的に被害が大きかったことがうかがえる。シミラン諸島を筆頭とするこれらアンダマン海岸の離島は、ダイビング観光の格好の目的地となっているため、津波によるサンゴ礁の攪乱は、地域経済にとっての重要な観光資源の減損でもあった。
　シミラン諸島におけるサンゴの破損状況は、先述したとおり場所によって大きなばらつきがあった。最も重篤な影響を受けたのは、島と島に挟まれた海峡であり、またサンゴの生息量が多い各島の東側において被害が甚大であった。シミラン諸島を構成する9島のうちの4島の沿岸において、重篤な被害が報告された。一方で、シミラン諸島で調査を行なった計38の地点のうち、サンゴの破損状況が5段階評価で最も深刻と判定されたのは、7カ所にとどまり、一方で、ほとんど被害なしと判定されたポイントは18カ所に上った。津波直後に行われた調査報告は、シミラン諸島全域のサンゴの損傷度数は10〜20%と結論づけている［Plathong 2005］。波の力により発生した傾斜面の砂地盤の弛みと崩れによる被害が大きかったと推測される。総体として、津波によるサンゴの破損は確かに生じたが、限定的なものにとどまったと言える。ダイビング観光者が恒常的に訪れる20以上のポイントのうち4カ所は、海底構成物およびサンゴの損壊が顕著で、生態系にも少なからぬ異変が生じたと考えられるため、回復を促進するために当面の間ダイビングを禁止することが勧告された。特に島の東海岸側においては、津波のサンゴへの物理的影響

が、多岐にわたった（具体的なサンゴの被害状況については、各種の調査レポート［Allen & Stone 2005; DMCR 2005; Plathong 2005］で報告されている）。

## 3　サンゴ修復プロジェクト

### 3-1　サンゴ礁の被害調査と修復クルーズ

サンゴの被害状況調査の結果［DMCR 2005; Plathong 2006］、破損や砂かぶりなどの被害を受けたサンゴのかなりの部分が、修復次第で今後も成長の継続を見込めることが、明らかになった。

そこで、プリンス・オブ・ソンクラー大学とプーケット海洋生物学研究所の主導のもと、パンガー（シミラン諸島を含む）、プーケット、クラビーの各県で、断続的にサンゴ修復活動が行われた［Plathong 2006］。それらのサンゴ礁の被害状況調査およびサンゴ修復活動は、主に2005年の1月から5月に行われたが、特に最初の2ヶ月間に実施が集中した。被害調査もサンゴ修復も、水中に潜っての作業となるため、研究機関に所属する人間に加えて、多数のボランティア・ダイバーの協力が要請された。ボランティアの主体となったのは、国内のアンダマン海沿岸各地に店を構えるダイビング・ショップのスタッフと、同地を地盤として活動するフリーランスのプロダイバーである。そのほか、クラ地峡を挟んで東側のタイ湾に展開するダイビング・ショップの所属者や、各ショップが個別に行なったインターネットを通じての呼びかけを見て、もしくはダイバー同士の個人的なネットワークを通じて名乗りを上げた、欧米や日本からのボランティアも、割合は少ないものの参加した。

調査・修復活動は、一回につき2〜3泊の旅程のオーバーナイト・クルーズとして、一日あたり2〜4本[4]の潜水をする形で遂行された。活動のユニットは、研究機関のスタッフを中心として、複数の現地ダイビング・ショップの協力、およびボランティア・ダイバーの参加によって、クルーズごとにその都度構成されるチームが担った。各クルーズの

**表5-1　サンゴのダメージ状況**
（各調査ポイントの調査結果を集計）
出典：DMCR［2005: 11］の表を筆者が改変

| | |
|---|---|
| ダメージなし | 39.7% |
| 1–10%のサンゴに被害 | 20.7% |
| 11–30%のサンゴに被害 | 17.2% |
| 31–50%のサンゴに被害 | 9.2% |
| 51%以上のサンゴに被害 | 13.2% |

4）観光ダイビングでは通常、1回の潜水につき1本の空気タンクを使用することから、潜水回数の単位として慣習的に「本」が用いられる。

実行およびチームの結成は、研究機関の関係者と各ダイビング・ショップのマネージャークラスの人物との個人的なネットワークにおいて、計画・調整された。それぞれが個別に、資金援助をしてくれる企業や団体を探し、スポンサーが見つかった時点でクルーズが計画されるといった場合もあった。つまり、サンゴ礁調査・修復クルーズは、必ずしも政府機関などによる一元的な統制のもとにあったわけではなく、研究機関とダイビング・ツーリズム関係者がアドホックに連携し、タイ国内の企業などからの資金・資材面での援助を得つつ、散発的に実施された。特に、ダイビング・ポイントが多数存在するシミラン諸島での調査・修復活動については、地元のダイビング事業者多数が、人材、ダイビング器材、船舶などを積極的に無償提供したことにより、実施回数が増大した。

日系のダイビング事業者[5]は独自の協調路線を敷き、多数のボランティア・ダイバーを投入した計6回にわたるシミラン諸島への調査・修復クルーズについて、主催もしくは参加をした。それらはいずれも、プリンス・オブ・ソンクラー大学海洋学部の海洋学者サッカナン・プラトーン（Sakanan Plathong）博士との連携のもとに行われた。2004年から、アンダマン海とタイ湾（サムイ島およびタオ島）の日系ダイビング事業者計9社が、情報共有と業務提携を目的とした親睦団体「JTDN: Japan Thailand Diving Network」を立ち上げていたので、津波後のサンゴ修復活動に関しても、まだ活動を開始したばかりのその団体が窓口となり、日系ダイビング事業者間の協力は円滑に行われた。

1月5～8日に行われた第1回目のクルーズについては、水面下の被害状況の調査を目的としてタイ政府および研究諸機関が主導した大規模プロジェクト（参加者総数70名）にJTDNメンバーが賛同し加わる形となったが、第2回以降はそこで得られた経験と情報をもとにして、ダイビング事業者側がサンゴ修復に焦点を当てた独自のクルーズ計画を、積極的に立案・遂行していくことになる。なかでも、第3回目（1月19～23日）のクルーズは、日系以外の事業者も含めて、計4隻の船が参加する大掛かりなものとなった。第2回（1月11～15日）と第4回（2月1～5日）のクルーズは、JTDNのメンバーであるマリプロが現場運営を担当し、それぞれ14名と18名のプロダイバーがボランティアとして参加した。JTDNは、現場の運営者たちが調査およびサンゴ修復の経験を積み、ほぼ円滑に作業の実行が可能

---

5）日本人所有による会社と、日本人マネージャーをおいて日本人客を専門的に扱う担当部門を設けている会社とが、総称して「日系ショップ」と呼ばれる。

となった2月下旬以降に、現地在住のプロダイバー以外に日本からのボランティア参加を受け入れてのクルーズを企画・催行した。JTDNでは、ウェブサイトにおいて津波被害状況の報告を行なっていたが、加えてサンゴ修復クルーズの実施予定を告知し、一般からの参加者を募ったのである。クルーズへの参加費は無料であるものの、タイへの往復交通費および現地での宿泊費用は自己負担という条件であったが、第5回クルーズ（2月17〜21日）では、27名の参加者のうち日本からのボランティアが7人、第6回（3月21〜25日）では、総勢28名の大部分が日本からの参加者となった。

　第2回と第3回のクルーズは、主に被害状況の調査および破損した枝サンゴやテーブルサンゴの応急的な修復措置を目的とした。第4回は、特に被害の大きかったポイントの調査およびウミウチワ類の修復作業（マーキングを含む）が中心となった。第5回と第6回のクルーズでは、従来と同じ手順によるサンゴ修復に加えて、前回までに行なったサンゴ修復の追跡調査を主要な目的として追加した。また、前回までの修復作業において固定が十分でなかったために倒れてしまった、ウミウチワ類の再修復も行なった。

　船の運航費をはじめとするクルーズを実施するためのコストは、可能な限り外部からの援助を募った。第1回目のクルーズでは、多くの企業・団体からの援助が得られた。しかし回を重ねるごとに、外部からの資金・資材の獲得は難しくなった。結果的に、ダイビング事業者が商用のダイビング船を無償で提供し、その他の経費も持ち出しとなる形での小規模運営となっていった。JTDNは日本語ウェブサイトなどを通じての募金活動も行なったが、経費のごく一部となる金額を集めるにとどまった。

### 3-2　サンゴ修復作業の実際

　サンゴの破損状況の調査および修復作業は、まず研究機関のスタッフが、破損し流されたサンゴの生存のために必要な条件をリストアップし、ダイバーたちの側が実務面からその条件を検討して、実際の作業計画が立てられた。ダイビング事業者が中心となって立案された第2回以降の企画であっても、各クルーズには、ボランティア・ダイバーの他、国内外の研究機関およびシミラン国立公園管理局のスタッフが同乗した。サンゴ修復の具体的な手順に関しては、同乗した海洋生物学者が、詳細な説明および指導をダイバーたちに施した。JTDNが主要な役割を担ったクルーズにおいては、研究機関側の責任者はサッカナン博士、現場で作業を行うダイ

バーたちの指揮はマリプロ代表（当時）の宮谷内泰志郎氏が担った。以下では、ボランティア・ダイバーたちからの聞き取りと、マリプロのスタッフによって残された映像記録に依拠して、サンゴ修復作業の実際を描写する。

特に初期のクルーズにおいては、海洋生物学的な見地からの研究者側の要望を現場のダイバーたちが受けて、その実現可能性を検討するやりとりが頻繁に行われた。クルーズを重ねるにつれて、ダイバーたちは行うべき作業内容について急速に習熟し、独自の判断で行動する裁量をもつようになっていった。ダイバーたちは、3～5人程度でひとつのチームを編成し、各チームがそれぞれ独立して一定のエリアを担当する形で、役割分担がなされた。ボランティアのスタッフは、潜水作業だけにとどまらず、チームのスケジュール管理をするタイムキーパーや、ボート上にて全体の作業進捗状況を管理調整する担当者など、業務内容は多岐に及んだ。

サンゴの被害状況の水中調査は、ダイバーたちが潜水し、目視によってサンゴの破損具合や移動状況などを個別に確認していく形で行われた。被害状況は、可能な限り水中マップにプロットされた。水中マップとは、ダイビングの際に使用される、海底の構成、深度、目印となる物体、潮の流れなどを書き込んだ、いわばダイバーによる水中認知を具現化した地図である。水中マップは、潜水中にダイバーが目にする事物の位置関係を把握することが主眼とされているため、実際の地形を正確な比率において縮小したものではない。どの地点／深度において、どのようなサンゴの破損がどのように目視されたかが地図上に記入され、担当者によるコメントが付けられて、PCに記録された。また、サンゴの修復を行うごとに、水中写真を多く撮り記録に残すことが推奨された。時間をおいての再調査を容易にするためである。毎回のダイビングを終えるごとに、水中マップに調査・作業内容を記録し、夕方から夜にかけてはそれらのデータのPCへの入力と集計がなされた。

サンゴ修復の水中作業は、四つに大別される。①堆積物の除去、②サンゴの向きの調整、③サンゴの移動、④再固定である。砂や泥、ゴミや瓦礫、さらには破損サンゴの破片などが、生きているサンゴに降り積もってしまった場合、下になったサンゴは光合成が阻害されるなどして、生育上深刻な影響を受ける。それを避けるために、ゴミや砂礫を除去する作業が行われた。この作業においては、除去作業それ自体がサンゴを傷つけてしまうのを避けるために、柔らかいブラシなどを活用し、また板であおいで水流を起こし、堆積物を流し飛ばす方式が採用された。砂に埋もれてしまっているサンゴは、人手を使って掘り出した。それらの作業自体は難しいものではなかったが、水流を使う間接的な方策を採ったため、多大な労力を必要とし

た。また除去した堆積物がより深いところにあるサンゴに降りかかってしまうことを避けるために、深度の浅い地点から開始して徐々に深場に移動する形で作業を行なった。潜水科学においては、深い位置から浅場へと向かうダイビングが安全管理の面で望ましいとされているが、この場合はハイリスクを承知で、通常は行わない方式をあえて選択したことになる。加えて、ひっくり返っているサンゴを元通りに起こす、本来は潮の流れに向けて垂直であるべきウミウチワの向きがずれている個体を修正する、岩に押しつけられたり隠れたりしている軟体サンゴを障害物による圧迫から解放して潮の流れに当たるようにするなどの、調整作業を併せて行なった。

　本来の棲息域（深度など）から流されてしまったサンゴが多数あったため、それらを運び戻す作業も、重要となった。丸ごとであれ、破片であれ、サンゴが津波

図 5-2　サンゴにかぶった砂の除去
（JTDN 提供）

図 5-3　埋まったサンゴを掘り出し、倒れたサンゴを起こす
（JTDN 提供）

図5-4　折れたウミウチワの固定作業
（JTDN 提供）

図5-5　サンゴの再固定（生息場所の確立）
（JTDN 提供）

に流されてしまった場合は、水底が傾斜している影響もあって、より深いところで発見されることが多かった。本来の棲息深度よりも深いところにサンゴが転がっているときは、浅い地点まで運び上げねばならない。これは小さなものであれば独力で可能だが、テーブルサンゴのように大きく重いものを移動させるには、複数人の協力、さらには空気の浮力を利用して重量物を持ち上げる器具であるリフトバッグの使用が必須となった。それらのサンゴをダイバーたちが拾い集めるには、時に30m をはるかに超える深さまで潜行する必要があった[6]。サンゴを移動させるにあたっては、周囲をよく観察したうえで、同種のサンゴの群落を捜してその近くに運び、太陽光と潮の流れに対してそれぞれの個体が適切な向きとなるように気をつけ

た。特に、折れて散らばった造礁サンゴに関しては、小さな破片であっても拾い集め、一カ所にまとめて積み上げた。種類ごとに適当な深度の安定性の高い海底に集め、密集した状態で再固定しておくことにより、新たなコロニーを形成することを期待したのである。このような、サンゴ修復を実施するうえでの基本的な指針は科学者から与えられていたが、作業や道具選択の細部に関しては、ダイバーたち自身の発案によって一層の効率化が図られた。

　ダイバーたちは全員が無給ボランティアとしての参加ではあったが、通常の商業ダイビング・ツアーの際と同様に、ダイビングに関わるリスクは各人が引き受ける旨の「免責同意書」の記入を必須とした。観光における通常のダイビングと比較して、水面下での困難な作業を伴い、潜水理論的にもリスクが高まることが予想されたが、リスク管理については、あくまでもダイバー個人の責任に帰せられた。万が一、ダイビングにおいて最も危険な事故のひとつとされる減圧症[7]を発症する者が出た場合には、発症者の治療および他のダイバーたちの減圧症リスク回避を優先するという判断から、クルーズそのものを打ち切らざるを得ない場合がある。したがって安全を最優先しての作業が強く呼びかけられたが、実際には、通常のクルーズでは絶対に行わないような危険と隣り合わせのダイビングの連続となった。

　作業の遂行にあたっては、水中での土砂崩れなどの危険がない、安全と思われるポイントに絞り込んで、作業エリアを選定した。しかし1日に行う2〜4本のダイビングのすべてが、通常の観光ダイビングの範疇を超える身体へのストレス（深深度への潜行、急浮上と急潜行の繰り返し、水面下での力仕事など）が生じる局面を含んでいたため、減圧症リスクも通常より大きなものとなった。重量のあるサンゴや水の抵抗を強く受けるウミウチワを水中で持ち上げて移動するのは、通常のダイビングに比べてより多くの体力を必要とする。身体的な疲労は、減圧症リスクにつながるのみならず、必然的に水中での空気の消費量を増大させる。さらにリフト

---

6) 観光ダイビングにおいては安全確保の観点から、深度40mを超える潜水は行わない。さらに、30mを超える潜水も、減圧症防止などへの配慮から数分程度の短時間にとどめるのが一般的である。

7) 減圧症（かつては潜水病とも呼ばれた）とは、海中において身体への環境圧（水圧）が低下することにより、身体の組織や体液に溶けていた窒素が環境圧の変化によって血管内で微細な気泡となり、身体各部位において毛細血管を閉塞させることによって発生する障害の総称である。ダイビングでは多くの場合、深深度からの急浮上によって生じるとされるが、身体的な条件、連続して行うダイビングの回数や水面休息時間、海中での行動状況などにより、発症の危険は増減する。詳しくは市野澤［2019a］を参照。

バッグを使用する際には、ダイバーの呼吸用の空気を流用するため、そこでも余分な空気消費が要求される。深場への潜水もまた、空気の消費を早めることになる。これらの条件により、ダイビング中の作業時間は著しく制限されることとなった。そのなかでもできるだけ長い作業時間を確保しようと、安全マージンをとらずにタンクの空気量が許す限度いっぱいまで水面下にとどまるダイバーも多かったが、それもリスクの高い選択であった。

　減圧症リスクを厳密に算定することは難しいが、参加者の全員が、通常よりもリスクの高いダイビングを行なっているという思いをもっていた。筆者がインタビューした参加者の多くが、減圧症になる恐れがあった、もしくはその可能性を意識していた、と述べた。怖かったが、危険を顧みずに作業に没頭した、というのである。クルーズの現場責任者は、減圧症のダイバーが出ることを見越して、治療のための専門施設を持つプーケット市内の病院から協力をとりつけていたが、最終的に重度の減圧症患者は出さずに、計6回のクルーズを終えることができた。

### 3-3 「災害ユートピア」と「代償行為」

　津波の直後から、海中にも大きな被害が出たことが明らかになりはじめると、各ダイビング・ショップのスタッフのみならず、プーケットに在住するプロダイバーたちの多くが、シミラン諸島の被害状況調査や、海中清掃もしくはサンゴ修復に関して、具体的な貢献をしたいと考えた。彼らは個人間で密に連絡をとりあっていたので、そのネットワークを通じてクルーズへの参加者を募るのは容易であった。2004年末の時点で、プーケットのダイビング業界のキーパーソンと目される人々、すなわち大手ダイビング・ショップのマネージャーや、PADI（Professional Association of Diving Instructors）のコースディレクター（PADIインストラクター養成コースを開催する権限の保持者）たちは、海中の調査・修復作業に人手が必要となることを予期して、個人的な連絡網を活用して人集めを開始していた。ゆえに、政府・研究機関から協力の要請を受けたとき、プーケットのダイビング業界は、迅速に対応することができた。調査・修復活動に参加したダイバーは無給のボランティアであり、現地のダイビング業界に所属する人間の割合が最も多かった。日系ダイビング・ショップが運営主体となったクルーズに参加したボランティアは、結果的に日本人の占める割合が高くなったが、タイ人や欧米人の参加者も歓迎された。ただし、安全上の考慮から、特に最初の4回のクルーズでは、参加はプロライセンスの保持者のみに限定された。3ヶ月間で催行された計6回のクルーズに参集

したボランティアの延べ人数は、300人を超えた。

　ボランティア・ダイバーたちは、いかなる動機のもとに、サンゴ修復クルーズに加わったのか。シミラン諸島におけるサンゴの生育状況の改善は、ダイビング観光資源を豊かにするという意味で、ダイビング事業者たちにとって長期的な経済的利得につながるという解釈も、可能である。だが少なくとも、サンゴ修復活動に参加したボランティアたちは、その多くが同地のダイビング観光業の盛衰が自らの収入に直結する立場に置かれていたにもかかわらず、そうした打算を動機としてはいなかった。もちろん、観光収入を得るための資源の保全という認識は皆がもっていたはずだが、少なくとも、それを主要な関心としてボランティアに参加した者は、皆無であると断言してよい。シミラン諸島におけるサンゴ礁の被害は限定的であり、ほとんど影響を受けていないダイビング・ポイントも多数残されていたことは、年末から年始にかけて催行されたクルーズでの観察から明らかになっていた。したがって、ダイビング・クルーズの催行が阻まれたり、シミラン諸島のダイビング観光地としての商品価値の下落を招いたりといった心配は、2005年の1月初旬の段階で、すでに払拭されていた。仮に、津波による物理的な被害が明らかなポイントにダイビング客を案内することになったとしても、抉られた水底や押し流されたサンゴなどの津波の爪痕は、むしろ貴重な観光資源として売り物にできたはずである（事実、現在に残る大きな痕跡はそのように扱われている）。2005年3月まで断続的に行われたサンゴ修復活動は、経済的な利得の源泉としては明らかに貧弱なものであった。

　ボランティア・ダイバーたちの奮励は、第3章でも言及した「災害ユートピア」という観点から、さしあたっては説明できる。大規模な災害に見舞われた社会においては、まず日常性が失われた混乱状態が生じ、引き続いて「被災地社会ともいうべき、新しい社会状態が生まれる」[林 2003: 63]。そのうち特に災害ユートピアと呼ばれるのは、災害発生の数日後から通常は一ヶ月程度の期間に見られるとされる、困難を生き延びて、安全が確保され落ち着きをとりもどした被災者たちの間における、利他的な熱情の噴出と広範な助け合いの実践である[バートン 1974; 林 2003]。

　マリプロ代表の宮谷内氏によれば、当時の同社は、このまま収入の途絶が続けば倒産もあり得るという状況であった（事実、2005年6月には1ヶ月間の営業休止をしている）。同社では、ダイビング・スタッフはもちろん、全く運航する目処が立たないデイトリップ用とクルーズ用の二隻の船専属のタイ人スタッフたちをも、解雇

せずに雇用し続けていたため、大幅な赤字が続いていたのである。そうした状況で
サンゴ修復クルーズに AQ2 とスタッフを提供することは、収益面では赤字を増や
すだけの効果しかない。しかし同氏は、半ば倒産を覚悟のうえで、サンゴ修復プロ
ジェクトに積極的に協力した。「どうせつぶれるなら、もういいや。何とかしたい
から、海中でできることをやろう」というのが、その心境であったという。またあ
るダイバーは、「自分はこの海で何年も働いていて、思い入れがある。お金がないと
いうのは問題じゃない。［サンゴ礁の調査と修復は］やらなくちゃじゃなくて、やり
たいと思った」と述懐した。こうした、ボランティアへの積極的な関与を導く、い
ささか自棄的で自己犠牲的とも言える態度は、当時のプロダイバーたちに共通した
ものだったようだ。

　一般にタイでは、プロダイバーの収入に占める歩合給の割合が高い。フリーラン
スの場合は完全歩合制であり、ダイビング・ショップの正規従業員であっても、通
常は総支給額の３割から５割、もしくはそれ以上を歩合給が占めている。また歩合
は、１日ごとにその個人が世話をした客数によって決定されるのが通例である。し
たがって、同じ１日を費やす仕事であっても、客をひとりだけ担当する場合は、４人
の客を担当する場合の 1/4 の歩合しか受けとることができない。ゆえに、ダイビン
グ市場の縮小は、そのまま彼らの収入の減少を意味する。マリプロの例では、2005
年１月から３月にかけての客数は、前年同期比で８割以上の減少となったので、ダ
イビング・スタッフたちの歩合給もそれに応じて減少したことになる（さらに基本
給も含めて大幅な遅配となった）。プロダイバーたちが、収入面でそれだけの打撃
を受けつつも、さらなる収入減や持ち出しとなることを厭わずサンゴ修復ボラン
ティアに参加したことはまさに、災害ユートピアという特殊な状況ゆえの、強烈な
利他心的情熱の発露であったといえよう。

　客の激減によって通常の業務ルーティンが崩壊したという条件も、現地のプロ
ダイバーたちをボランティアに駆り立てるのに大きく寄与していた。マリプロのス
タッフたちは、サンゴ修復ボランティアの思い出を、客がいない開店休業の日々と
結びつけつつ回想した。2005 年初頭、同社のスタッフたちは、ダイビング・ツアー
のガイドも観光客向けのライセンス取得講習[8]の開催もないなか、日々オフィスで
の事務仕事ばかり行なっていた。予約や問い合わせすらちらほらとしか入らない状
況では、その仕事量も少ない。それでも来てくれる数少ない客は、同店が所有する
船ではなく他社の船を利用して海に案内するため、船を運航するための諸事も必要
ない。AQ2 は、2005 年の１月から４月にかけて、自社主催の商業クルーズで運航

されることがほとんどなかった。「お客がいないから、サンゴ修復に船を出した」と
宮谷内氏は述懐する。

　タイの海で10年以上のガイド経験を持つSeaforest社代表（当時）の小野正博氏
は、「代償行為」という言葉によって、ボランティア活動を解釈した。すなわち、観
光客の減少によって本来のダイビング関連業務ができなくなってしまったやりきれ
なさを埋め合わせるための、もしくは状況の先行き不安を紛らわせるための、代替
や逃避として、ボランティアに没頭したというのである。確かに、サンゴ修復プロ
ジェクトの盛り上がりは、観光客がいなくなりプロダイバーたちが業務として海に
出る頻度が激減した時期とほぼ重なっている。そして、通常業務のルーティンが回
復されると、サンゴ修復プロジェクトは終焉を迎えた。もちろん、サンゴ修復活動
は津波直後の1～2ヶ月の期間に最も必要とされ、効果も見込めたという事実はあ
るが、その時期にプロダイバーたちが示したボランティアへの熱狂的なまでの積極
性は、それだけでは説明がつかない。ダイビング客の激減、およびその結果として
のガイドや講習業務の激減は、彼らにボランティア活動へと参加する時間的余裕を
与えた。しかしそれ以上に重要だったのは、彼ら自身の楽しみの源泉でもある思い
入れの強い仕事が失われたときに、情熱を傾ける他の対象が求められたという点で
はないだろうか。そのような意味で、ボランティアへの参加は、確かに代償行為と
いう側面を持っていた。加えて、ダイビング業界における競争激化のなか、自分た
ちが環境に負荷をかける形でのダイビングを日常的に行なってしまっていたという
反省（もしくはある種の負い目）への、贖罪という意味合いもあったようだ。

　ボランティア・ダイバーたちは、自分たちのサンゴ修復活動がシミラン諸島のサ
ンゴ礁の豊穣化に大きく寄与したと、手放しで自画自賛しているわけでは、もちろ
んない。プーケットのビーチに押し寄せた津波の破壊力を目の当たりにしたプロダ
イバーたちにとって、シミラン諸島の海中は「思ったほど、状態は悪くなかった」
という。その一方で、破損したサンゴの数が膨大であったため、その修復ができた

8）タイのダイビング事業者はほぼ例外なく、アメリカに本部を置くPADIなどの国際的な
　ダイビング指導団体の傘下にある。ゆえに、タイのダイビング業界でプロダイバーとし
　て働くには、指導団体による正規の訓練過程を修了し試験に合格した上で、年会費を支
　払い、プロとしての会員資格を維持していることが前提となる。観光におけるプロダイ
　バーの仕事は、ダイビング・ツアーにおけるガイド業務と、一般客向けのダイビング・
　ライセンス取得講習とに大別される。ライセンスと一般に言われるものは、特定の指導
　団体の認定によるものであり、法律によって認められた公的資格ではない。

のは、ごく一部にとどまったという認識も、多くの参加者たちが共有していた。先に述べた代償行為という表現も、自分たちの活動の矮小さを実感するところから来ている。計6回のクルーズによって修復を行い得た破損サンゴの数は数百に上り、それは誇るべき成果ではあるが、シミラン諸島のサンゴ全体からすれば、微々たる数に過ぎない。それが十分に分かっているからこそ、プロジェクト全体の評価を問われたあるダイバーは「この作業が、本当に水中環境のためになったのかは、実際のところ分からないが、何もしないよりは良かったのでは」という控えめな感想を語ったのである。そしておそらくこの言葉には、次章で触れるサンゴへの一方的贈与が孕む独善性への危惧が現れている。事実、津波による物理的な打撃を受けたサンゴ礁において、サンゴ類のみを選別的に修復することが、長期的な視野から見てサンゴ礁全体の健全さの増進に寄与するかどうかは、未知数なのである。

## 4 〈自然〉保護を楽しむ

### 4-1 ダイバーたちにとっての〈自然〉

　もちろん、災害ユートピアという状況のみが、プロダイバーたちをボランティアに駆り立てたわけではない。彼らが普段から保持していた特徴的な〈自然〉との関わりのあり方もまた、その背景としてあったことは、特筆されてしかるべきである。ここで、〈自然〉と括弧付きで表記するのは、その語によって、人間の認識から独立して存在する物理的環境を示すのではないことを、強調するためだ。松井健は、人類学の分野において「自然に関しては、斉一な意味内容が前提とされる傾向が強い」［松井 1997: vii］ことを批判している。松井によれば、「自然という概念を、人間とはまったく無縁な宇宙の彼方へと後退させていくならば、たしかに、文化とかかわりのない自然を設定することは可能である。しかし、たとえ可能であっても、われわれにとって意味のある自然は、多少なりとも人間とかかわり、文化と関係を持っている相における自然であるとみるのが現実的である」［松井 1997: viii–ix］。アンダマン海のプロダイバーたちは、観光客を連れて海中を案内するという関わりの相において特徴のある〈自然〉像を、作り上げ保持している。それは、例えば漁業者たちがその生業を通じてたどり着いた〈自然〉像とは、多くの点で異なっているはずである［市野澤 2010］。そして、数多くのダイバーたちが、サンゴ修復へ無給ボランティアとして参加したのは、それが単に価値中立的な自然の復旧ではなく、彼らにとっての〈自然〉を救う活動だったからに他ならない。

　筆者が聞き取りを行なったなかでまず見えてきた、彼らの動機の根底とは、シミランの〈自然〉への愛着である。プロダイバーたちは、ダイビング観光業を行う上での資源という以上に、シミラン諸島のサンゴ礁、特にそこに展開する生態系の豊かさと多様性に、愛着と畏敬の念を持ち、尊重している。彼らは、シミラン諸島クルーズでのダイビング・ガイドの業務を、仕事であると同時に、自分自身が海を楽しむ機会として捉えている。もちろん、金銭面での報酬は重要ではあるが、自分たちがその仕事を継続している第一の理由は、シミランの海の魅力であると、全員が口をそろえる。アンダマン海でのダイビング・ガイドという職業は、接客における心労が大きく、体力面での消耗も厳しい割には、報酬が少ないと感じているなか、自らがダイビングを楽しむ機会でもあり得るからこそ、その仕事を続けているというのである。サンゴ修復ボランティアへと、プーケット在住のプロダイバーたちを後押しした背景には、シミラン諸島の海中世界における、自分たちが魅力を感じ高い価値を置く〈自然〉の保護という、皆が共通して保持している態度があった。彼らは、自身が普段から心がけている、サンゴや海棲生物への破壊的な負荷を最小限に抑えるという行動様式の延長線上において、サンゴ修復クルーズへの参加を捉えたのである。

　彼らが特に尊重し保護する必要があると考えている〈自然〉とは、海棲生物のなかでもとりわけ、ダイビング時の観察対象として好まれる魚類、甲殻類、後鰓類（特にウミウシ）などと同義である。ただし、それらの生物を単体としてとりあげて価値を見いだしているのではないことに注意したい。例えば彼らはツバメウオのような大型で形態的に特徴のある生物を見るのを好むが、それがプーケットの市場で売られているのを発見したり、タイ人に招かれた食卓の上に載っているのを見たりすると、喜ぶどころかむしろ当惑してしまうようである。同種の生物を海中で見るのと水族館で見るのとが異なる体験であることは、多くのダイバーが強調する（ふたつの体験に優劣をつけるのでは必ずしもない）。豊穣なダイビング体験を導くという意味においては、種々の海棲生物との出会いは、天然の海中という特定の状態のなかでの観察という形式をとってはじめて、価値あるものとなる。

　彼らが「サカナ」を見ると言うときの「サカナ」とは、ある一定の空間性のもと、周囲に存在する生物や事物との重層的な関わりのなかに生きる、そのような状態において立ち現れる存在である。そして、彼らにとっての〈自然〉とは広義には、そのような状態を成り立たせる諸要素の集合を漠然と指すものである。造礁サンゴや軟質サンゴは、その状態における不可欠の背景であり、多彩な海棲生物の成育のゆ

りかごを形成するという観点からも、叢生を良しとされる。またサンゴ類は、年に一度の産卵の瞬間を待つダイビングが人気を集めることからも分かるように、ときにそれ自体が観賞価値のある対象となり得る。入り組んだ形態の岩礁や白いサンゴ砂の平地も、リーフの構成を複雑化する要素として生物相の多様化に貢献するがゆえに、貴重な〈自然〉の一部である。それらの固定的な地形要素は、美しく変化に富んだ水中景観の材料としても、賛美と愛着の対象となる。このような彼らの価値観においては、沈没船のような人工物であっても、水中生物を育み、景観として見応えがあるのであれば、保護すべき〈自然〉として扱われる。

そうした意味での愛すべき〈自然〉は、欧米の環境倫理思想（特にディープ・エコロジーなどの人間中心主義批判の潮流）において不可侵の価値を付与され「保存」（preservation）の対象となる原生自然 [cf. 鬼頭 1996] である必要はない。ダイバーたちにとって〈自然〉は現状保存の対象ではあるが、可能であれば増嵩することが望まれている。ゆえに、例えば浅海域の空疎な砂地に魚礁を沈めることは、原生自然の人為的な改変であるにもかかわらず、〈自然〉の豊饒化として好感される。対して、津波によるサンゴの破損は、それ自体が自然の為せる業ではあるが、彼らの価値観に照らし合わせれば、見逃しがたい〈自然〉の劣化となる。そして同時に、その〈自然〉の劣化を防ぐべく人為的な働きかけを行うことは、原生自然を手付かずに「保存」する以上の正当性を持つのである。

ただし、彼らによる破損サンゴの修復という働きかけは、人間による利己的で一方的な利用を前提とする「保全」（conservation）の概念とは異なり、サンゴという生命体をいささか擬人化した上で見いだすある種の主体性、おそらくは生への志向といったものを尊重しサポートするという、非人間中心主義的な態度に強く彩られていたことに注意したい。ダイビング・ビジネスの文脈において彼らに有用な資源を保全するのではなく、サンゴを助け、シミランの海を助ける。現地のプロダイバーたちをして無償の（もしくは金銭的な持ち出しとなる）サンゴ修復ボランティアを行わせたのは、非合理で近視眼的であるとすら言える、〈自然〉への盲愛であった。

通常の災害ボランティアと比べると、津波後のサンゴ修復ボランティアは、「被災者」もしくは助ける対象となる人間が存在しない活動であったという点で特異である。したがって、その活動は例えば、緊急事態において展開される互酬的な助け合いや [山下・菅 2002]、ボランティアと被災者との人格的な関係構築の過程 [西山 2005] などとしては捉えにくい。サンゴと人間との間において、互いに意図し

ての助け合いや、対話を通じての親密さや信頼の醸成といったことは、生じようが
ないからである。さらに視野を広げて、サンゴの死滅によって何らかの損害を受け
る人間を被災者と考えたとしても、その被災者とはダイビング関係者であるのだか
ら、サンゴ修復ボランティアとは、自らが自らを助ける努力に過ぎないことになる。
ところが、ボランティアたち自身には自助努力の意識は全くなかった。ゆえに、そ
の活動は、サンゴへ向けての見返りを求めない利他的援助であり、一方的な贈与で
あったと言える。

　一方的な贈与においては、その受け手には負い目が、そして与え手には優越の
感覚が生じることが、一般に指摘される。災害ボランティアに関して、その活動が
自己満足の源となったり自己目的化したりする傾向（しばしば「被災者の不在」と
表現される）に対して強い批判がなされるのは、一方的な贈与の結果としてボラン
ティアと被災者との関係に非対称性が生じる（そして時に被災者の「尊厳」がない
がしろにされる）ことを、倫理的に忌避するからだと考えられる[9]。例えば原田隆
司［2000］は、障害者を支援するボランティアを「ボランティアの犬達」と呼びそ
の独善性を批判し拒否する花田えくぼの詩を引きつつ、ボランティアを「する側と
される側との、決定的な隔たり」の存在を指摘する。

　しかしサンゴ修復プロジェクトに関しては、その決定的な隔たりが、問題として
表面化することはついぞ無かった。救援対象が人間ならぬサンゴだったからである。
修復クルーズの参加者たちは、サンゴを半ば擬人化して救助対象と見なしたからこ
そ、自分たちのビジネスの延長ではなく、純粋なボランティアとしてその活動に挺
身することができた。その一方で彼らは、被災者がサンゴだからこそ、その活動が
欺瞞や独善性を孕む可能性に思い当たらせるような相手の目線や態度に触れること
なく、一方的贈与としての修復作業に勤しむことができた。こうした彼らの心情は、
例えば E. レヴィナスの思想を読み解く合田正人による、返礼の義務を伴わない純
粋に一方的な贈与が成立し得るのは、「いくら接近しても、「近さ」が「深淵」であ
り、「深淵」が「共通の時間の不在」であるがゆえに、決して他者に到達することが
ないから」［合田 1999：219］だとする指摘からも、理解できる。あふれる善意を被
災者に浴びせ掛ける災害ボランティア個人が時に直面する壁、すなわち被災者によ
る当惑や無言の拒絶への遭遇が有り得なかったことが、プロダイバーたちによるサ

---

9）この問題については、東日本大震災を事例として、詳しく論じられている［ギル他 2013;
　内尾 2018]。

ンゴ修復プロジェクトへの迷い無き献身を可能にしたと言えよう。災害ボランティアとは、一面においては、緊急時という状況と善意（利他心）を根拠にして相手の生活世界に土足で踏み込む行為である。ゆえに往々にして生じることになる、する者とされる者との間の葛藤が、ここでは最初から棚上げされていたのである。

## 4-2　ボランティアたちによる楽しみの経験

　サンゴ修復プロジェクトは、参加者たちの生業の場を保全する活動であり、それにかかる労力やコストは、長期的な観点からは経済資源確保のための投資と見なしうる。にもかかわらず、上で描いたように、参加者たちの意識のなかでは、自身の生計への寄与は期待されず、仮にその活動を行わなかったとしても収入の増減はないと目されていた。その活動を通じてボランティア・ダイバーたちが得た経験の質に目を向けると、菅や松井らが注目する、マイナー・サブシステンスが廃れずに人々に受け継がれていく理由との、類似点が浮かび上がってくる。すなわち、楽しみに誘引されての活動の自己目的化である。マイナー・サブシステンスとは、「たとえ消滅したところで、［…］大した経済的影響を及ぼさないにもかかわらず、当事者たちの意外なほどの情熱によって継承されてきたもの」である［松井 1998: 248］。サンゴ修復プロジェクトも同様に、それ自体が参加者たちの収入基盤を好転させるものではないのにもかかわらず、「当事者たちの意外なほどの情熱によって」成立した活動であった。

　サンゴ修復ボランティアへの参加者たちに話を聞くと、娯楽的な要素を多く含む体験としての思い出話が例外なく登場した。「とても楽しかった」という言葉は、「良い経験だった」と並んで、ボランティア参加の体験を総括する常套句であった。また例えば、「船にいる人たちに、ダイビングでいい刺激を受けた。気持ちが良くなって、長いことダイビングをしていきたいなとまた思わせてもらったプロジェクトだった」というある参加者の語りは、当人にとってのボランティア体験の価値がいかなるものであったかを、よく示している。プロダイバーたちにとっては、サンゴ修復プロジェクトへの参加は、善意と義侠心の無為の発露であったと同時に、それ自体に楽しみを見いだせる遊びとして体験されたのである。もちろんそれは、R.カイヨワ［1990］が定義するような[10]純粋に自己目的的な活動ではなく、〈自然〉保護に寄与するという、遊びの外部の文脈に根ざした価値において正当性が保証される活動であったことは、忘れてはならない。〈自然〉保護という道徳的な価値から引き離された、端的に遊びとしてのサンゴ修復活動は、おそらく存立し得ないだろ

う。サンゴ修復ボランティアは、その意味でもマイナー・サブシステンス一般と同様に、第一義的には再／生産活動[11]であった。ただし、行為の最中には再／生産という第一の目的が遠景に退き、行為そのものの楽しさこそが人々を駆り立てるような活動だったのである。

　それでは、菅の言葉を借りれば「生産を伴う活動であるにもかかわらず、生産の多寡や経済性自体を目的化していない活動」［菅 1998］としてのマイナー・サブシステンスが人々にもたらす楽しみとは、どのようなものだろうか。新潟県のある河川において今も行われる伝統的なサケ漁に注目した菅は、つきあい、競争、かけひき、偶然といった楽しみの側面を、その活動のなかに見いだしている［菅 1998; 2006］。まず菅は、特に経済活動としての重要性が低下した1980年代以降においてサケ漁は、漁の活動そのものに加えて漁小屋での生活やサケの贈答を通じて「人びとをつなげる親密なつきあいを創出する機会」となり、またサケ漁を営む場としての川は「そのような人間関係と楽しみを創出する場として」意味を持つようになったという［菅 2006: 176-182］。他方でサケ漁は、参加者たちが漁獲量を互いに比較しあう競争として人々を惹きつけ、その競い合いのうちに生じるかけひきもまたある種のゲームとしての楽しみをもたらした。さらには、自然を相手にするがゆえの不確実性と偶然性が、細かく分割された漁場が入札によって配分されるシステムによって一層強調されて、サケ漁のゲーム性を増したという［菅 1998; 2006］。

　サンゴ修復ボランティアに関しては、集団作業における連帯意識の高揚、普段は接する機会が少ない他のダイバーたち（特に外国人）とのふれあいなどが、楽しみの源泉として挙げられた。その際には、通常ひとりで行うものであるダイビング業務との対比が、強く意識されている。客をガイドするにしても、ライセンス講習を行うにしても、通常はひとりのガイド／インストラクターがひとグループの客を担当する（客と一対一という場合もある）。ダイビング船の運営においては共同作業

---

10) カイヨワ［1990: 30-41］は、遊びの定義として、以下のような特性を列挙する。①自由な活動、②隔離された活動、③未確定の活動、④非生産的活動、⑤規則のある活動、⑥虚構の活動。ただし、遊びは極めて多様性に富んでいるため、多くの場合、これらの特性のうち一部のみが十全にあてはまる。観光ダイビングの実践経験を持つ社会学者の圓田浩二［2010］は、カイヨワが挙げるこれらの要素が、観光ダイビングの楽しみ（の一端）に当てはまるとする。
11) サンゴ礁の保護活動は、生産と再生産の両面において経済的意義を持つ。ゆえにここでは、再／生産活動と書き表しておく。

もあるが、客の引率というプロダイバーの主要業務については、あくまでも、各自が独立して責任を負うのである。対して、サンゴ修復ボランティアで、クルーズに参加したダイバーたちは複数のチームに振り分けられ、先に描写したように緊密な協力が求められる水中作業に従事した。また、通常のダイビング・クルーズにおいては、一隻のダイビング船に乗るスタッフの数は多くても5〜6名である（船の運航・運営に専従するタイ人スタッフを除く）。乗組員を含む船の全体定員は20人から40人と多いのだが、その大半は客によって占められる。したがって、シミラン諸島からスリン海域まで北上するフルクルーズであれば4泊4日のあいだ、ダイビング・スタッフたちは5名程度の小チームとして仕事に当たる。そして水面下ではバラバラとなって、ガイド一人が客3〜6名程度のグループひとつを引率する（ひとつのグループに複数のガイドが付くことは、新人ガイドの研修以外にはほとんど無い）。しかるに、サンゴ修復クルーズにおいては、乗船した全てがプロダイバーであり、仮にアマチュアが加わっていても、客ではなく自分と同様の資格において共同作業を行う同僚であった。このような特殊な条件のもと、ダイバーたちは、多くの人間と共同してひとつの大きな目的を達成する楽しさを満喫した。観光ダイビング・ガイドの職業ルーティンにおいては、水中で複数名がチームを組んで物理的な共同作業を行うことは、基本的に無い。通常業務では同じ船に乗り合わせることもない他社所属のダイバーとの出会いもまた、その場の新鮮さを演出しただろう。

　闇雲に修復の数をこなそうとすることは、仕事を雑にするだけでなく安全上の問題も招きかねないため、単純な数字の競い合いが表立って行われることはなかった。しかしながら、水中作業を終えて船上に戻り、いくつのサンゴを運んだのか、また修復したのかの報告をその都度行うということは、当然ながら、チームの成果の差を顕わにする。そうしたなかで、いかに多くの作業を成功裏にこなすかの競争が、ひとつの関心の的となったことは想像に難くない。事実、あるダイバーが述べたところによれば、「他のショップのスタッフに、恥ずかしいところは見せられないから」という思いはあったという。競争という意識はあったかという筆者の問いに、多くのダイバーは、笑いながらも明確な否定はしなかった。「他のチームがどれだけうまくやったのかは、やっぱり気になるよね。自分たちは失敗ばかりだったから、他がばっちりやってたら、やっぱりね」という語りは、成果を比較し合う意識を示すものだろう。

　ゲーム性の強い活動として成り立ちうるサケ漁の場合とは異なり、ひとつの作業を共同でこなすサンゴ修復活動においては、かけひきを楽しむという局面はない。

その代わりに、慣れない作業ゆえの予想外の出来事や失敗といったハプニングが参加者たちの笑いを誘ったことは、多々生じたようだ。例えば、数名で運んでいた大きなサンゴを取り落としたとき、ひとりのダイバーが手を離すのが遅れ、引きずられて急潜行してしまったこと。作業用に持っていたロープが体に絡まってしまったこと。これは通常のダイビングにおいても時折あることだが、潜行するために必要な鉛の重り[12]を忘れて海に飛び込んだために、水面に集合していざ潜行というときにひとりだけ沈むことができず、それを取りに船まで泳いで戻ったこと。そのような失敗やハプニングの数々は、なかには危険な出来事もあったのだが、問題や苦しみとしてではなく、例外なく笑いの対象として述懐された。

　菅は、前述のサケ漁を通して参加者たちが得る「"楽しみ"-"遊び"の要素は本来的に伝統漁業が具備していたものであって、それをとりまく社会状況の変化によっていま顕在化したにすぎない」[菅 1998: 243]と指摘する。サンゴ修復作業における楽しみは、観光ダイバーの相手をする日常的な業務ルーティンから逸脱した活動のうちに、ダイビング活動が潜在的に持っている楽しみの要素（の一部）が、強調されて顕在化してきたものと理解できる。活動へ参与する契機が津波の来襲という特異な事態であったため安易な一般化は避けねばならないが、集団での大がかりなサンゴ修復という困難な作業においては、安全と快適さが最優先される観光ダイバーの引率という定型業務を繰り返すのとは、全く異なる挑戦が求められるからである。

　サンゴ修復の作業は、通常のダイビング業務とは目先の違う新鮮な経験であったのみならず、「比較的単純な技術水準にあって、それゆえに高度な技法が必要とされる」[松井 1998: 252]という意味でも、マイナー・サブシステンスと比肩しうる活動であった。ダイビングそのものは、プーケットの場合であれば3日間のライセンス取得講習を修了することによって、ほぼ誰にでもできる単純なものである[市野澤 2014c]。そこで求められるのは、基本的には、ダイビング器材の正しい装着と使用法、水面下における中性浮力とバランスの確保、安全なダイビングを行うための状況判断と対処、の三点のみである。しかしそれらの技能の熟練度においては、初心者ダイバーとプロダイバーとでは大きな違いが生じる。その違いがダイビング

---

12)　通常、ウェットスーツを着込みダイビング器材を背負った状態では、浮力が勝って潜水することができない。そこで、1kg程度の鉛の重り（ウェイトと呼ばれる）を複数個、ベルトに通すなどして着用する。

の安全を左右する決定的要因となるがゆえに、ダイビング・ガイドという職業が一般に需要されるのである。サンゴ修復プロジェクトへの参加は、プロの資格を持ったダイバーもしくはそれに準ずるダイビング・スキルと経験がある者に限定された。なぜならそれが、作業の効率的な遂行のみならず、自分自身がトラブルを起こさずに帰還するという一点に限っても、通常の観光ダイバーには荷が重いと思われるような、障碍に満ちた仕事だったからである。

　観光ダイバーの引率においては、ガイドたちは基本的に潜水の技量と経験（シミランの海への習熟も含む）に大きく劣る同行者への配慮から、冒険的な行動は差し控えなければならない。またそこでは、彼らの持つ高度な状況判断力と身体技法は、自らダイビングを楽しむためではなく、客のケアへと振り向けられる形で主に発揮される。案内人として安全管理への責任を負わずともよい対等なパートナーたちとの連携のもと、持てる能力と技量の最大限の発揮が求められる試練に立ち向かうことは、大きな興奮と意識の傾注、そして達成感に結びついたであろう。M. チクセントミハイ［2000］は、高度な技能と集中を要求するたぐいの労働が、金銭的報酬やステータスの上昇といった外発的な動機付けとは異なる次元で、その活動自体に行為者を没入させていく楽しみや喜びを伴う場合があることを指摘し、その感覚を「フロー」（flow）と名付けた。サンゴ修復プロジェクトの参加者たちは、異口同音にその作業自体の困難と危険性を強調すると同時に、自分がそこでいかに発憤し、敢然と尽力したかの武勇談を誇らしげに語ってくれた。減圧症などのリスクを度外視して作業に没入していたその瞬間に彼らが得ていた感覚はおそらく、チクセントミハイがフローの概念によって括ろうとする体験のテクスチャーと同一平面上にあるだろう。ポスト津波のサンゴ修復活動は、種々の不便と危険と困難とに絵取られつつも、総体としては楽しく好ましい体験であった。

　マイナー・サブシステンスにおいて、技術的な標準性が確保されていないことは、人々がその活動を通じて誇りや賞賛を得る可能性を生じさせる。つまり、個人のもつ技術の質や経験の多寡がものをいう活動であるため、いわゆる上手下手が生じるだけのばらつきが、成果において顕著にあらわれる。「［マイナー・サブシステンスの］名手や上手といわれることは、［…］経済効果以上に、その個人に喜びと誇りをもたらす」［松井 1998: 253］という事情は、サンゴ修復プロジェクトにおいても、同様であった。通常、プロダイバーたちは、水中においては各自が独立して客を引率するために、他のプロダイバーの技能や能力を目の当たりにする機会は多くない。もちろん、ダイバーたちのあいだでは、各自の技量の良し悪しは経験の多

寡も加味しつつ量られており、実力を高く評価されて尊敬される者もいる。しかしながら、40分から60分にわたる一本のダイビングを通して共同作業を行うことは滅多にないので、サンゴ修復作業は、ダイバーたちにとって、他人の技量と能力を自らと引き比べる、または複数のプロダイバーたちが真剣に行なっている作業の様子を見比べる、貴重な機会となったことは間違いない。優秀なプロダイバーとしての評価を既に得ていた者についても、他のダイバーたちは共同作業を通じてその能力を再確認することになっただろうし、具体的に見習いたい点を数多く見いだしただろう。それがゆえに、多くのボランティアたちが、参加したことが「勉強になった」という発言を残したのである。

　サンゴ修復プロジェクトにおけるこうした楽しみは、その活動の一時性に大きく由来するという点においても、多くのマイナー・サブシステンスとの間に共通性を見いだせる。菅は、マイナー・サブシステンスは「実社会における生活の規制や束縛から解き放たれた、自由で主体的な、自己目的的、自己完結的な非生産活動としての"遊び"ではない」［菅 1998: 244］と述べ、日常的な生業との連続性を強調する。しかしながら、菅自身が事例として挙げたサケ漁をとってみても、マイナー・サブシステンスと呼ばれる活動の多くは、高度な季節性を持っていたり、主たる生業の閑暇時にときおり行われたりという意味において、一時性の強い活動である。そして一時的であるゆえに、少なからぬ非日常性を獲得することがある。菅によるサケ漁の描写にある、川辺に建てた漁小屋での数日間の共同生活というのは、活動の一時性が生む非日常的な状況の好例だろう。こうした事例は、必ずしも日常に張り付いた活動としてのみあるのではない、マイナー・サブシステンスに対する人々の構えの柔軟性を感じさせる。マイナー・サブシステンスとは、実生活における再／生産の論理から脱してはいないが、日常的に人々がとらわれている生産活動の具体的なルーティンの繰り返しからは一線を画したところに成り立つ活動であり得るのだ。

## 4-3　津波が遺したもの

　このように、楽しさに没入できる活動としてのマイナー・サブシステンスと、津波後のサンゴ修復プロジェクトの間には数々の類似点を見てとることができる。ただし、マイナー・サブシステンスが一般に、伝統として脈々と受け継がれてきた、そして今後も受け継がれていくことが期待される活動であるのに対して、サンゴ修復プロジェクトはあくまでも突発事態における緊急対応であった。後者は、津波と

いう異変によって成立した臨機的なもので、数ヶ月の後には終息してしまった。津波という危機が去り人々の生活が平穏をとりもどした後、プーケットのダイビング業界がサンゴ修復活動へ向ける熱意は、急速に薄れていった。半ば自己犠牲的にサンゴ礁もしくは広く水中環境の保全（復旧）活動に身を投じたいというダイバーたちの強烈な熱情、およびその情熱を現実の行動に結びつける人的、時間的、金銭的なリソースの調達は、災害ユートピアという特異な状況下においてこそ成立したものである。事実、津波来襲から一年を経た2005年末頃には、ダイビング関係者の多くがサンゴ修復プロジェクトのことは既に終わったこととして（幾分の美化を交えた）思い出としてのみ語っていた。人々の利他的な善意に頼る形でのサンゴ礁保護活動は、津波直後の数ヶ月という特異な時間を除けば、その倫理上の重要性は万人が認めつつも、皆がダイビング事業者としての日々の仕事に忙殺されるなかでは、後回しにされてしまいがちとなる。津波後のサンゴ修復活動は、それがあまりにも大規模に行われたがゆえに、参加者たちの主たる生業と競合してしまう運命にあり、少なくともそのままの規模と形態においては強固な持続性を持ち得なかった、とも言えるだろう。

　サンゴ修復活動が大々的に行われたのは津波直後の数ヶ月間のみに過ぎなかった。プロダイバーたちは、やがて津波来襲以前と同様の通常業務に戻っていき、ボランティアへの熱中もいつしか冷めていった。しかし、人々の〈自然〉への態度のすべてが、津波以前へと戻ったわけではない。サンゴ修復プロジェクトへの参加は、彼らがサンゴ礁の海全体を見る目を、ささやかながらも変化させたようである。あるダイバーは、ボランティア活動の経験を振り返って、「海は、津波が来ても何が来ても変わらない」と述べた。サンゴの死亡と再生は、脈々と繰り返される海の営みである。シミラン諸島のビーチや海底を覆う美しい白い砂は、死んだサンゴが長年の間に破摧され堆積した結果なのだ。サンゴ修復活動の実施は、そのような地質学的な時間においてゆったりと推移していく自然環境との対比のもとに、人間という存在、自分という存在を捉えなおす、良い機会となった。宮谷内氏が語ってくれた以下の言葉が、筆者には印象的であった。「津波はある意味、余計なものを洗い流してくれたのかもしれない。津波ではじめて人間が気付いて、ゴミ拾いをしたりして。津波が来なければ、今頃も変わらずゴミを捨て続けていたのでは」。環境の全体的な変化は、意図的な人為ではとても抗しきれない、巨大な慣性力を持った流れである。そのことを体感したとき、現在シミランの海で生じつつある〈自然〉の劣化を深刻に受け止めるようになった。津波という偶然の突発事態によるものではあった

が、〈自然〉破壊を食い止める努力を、全力でしかも結集して行うことによって、その難しさが具体的に可視化される。自分たちが集団となり苦労してサンゴを移動し植え直した努力も、シミランの海全体の景観を変えるには全く至らない、潜って近寄ってはじめて分かる程度の微細な要素の付け足しにすぎない。そのような認識を得られたことも、日々の業務を埋めつくす些事をこなすことがすなわち海との付き合いになってしまいがちなダイビング・ガイドたちが、「貴重な体験だった」と口を揃えて漏らした背景にあるだろう。

　2007 年 2 月から 3 月にかけて、津波後の相変わらずの客数の減少に悩んでいたマリプロでは、期間限定の値引き企画として、「ECO-DIVE」と名付けたキャンペーンを実施した。客数減少に歯止めが掛からないなかで料金のみを下げることは、さらなる売り上げの低下をもたらす恐れが強いため、同企画は実験的な試みとして、春休みを迎えてタイにやってくる日本の学生のみを対象として行われた。企画の内容は、ダイビング料金を割り引く代わりに、インストラクターによる「環境にやさしいダイビング」の講義を聞き、水中で見かけたゴミを拾って船に持ち帰ってもらうというものであった。そこでは、ダイバーが水面下で行う環境保護活動が、それ自体を商品とするには至っていないものの、通常のダイビング観光に副次的な目的として組み込まれている。そしてもちろんインストラクターたちは、ダイビングの楽しみを演出するプロとして、水中でゴミを拾うという活動を、単調で退屈な労働としてではなく、むしろ通常のダイビングとは異なる貴重な体験として、参加者たちに価値付けして提示したのである。観光ダイバーたちが自発的に、潜水中に見かけたゴミを拾うということは、かねてからあった。また、インストラクターたちが、客との個別の接触のなかで、そうした態度を推奨することもあった。しかし、代金をとって催行するダイビング・トリップにおいて、観光客に（片手間であっても）海中のゴミ拾いをさせることを商品企画に組み込むというのは、津波以前のプーケットでは見られなかった試みである。2 ヶ月にわたって続けられた「ECO-DIVE」キャンペーンは、マリプロにとって大きな経済効果をもたらしはしなかったものの、海中の清掃といった能動的な環境保護行為が、客にとってダイビングを楽しむための一要素として捉えられる可能性があることを、スタッフたちに感じさせた。

　また 2005 年、インド洋津波で最も甚大な被害を受けたパンガー県カオラックビーチに、エコツーリズム・トレーニング・センター（ETC）と称する、非営利団体が立ち上げられた。この団体は、タイ人のみを対象としてダイビング・ガイドと

しての訓練を施すことを主活動とするもので（訓練中は生活費も支給される）、開設から数年間にわたり毎年 20 名前後の修了生を輩出していた[13]。その設立のきっかけは、やはり津波であった。シミラン諸島のサンゴ礁に被害が出たことで、その保全の必要性が強く叫ばれたことを背景として、アンダマン海のダイビング産業と環境保護とを両立する意識を持った人材を育てるというのが、ETC 設立の趣旨である。そこでの訓練メニューには、ダイビング・スキルや顧客対応などの他に、環境保護に関する啓蒙が明確に盛り込まれた。さらに、シミラン諸島の海中清掃活動への参加が、重要な実地体験として加わるという。ただし、海中清掃活動を行うためには、クルーズ船のチャーター費や運営経費が必要となる。その経費は ETC の通常の予算には組み込まれていないため、外部からの金銭的援助を獲得することによって、はじめて可能となる。そこで ETC の経営陣のみならず、訓練生たちが自らタイの企業や環境保護団体などとの折衝に出向き、援助を引き出すために努力をしているとのことだった。それはとりもなおさず、彼らが単なる訓練として以上の積極的な意味を海中清掃活動に見いだしていることに他ならない。筆者は 2007 年 3 月に ETC を訪問し、ETC 側の好意によって海洋実習に同行させてもらった[14]。そのときに印象に残ったのは、訓練生たちが海中で様々な生物に出会うことを大いに楽しみ、それらの生物たちに愛着を示している点であった。ETC での訓練は、カオラックの浜辺から小さなボートに乗ってほど近い水域を舞台に、移動のための経費と時間をできるだけ節約するようにして行われる。遠浅の砂泥地の海中は、堆積物が容易に巻き上がって視界が悪く、景観としても単調である。対して、大型のクルーズ船に乗ってはるばるシミランまで出向いて行う海中清掃は、普段よりもはるかに透明度が高く生物も豊富な海を楽しむ、良い機会となっているようだ。訓練生たちに話を聞いたところ、彼らは自らの美意識や遊戯心においてシミラン諸島の海に価値を見いだし、生態系を保全する必要を強く感じているとのことだった[15]。

　津波後のサンゴ修復プロジェクトは、再／生産活動として第一義の正当性を持ちながらも参加者たちが（津波直後という特殊な事情も相まって）活動それ自体を

---

13) その後、タイ人プロダイバーを養成できる事業者の増大に伴い、事業形態の変更を余儀なくされた。
14) ETC 側の要望で、筆者を外国人観光客と見立ててのガイド訓練という形をとった。
15) 訓練生たちは、ダイビングによって生計をたてる立場にはまだなっていなかったため、サンゴ礁の非経済的価値を強調する彼らの意見は、いくらか割り引いて受けとるべきかもしれない。

大いに楽しんだという点において、マイナー・サブシステンスに比せられることを、先に指摘した。サンゴ修復プロジェクトそのものは数ヶ月という短い命しか持たない活動ではあったが、環境に対する人々の認識にわずかながらも確たる変化をもたらし、一時の熱狂が過ぎて収束した後も、楽しみを伴う能動的な〈自然〉保護活動は細々と続けられている。それは、副次的という意味で正しくマイナー・サブシステンスとして、津波修復プロジェクトがタイ南部アンダマン海のダイビング産業に遺した刻印だとは言えないだろうか。

### 4-4　マイナー・サブシステンスの創造論

　先行研究は基本的に、既存の共同体における「伝統的」な活動として、マイナー・サブシステンスを捉えている［松井 1998: 251］。しかし、マイナー・サブシステンスとは、はるかな過去から共同体に保持されているものばかりなのだろうか。菅が示したサケ漁の事例のように、日常における他人や事物との関わりやそれらの空間的配置のされ方から一時的に距離をとり、普段とは異なる環境のなかに身を置く。マイナー・サブシステンスがそのように特徴づけられる活動であるとするなら、それは必ずしも、古くから連綿と受け継がれる慣行である必要はない。現在のタイ南部アンダマン海では、漁撈という人間と海との旧来的な関係のあり方に対して、観光という新たな関係が急速に存在感を増しつつある［市野澤 2010］。本章が着目するのは、人間と自然の関係のそうした変化を受ける形で、旧来には存在しなかった活動が、新たなマイナー・サブシステンスとして創造される可能性である。

　本章が行なってきた事例描写は、先行研究の議論に色濃く染みついている「古き良き伝統としてのマイナー・サブシステンス」観から距離を置くものとなった。より正確に言えば、近年の人類学や社会学において注目されている「伝統の創造」［ホブズボウム・レンジャー 1992］という文脈において捉えるのがふさわしい事態が生じていたのである。我々が通常考える「「伝統」とは長い年月を経たものと思われ、そう言われているものであるが、その実往々にしてごく最近成立したり、時には捏造されたりしたものもある」［ホブズボウム 1992: 9］。そうした新たな伝統は、例えば商品化のような何らかの功利的な意図のもとに創造される場合もあり、またある民族の文化の純正な体現というよりは異種混淆性の反映であることが少なくない［ホブズボウム・レンジャー 1992］。そのような意味での伝統の創造は、「旧来の伝統とその制度的な担い手や施行者がもはや充分な適応力や柔軟性を失ったと判明するか、さもなくばそれらが削除されるときに最も頻繁に生じる」［ホブズボウム 1992:

14］という。こうした議論を引き継いで本章は、脈々と受け継がれてきたものとしての伝統ではなく、社会、経済、そして自然環境の変化が生み出した新しい伝統としてのマイナー・サブシステンス像を、提案したい。

　例えば秋道智彌は、中国雲南省のある村で、1990年代はじめに蝶の採集が突如開始された様子を報告している。その村では蝶に関心を持つ者などはいなかったが、土産物用に村外からの需要が生じたことを受けて、貴重な現金収入源として蝶の採集が盛んになったのである。秋道によれば、この村では1990年代末には蝶の販売ルートが無くなり、割の良い商売としての蝶の採集・販売は急速に廃れていった。しかし2000年代に入っても、蝶の採集は「生きるための生業でも」なく「商品として［…］追い求められるのでもな」いのに、継続されているという［秋道 2003: 238］。秋道はそこに、現金収入を求めて開始された蝶の採集が、それ自体（もしくは蝶の収集）を楽しみとして存続していく契機を見いだしている。それはまさに、新たなマイナー・サブシステンスの創出と言えないだろうか。もしも今後20年、30年という時を経ても、子供たちの楽しみとして蝶の採集が続けられていたとしたら、村外からやってくる観光客には、それはこの村に伝統ある遊びなのだと説明されることだろう。

　ある時点において人々の熱狂のもとに大々的に行われていた活動が、終息した後も主たる生業の周縁において細々と続いているという意味で、津波後のダイビング産業における〈自然〉保護への取り組みは、秋道が描く蝶採集の事例と似ている。雲南における蝶の採集の遊戯／趣味化は、自給的な地域共同体が外部の市場経済システムと接触するところに、新たなマイナー・サブシステンスが生まれる可能性を示唆している。また須永和博は、タイ北部に在住するカレン族の村落で、観光ガイドとしての活動が、楽しみをもたらす非日常的な副業として根付きつつあることを、報告している［須永 2009］。本章で描いてきた、ダイビング観光における〈自然〉保護活動の誕生も、原生自然が旧来的な生業においてよりもむしろ観光資源として高く評価され、その利用者として外国人が多数流入してくるという、やはり旧来からの地域共同体が外部に開かれるところに生じている。松井［2004: 62］は、マイナー・サブシステンスが「きわめて社会的な現象である」ことに注意を促しているが、創造されるマイナー・サブシステンスの社会性は、地域共同体の枠を超えた動態のなかで捉え直される必要があるだろう。雲南の村人たちにとって、蝶は無徴の存在であった。しかし、村外の土産物市場との接触という衝撃を経て、経済的な文脈において、そして後には美的な文脈において（収集対象としての）新たな価値

を付与されるようになった。農業や漁業に依存して自給的に成立してきた社会における変化のなかでのマイナー・サブシステンスの創造は往々にして、その社会とグローバル経済が衝突した摩擦の副産物なのだ。

　本章が描いてきたのはまさに、アンダマン海のダイビング産業における、津波という激動を契機としたマイナー・サブシステンス創造の萌芽であった。ダイビング・ビジネスは外国人によって主導されてきた活動であったが、同地のダイビング産業は、1980年代以来、主役である外国人と補助役であるタイ人とを包含するローカルな集合体として安定的に成立しつつあった。ところが、津波という特異な出来事は、そのローカルな集合体を、普段とは全く異なる形で、外部との葛藤にさらすことになった。海洋学者たちとの協働、企業などへの活動資金の寄付依頼、諸外国からのボランティア・ダイバーたちとの触れ合いなどはいずれも、現地のプロダイバーたちにとっては新鮮な体験であった。そして津波は何よりも、彼らをして普段とは異なる文脈において海の〈自然〉と対峙する機会を、提供した。そのような、人々の日常的な認識を揺さぶるような状況の変化こそが、新たなマイナー・サブシステンスの創出には不可欠である。

　マリプロによる「ECO-DIVE」キャンペーンも、ETCによるシミランの海中清掃も、ダイビング・ビジネスを支える主たる営業活動ではない。「ECO-DIVE」のような企画は年末年始などの繁忙期をはずして行われ、しかもマリプロの全ての客を対象とすることはないだろう。ETCによる海中清掃活動は、通常の訓練スケジュールには入っておらず、予算が獲得できたときに突発的に行われる。それらはいずれも、ダイビング・ビジネスにおいては副次的な活動である。ここで我々は、一時性に由来する副次性と、継続性（もしくは断続性）のなかでの副次性とを区別したい。菅が提示したサケ漁の事例に代表されるように、一部のマイナー・サブシステンスは、一年のうちの限られた期間、主たる生業を休止して、人々が専従する形で行われる。そのような場合においては、一時性こそが長期的な視野における活動の副次性の源泉となり、マイナー・サブシステンスが人々の生業ポートフォリオのなかに位置を占め続けられる所以ともなる。つまり、例えば人々は年に一度の祭りに没頭するが、それは一時的であるがゆえに、生活の主領域を占めることはない。マイナー・サブシステンスについて考えるとき、このような期間限定の「祭り」型の活動と、日々の生業の傍らで細々と行われる「副業」型の活動とを、理念的に分けて捉えることができるだろう。前者は、短期間に集約され、その活動は大規模であり、人々は期間を区切って一意専心する。後者は、特に期間を区切らず、小規模な形で、

あくまでも主たる生業活動を遮らない形で継続される。サンゴ修復プロジェクトは、ダイバーたちにとってはマイナー・サブシステンスに通じる楽しみの源泉であり、形態面においては「祭り」の理念型に近い活動だったが、あまりにも大規模であったがゆえに副次性、ひいては継続性を欠いた。つまり、ダイビング産業における主要な活動と競合してしまい、長くは継続し得なかった。しかし、その後に生じてきた「ECO-DIVE」キャンペーンのような自然保護志向の活動は、ダイビング・ビジネスの主たるルーティンを阻害することのない「副業」として、今後も細々ながらも続いていき得る。また、シミラン諸島の海中清掃のように、1日や2日程度の短期間だけ通常の営業活動を停止して行う活動は、継続性のなかでの一時性、すなわち年中行事のように日常に取り込まれた非日常として、繰り返されるだろう。それは、サンゴ修復プロジェクトという、おそらく我々が生きて目にする限りにおいては一度きりの巨大な「祭り」が、タイ南部のダイビング業界に零落して生き残った姿なのである。

　主要な生業との競合を逃れた津波後の〈自然〉保護活動は、その副次性ゆえに頑健な継続可能性を獲得し、今後のタイ南部のダイビング産業における新たな「伝統」となる可能性を秘めている。ただしその伝統とは、もちろん長期にわたって継続していく活動であるが、過去から現在へという時間軸ではなく、現在から未来へという延長において了解されるものである。マイナー・サブシステンスは、過去から現在に至る伝統であるのみならず、ある時点から未来に向かって現在進行形で創造されていく新たな伝統でもあり得るのだ。

　グローバル経済との接続によって、生業を営む人間とその舞台／対象となる自然との関係は、貨幣を入手するための自然の商品化という脈絡に塗りつぶされていく。古き良き伝統としてのマイナー・サブシステンス論は、その潮流に呑み込まれずに残された、人間と自然の豊かな関係のあり方に目を向けた。対して本章が提示するマイナー・サブシステンスの創造論は、自然を商品とする利潤追求活動のなかから晶析してくる、自然の商品化からの逸脱を発見することとなった。すなわち、プロダイバーたちによるサンゴ修復ボランティアであり、その後胤とも言うべき〈自然〉保護的な諸活動である。このような、自然の商品化が拡大する潮流のうちに非功利的な価値観および活動が胚胎されるという可能性こそが、マイナー・サブシステンスの創造論が拓く、収奪的な利用にとどまらない「人間−自然」関係への新たな視座だと言えるだろう。

## 5 〈自然〉保護のゆくえ

　一般に災害研究の文脈においては、大規模な自然災害の被災者たちの経験は、一様に苦難として捉えられ、何らかの不利益との関係において描かれる。しかしながら、ハザード・イベントの発生およびその直後における混乱状況にとどまらず、数ヶ月から数年に渡る復旧の過程を含めて考察の対象とするときには、人々の被災の経験が、苦難や不利益というひとつの次元に回収されない複雑さと多面性とともに立ち現れてくる。日常的な生活世界、そしてそこでの生活実践のルーティンが、災害によって崩壊し、ある種の空白が生じるとき、その空白は何らかの形で埋められることになる。

　本章が注目したのは、タイ南部における津波直後のダイビング観光業界に関しては、その空白がサンゴ修復プロジェクトという形で（少なくとも部分的に）埋められたという事実である。サンゴ礁の生態系を保全することの重要性、およびそのための具体的な行動を起こす必要性は、同地のダイビング事業者のなかで、共通の見解であった。そして時間の経過と共に、その認識は強まるばかりである。インド洋津波の衝撃は、彼らが既に萌芽的に持っていたにもかかわらず、日々の雑事や利潤追求（および損失回避）の論理に追われて抑圧されていた環境への配慮を、具体的な行動として噴出させた。災害のもたらした状況の変化に対して被災者たちがどう対応するかはまちまちである。しかし少なくとも、周期的ではない予想外の自然災害の発生が、被災者たちにこれまでとは異なる視線を自然環境に向けることを強いるのは間違いない。プーケットにおいては、海が津波という形で巨大な牙をむく存在として見直された。結果として、多分に観光客の目を気にしてのことであるが、主要なビーチに、津波到来時の避難路の掲示板や警報システムなどが設けられた（第7章）。本章が注目したのは、それと同時に、しかし全く異なる次元において生じていた、海との対峙の仕方の新たな形であった。防災や減災という、災害研究において自明であり最重要である問題からあえて逸脱することによって、環境保護という別の大きな問題系に側面から切り込むこととなった。

　生態系の保護活動は一般に、自然環境という有限な資源の節約という文脈において奨励される。ある特定の生物種（およびその生きる基盤としての生態系）そのものを資源として対象化し、濫用・濫費を避けるべく統制しようとする「生態リスク管理」［浦野・松田 2007］のアプローチは、その現代における主流である。しかしながら、本章の事例が示唆するように、少なくとも生態リスク管理の俯瞰的な視座を

離れたとき、人々による生態系との接触の現場においては、その保護活動に当事者たちが見いだす意味は、稀少資源の節約という一元的な地平にとどまらず、優れて多義的であり得る。筆者が聞き取りを行なったボランティア・ダイバーたちは、彼らによるサンゴ修復活動への解釈を通じて、ある種の（もしくは特定の条件下における）資源の保護活動が、その消費にもまして楽しみと魅力に溢れたものとして捉えられることを示してくれた。津波後のサンゴ修復プロジェクトは、多くのプロダイバーたちが採算を度外視して最大の情熱と労力を注いで大々的に行われたが、その背景には、活動そのものがもたらす楽しみがあったのである。

　津波後のタイ南部においては、海中清掃のような能動的な環境保護活動がダイビング・ビジネスの周縁において細々と継続している。本章が示した事例は、生態系の保護を、単に再／生産活動とみなすのではなく、その観光商品化によって、多くの人間の積極的な参加を促すという道筋が可能であることを、示唆する。しかしながら、利潤を生む商品としてそれを販売するには、数多くの障碍がある。まず、サンゴ礁の〈自然〉を保全する活動を商品化したツアーは、コストを考えると通常のダイビング・ツアーよりも高価になるだろう。そして、ダイビング観光客の環境倫理意識に訴えかけるのみでは、割高となった旅行商品の販売は難しい。もちろん、通常のダイビング観光にも増して楽しくおもしろい活動として付加価値を持たせることによって、〈自然〉の保護活動を主内容とするツアーを商品として成立させることは可能である。津波後という特異な状況ゆえに可能となった、サンゴ修復プロジェクトをプロダイバーたちの楽しみの場とした諸条件を再現することは難しいが、観光でプーケットにやってくるダイバーたちが満足する程度に、類似のセッティングを整えることはできるだろう。ただし、巨大なマスツーリズム市場に依存して存立しているプーケットの国際観光［Kontogeorgopoulos 2004］において、仮にサンゴ礁保護ツアーを商品化して一定の需要を得ることに成功したとしても、それは大勢とはなり得ない。そしてまた、仮にサンゴ礁保護ツアーが、現在プーケットを訪問するダイビング観光客の大部分を取り込む規模にまで成長したとしたら、それ自体が生み出す環境負荷が巨大なものとなるために、個々のツアーがいかに高度に設計され慎重に催行されたとしても、総体としては持続的でなくなってしまうだろう。こうして、ダイビングを通じた実効性のある〈自然〉保護活動は、やはりダイビング観光に対して副次的なものでしかあり得なくなる。

　プーケットでは、昨今のエコツーリズム・ブームを受ける形で、「エコ」という語を冠した観光ツアーが数多く売り出されている［Kontogeorgopoulos 2004］。ダ

イビング観光事業者たちも、自分たちが提供しているのは「エコツアー」であると、少なくとも対外的には強調している。そうすることが、マーケティングにおいて有益だと考えるからだ。しかしながらプーケットにおけるそうした観光活動の多くは、環境保護への志向が薄弱で「エコツアー」とは認め難い（第8章）。対して本章は、津波という突発的な出来事を契機として人々の環境への認識に変化が生じ、新たに創造されたマイナー・サブシステンスとして「エコツアー」とみなしうる活動が継続していく可能性を、指摘した。それは、古来受け継がれる慣行とは異なる、いわば創造される伝統としてのマイナー・サブシステンス像の提示であった。しかしながら、環境保護という観点からすると、本章が見いだしたマイナー・サブシステンスとしての活動継続という希望的示唆は、規模的広がりの見通しという点において、ささやかにすぎる。経済的利潤を度外視した生産活動であるマイナー・サブシステンスは、それが副次的であるからこそ成り立ち、継続するものだからである。それでは、利潤追求の場であるダイビング観光において、〈自然〉保護活動が副次的であることをやめて、津波直後のように広く人々の関心を集めて大規模に成立する可能性はあるだろうか。残念ながら、本章の考察を通じては、その問いに肯定的に答えるには至らなかった。現在のタイ南部アンダマン海では、海洋生態系を資源とする観光が、環境保全との両立をなし得るかが問われている。津波が副産物として残した、環境に対する人々の意識変化は、小さな波紋に終わってしまったようだ。しかしながら、そのような波紋が生じる素地は、確かに現地のダイビング関係者のなかに存している。災害に限らず、今後も何かをきっかけに生じるであろう波紋を、いかにして大きな潮流に育てていくか。それは、我々に与えられた、緊切な課題のひとつである。

第 6 章

# 楽しみのダークネス
## タイと日本の災害記念施設の比較考察から

桜の樹の下には屍体が埋まっている！
これは信じていいことなんだよ。何故って、桜の花があんなにも見事に咲くなんて信じられないことじゃないか。俺はあの美しさが信じられないので、この二三日不安だった。しかしいま、やっとわかるときが来た。桜の樹の下には屍体が埋まっている。これは信じていいことだ。
梶井基次郎「桜の樹の下には」より

## 1 ダークツーリズムにおけるダークネスへのまなざし

　遠藤英樹は、歴史的な苦難や死に関わりのある場所を訪れる観光が古来珍しくなかったことを指摘した上で、それらの「以前から存在していた多様な観光現象を「ダークツーリズム」という画一の概念でくくるという点」こそが、ダークツーリズムの議論の新しさなのだと述べる［遠藤 2016: 14］。しかしながら、ダークツーリズムとは何かについては、細部に至る明確な合意が未だなされていない。既存の議論を総合すると、他のツーリズム形態からダークツーリズムが区別される示差的特徴は、それが人間の「苦しみと（その行き着く先としての）死」に結びつけられている、という点に尽きる［Sharpley & Stone 2009］。J. レノンと M. フォーレーが 2000 年に『ダークツーリズム』と題した書籍［Lennon & Foley 2000］を出版して以来、その事例報告が爆発的に拡大し、ダークツーリズムと呼び得る多様な実践が無数に存在することが、明らかになった（むしろ、そういう理解が共有されたというべきか）。苦しみと死に結びついた場所への旅行、というダークツーリズムの現状における一般的な定義／理解は、ダークツーリズムの実践が多岐にわたることから、その全体を一応包含し得るものとして、暫定的に共有されているにすぎない。
　その定義においては、ツーリストの活動や経験の内容よりも、どこを訪れるか、そこでかつて何があったか、そして今現在何があるか、といった訪問場所／観光対象こそが、ダークツーリズムを規定する最大の要素であった。そして現在まで、いわば多彩な事例カタログを充実させるべく、報告が積み重ねられてきた。今後の

ダークツーリズムの研究においては、それぞれの事例のなかで何がどうダークなの
かを（単に苦難と死に関わるという次元を超えて）具体的に分析することを通じた、
ダークネス（darkness）概念の再考が、要求されるだろう。歴史上の悲劇が生じた
地への観光という、古くからのありふれた現象を取り上げて、あえてダークツーリ
ズムという名付けをするのであれば、そもそもダークネスとは何なのかを、徹底的
に考え抜かねばならない。

　ダークツーリズムを語る既存の議論については、ツーリズムを構成する多様な
利害関係者のうち、観光商品（ツアー）の提供者のみに注目が集まって、観光者す
なわちダークツーリストの経験への目配りが不足気味だという指摘がある［デ・ア
ントーニ 2013; Jamal & Lelo 2011］。こうした傾向は、ダークツーリズムのまなざ
し構築における人為性／誘導性の強さと、多分に関連していると思われる。つま
り、ある特定の場所／歴史を対象とするダークツーリズムのまなざしは、多くの場
合、（潜在的な）観光客たちにおける自然発生的な過程としてではなく、一部の有力
な「まなざしの構築誘導者」による意図的言論に下支えされる形で、成立している。
ダークツーリズムのまなざしの構築誘導者とは、まず史実への知識（へのアクセス
回路）を持ち、さらにその知識を利用して観光資源を意味づけする企画力と、その
企画を一般に周知する情報発信力とに強みを持つ者たち——具体的には、旅行会社、
学術研究者、政府自治体、NPO 関係者、マスメディアといった、諸アクターである。
例えば、2011 年の東日本大震災後に東浩紀らによって提唱された「福島第一原発観
光化計画」は、そうした構築誘導型のダークツーリズムのまなざし成立の典型例で
あろう［東 2013］。原子炉建屋が白煙を上げて爆発する映像を目の当たりにした日
本人の大多数（潜在的な観光客）にとって、福島第一原発は、恐怖と不安（に立脚し
た興味）の対象でこそあったが、決して観光目的地としては見なされていなかった。
しかし、いわゆる知識人がダークツーリズムの概念を紹介し、「フクイチ」をその観
光資源とする利点を説明した後には、福島第一原発観光化計画を肯定し、東らの主
張に追随する言説（一般人よるブログなども含む）が、数多く登場した。チェルノ
ブイリ原発を訪問する観光が、事故から 20 年以上の時を経てようやく定着してき
たのと同様に、放射線による危険が拭い去れない「フクイチ」の観光地化は、仮に
実現するとしても、数十年の後となろう。したがって、現時点で「フクイチ」に向
けられるダークツーリズムの集合的まなざしは、提唱者によるモデルをほとんどそ
のまま受け入れて、形成されている。ここまで極端ではなくとも、ある特定のダー
クツーリズムが一定以上の規模で成立するに際しては、まなざしの構築誘導者が強

力に関与している場合が少なくない。一例を挙げると、E. コーエンが詳細に報告するナチス時代のユダヤ人大量殺戮を対象とした観光の事例では、実際に殺戮がなされた場所ではないエルサレムにあって、大量殺戮に関わる「記念博物館」と「研究・教育のための資料館」とを兼ねる施設が、関係者の積極的な説明・教育・演出上の努力によって、訪問者に強烈なダークツーリズムの経験を与えることに成功している [Cohen 2011]。

　福島第一原発観光化計画に代表される国内での構築誘導型のダークツーリズムのまなざし形成においては一般に、ある（苦難や死に関わる）歴史的事実（に関連する場所や事物）を対象とした観光開発の有用性が強調される。こうした傾向は、ダークツーリズムをめぐる議論がアカデミズムの外部に滲出した際に、とりわけ顕著となる。例えば大規模災害の被災地を訪れるダークツーリズムであれば、観光収入がもたらすだろう地域振興効果、被災者への共感的理解の涵養（結果的に被災者支援の拡大に結びつくと期待される）、悲劇（を引き起こした悪や過ち）を繰り返さないための学習効果といった、倫理的批判を受けづらい効用が、雄弁に語られる。そこで想定される受益者は主に、（被害者／犠牲者たる）現地の人々や、悲劇の歴史を内包するところの社会全体である（その範囲はマクロには人類全体まで、文脈に応じて伸縮する）。前者は、特別な配慮／支援を与えられるべき人々、端的に言えば弱者である。後者については、特定の人々への偏りが生じないという意味で、公共性が高いと見なし得る。観光客の快楽や観光業者の売り上げ増大も、観光開発の重要な効用ではあるのだが、それらは自己変革を伴う学びや被害者救済などに関連づけられる（または文脈変換される）場合が多い。

　こうした傾向は、消費者が嫌悪／反発するような毒気を商品や購買環境から取り払うという意味での、ダークツーリズムの「無菌化」と表現できるだろう。無菌化の代表例とされる、西欧の民話を下敷きにしたディズニーの子ども向けアニメーションでは、原作が持つ残酷描写や性的要素を取り除く改変がなされる [ブライマン 2008]。すなわち、消費の〈対象の無菌化〉である。一方、ダークツーリズムについては、観光の対象こそダークなままに置かれるが、人の不幸や怖いものを見て喜ぶといった非人間的／非倫理的とみなされかねない観光活動の存在が、隠蔽される——言わば、観光する〈実践の無菌化〉である。この〈実践の無菌化〉が徹底され、元来ダークであったはずの（過去の）出来事について、無菌化された意図や行為の対象として解釈の上書きがなされ、メタレベルでの〈対象の無菌化〉に至ることすらあり得ると、筆者は考える[1]。例えば、多数の犠牲者を出した災害被災地へのボ

ランティア・ツーリズムが盛り上がった結果、その土地の「多くの人が亡くなった場所」という対他的アイデンティティ（第2章第3節）が、「人々の善意が発露した／する場所」へと上書きされるような場合が、可能性としてあり得よう。悪意や酷薄さに導かれた人為的な殺戮などよりも、悲劇を引き起こした因果の連鎖に人間の意思決定が介在しない自然災害や不慮の事故などのほうが、そうした対他的アイデンティティの変質を生じやすいだろう。

　ディズニーの商品世界における〈対象の無菌化〉は、より多くの視聴者を得るためのマーケティング上の策略だが、ダークツーリズムにおける〈実践の無菌化〉も同様に、観光振興という商業主義的な志向と親和性が高い。世論からの非難を受けそうな芽を摘み取ることで、より大きな市場への訴求が可能になるからだ（ただし、そのマーケティング手法としての実効性は、定かでない）。ダークツーリズムの無菌化過程では、非倫理的な実践への箝口と、倫理的に好ましい効用への雄弁とが、表裏一体をなす。後者は前者を覆い隠すものであり、ダークネスを打ち消すための、人為的に与えられた「明るさ」（brightness）と呼んでも良いだろう[2]。〈実践の無菌化〉がダークツーリズム振興に利用されるときには、行為者の内面の意識は必ずしも問われない。仮に利潤動機や売名行為など、倫理的に好ましくないとされる動機に基づく行為であっても、一見して無菌である（無害かつ有用性を持つ）と人々の目に映るのなら、その行為は社会的相互作用のレベルでは、十分に無菌化されていると言える。

　弱者または公共の利益に集約される明るさによって無菌化されたダークツーリズム像は、紋切り型にならざるを得ない[3]。ゆえにダークツーリズムの明るさのみに議論を画することは、ダークツーリズムを理解する（そして新たな観光実践として展開する）可能性の幅を狭めてしまう。なおかつ、まなざしの構築誘導者たちが中心となって、（現に観察されるダークツーリズム実践とは必ずしも一致しない）「あるべ

---

1) グアム島では、1970年代からの観光振興の過程で第二次大戦の激戦地であった事実が隠蔽され忘却されていった［山口 2007］。これも〈対象の無菌化〉と言えるが、このような直接的な〈対象の無菌化〉は、ダークツーリズムが成立する契機自体を消し去ってしまう。現在、グアム島を訪れる観光客はあくまでもビーチリゾートに遊びに行くのであり、ダークツーリズムに参与する意識は持たない。同様な経過が、インド洋津波後のプーケットでも生じた（第7章で詳述）。

2) 比喩的に言えば、光り輝く明るい領域は、特定の方向から強烈な光線を照射することによって、（ブラックホールを除く）いかなるダークな物体にも生じさせることができる。

き」姿としての無菌化されたダークツーリズム像を言説の次元で構築し称揚することは、その中で良しとされる価値観を共有しない観光者や地域住人への抑圧を生みかねない。もちろん、ダークツーリズムに弱者救済や公共の有用性に資する可能性を見いだそうとする態度は、重要だ。しかし、ダークツーリズムを安易に明るいツーリズムとして捉える（またはそういう実践として誘導しようとする）こと、ひいては無菌化を推進することだけが、ダークツーリズム研究の唯一の形たるべきではない。

　本章は、そのような問題意識から、ダークツーリズムを無菌化する動きに抗してダークネスを問い直すための、試論である。2004年のインド洋津波に被災したプーケットを始めとするタイ南部の観光地では、発災から本書の執筆時点に至るまで、被災地ツーリズムと呼びうる観光実践は、皆無とは言わないまでも貧弱なままだ。本章では、まなざしの構築誘導者ではなくツーリストの観光経験に焦点を置いて、同地における被災地観光を、有望な素材としての苦難と死の歴史を持ちながら、それを活用したダークツーリズム振興に「失敗」[4] した事例として、分析したい（そして議論の輪郭を明瞭にするために、日本における事例と適宜比較する）。その試みを通じて、観光客にとってダークツーリズムがいかなる娯楽であり、どう魅力的なのかの一端が、見えてくると考えるからだ。ダークツーリズムという視角の理論的な意義を模索する上で、ダークツーリストの観光経験、言を換えれば彼らが何をいかに観光するのかを問うことは、不可欠の作業である。

## 2　インド洋津波後のタイ南部における被災地観光

### 2-1　津波直後

　観光はタイ南部の主要な産業であり、その観光資源は温暖な気候と美しい海（とビーチ）である。国際的に著名なビーチリゾートが点在し、国内外から多くの観光

---

3) 人類学者の清水展は、この陳腐な画一性が、日本の典型的な修学旅行に例えられると指摘した（2015年7月25日に京都大学東南アジア研究所バンコク連絡事務所で開催された「バンコク東南アジア研究会」での発言）。多様なはずの観光経験を、学習指導要領に則った「学び」として消化するべく生徒に強要する様は、ダークツーリズムの無菌化への志向と、確かに軌を一にする。さらに、現実には多くの生徒（旅行者）が、知的権威者が押しつける学びに背を向けるかのごとき観光実践を楽しんでいる点にも、相通じるものがある。
4) ただし、それは現地の価値観や合理性からすれば、決して「失敗」ではない（第7章第3節）。

客を集めていたが、2004年の被災を受けてその数は激減し、地域の生命線たる観光業が長期にわたって停滞する事態となった。第2〜4章で詳述した、風評災害である。観光地の風評災害においては、ハザードイベントに端を発する地域のイメージダウンが、観光需要を遠ざける。そのイメージダウンとは、必ずしもその地を危険視することと同義ではない。問題となるのは、土地の対他的アイデンティティの変容である。プーケットの場合で言えば、〈楽園〉観光地から被災地へという、人々が同地へ向けるまなざしの変容。世界各地で流された衝撃的なニュース映像は、プーケットの楽園イメージを人々の脳裏から消し去り、代わりに強烈な破壊と多数の死に血塗られた被災地という印象を植え付けた。

　しかし一方で、被災の現場を訪れたいという一定のニーズが、存在したのもまた事実だ。被災地訪問へのニーズは、野次馬的な好奇心から、被災者支援のためのボランティア活動まで、多岐にわたる。訪問者の動機がいかなるものであれ、被災直後にあって「被災したこと」それ自体が観光資源となる被災地ツーリズムは、現地の人々にとっては、現金収入を得る貴重な手段となる。瓦礫の片付けなどのボランティア活動はもちろん、単に遊びに行くだけでも、結果としてそこでお金を使ってくるならば、被災者／地の支援につながる（プーケットのような観光地であればなおさらだ）。これが、典型的な被災地ツーリズムの明るさである。

　プーケットにも、2005年の年明け以降、津波被災地を目当てに訪れた旅行者たちがいた。筆者が直接調査をしたなかでは、例えば海に流出した瓦礫を拾い上げるボランティアダイバーが、被災直後から活動していた。同じダイバーの活動としては、津波によって破損したサンゴを修復する目的で、貸し切りボートにてシミラン諸島などのダイビングサイトを訪れるツアーも、複数回開催された（第5章）。このサンゴ修復ツアーには、遠く欧米や日本から参加したダイバーも少なくなかった。また、どこで何をするかの目当てはないものの、とにかく何らかの形で貢献がしたいということで、急遽日本からやってきて、ボランティア活動ができる場所を探しているという若者もいた。その他、筆者が2005年に現地で実施した聞き取り調査で出会った範囲に限っても、復興支援活動への直接の参加こそしないものの、津波に被災したからこそプーケットを訪れたという旅行者が、多様な形で存在していた。例えば、復興支援としてお金を落としに行く[5]という明確な意識を持って、プーケットを訪問する人々。日本人旅行者に関してして言えば、現地に店を構える日本人経営の旅行会社（観光客に日帰りツアーなどを販売する）が自社のウェブサイトで発信した、支援として遊びに来てほしいという趣旨のメッセージを見て、やってきた

という者もいた<sup>6)</sup>。プーケットをかつて訪れたことのあるリピーターは、訪問経験がない（潜在的）観光客に比べて、被災地プーケットを訪問することへの心理的障壁が低いようであった。前回までの訪問で知り合った現地在住者を、慰問しにきた者もいた。他には、観光客の少ない今こそ低コストで遊びに来られるから、と語る者。さらには、観光客相手の性サービスを提供する女性たちから歓迎されるだろう、という期待を口にする者もいた。このように年明けから数ヶ月のあいだ、多岐にわたる被災地ツーリズムの実践が観察されたのだった。

　しかしながら、2004年に400万人を超える規模に成長していたプーケットの観光市場全体から見れば、これらの被災地ツーリストの割合は微々たるものに過ぎなかったのではないかと、筆者は考える。ここで言う被災地ツーリストとは、被災地だけれども来たというのではなく、被災地だからこそあえてやって来たという被災地目当ての訪問者を指す。被災地ツーリストの数を記録した統計資料などは存在しないが、筆者が調査中に見聞きした限りでは、狭義の被災地ツーリストと推定できる訪問者が見受けられたのは、発災から半年にも満たない期間であった（それはプーケットへの観光客数が激減していた期間でもあることから、在住者や報道機関にとっては、被災地ツーリストの存在感がその実数以上に強調されて見えたかもしれない）。さらにその間にあってさえ、プーケットへの観光客の典型的な訪問動機は、すでにホテルなどの予約を入れて航空券も購入済みだったという理由であり、被災地となったから新たにプーケットを旅行先に選択したという人間の割合は、多くはなかったはずだ。

## 2-2　津波を観光資源とするダークツーリズム

　被災直後のプーケットでは、被災の事実を観光資源にしようという動きが、様々な形で存在した。筆者が直接知る限りでは2005年の2月には、津波の映像や画像を収録したDVDが多数、プーケットの観光地に登場した。破損した建物の前に出

---

5) ツーリズムに関わる文脈でよく使用される「お金を落とす」という表現には、お金を使う者と、その使う場所／対象／相手との間の距離や、関係の一時性が、含意されている。したがってツーリストが、自分は被災地に「お金を落としに」行く／来たのだと言うときには、あくまでも他人事として／一時的に関与しに行く／来たに過ぎない、という意識が露呈しているとみなしてよいだろう。
6) ただし、第4章で見たとおり、プーケットの日本人経営による旅行会社が発したこうしたメッセージは、日本国内に在住する一部のネットユーザーからの激烈な非難の的となった。

図6-1　パトンビーチで販売されていた津波 DVD（筆者撮影）

された露店が、DVD を販売したのだ[7]（図6-1）。一部のレストランは津波の名を
冠したメニューを売り出した。タトゥーショップは津波をコンパクトに図案化して、
店の名物デザインとした。さらには「津波人形」といった珍奇なものまで、様々な
商品が津波へと関連づけられた［Cohen 2008］。ただし、津波の表象を観光客相手
の商売に結びつける動きは、一年とたたないうちに急速に消え失せていった。雨後
の筍のように氾濫した津波関連商品のなかでは、DVD のみがかろうじて数年間に
わたり継続して販売されたが、あくまでも雑多な陳列品の一部として、店頭の片隅
に置かれるに過ぎなくなった。

　発災から丸一年を経た 2006 年には、プーケットの各ビーチでは、津波被害を思い
起こさせる事物がほとんど見当たらない状態にまで、物理的な復旧が進んだ。ピー
ピー島やカオラックも含めて、タイ南部のビーチリゾートでは、防災対策のための
土木事業（防潮堤の構築や土地の嵩上げなど）はほとんどなされず、緊急避難のた
めの標識や警告タワー（津波警報をスピーカーでアナウンスする施設）が所々に設
置されたことを除けば、ほぼ津波以前と同じ街並みが再建された（第 7 章で詳述）。
しかしながら、災害遺構を始めとする津波の痕跡を残そうという動きが全くなかっ
たわけではない。具体的には、プーケットにおいては津波記念公園の開設、そして
カオラック近辺においては複数の災害遺構が保存されるとともに、外国人を含む多

---

7）そうした DVD の内容は、インターネット上から入手した素材の寄せ集めであり、イン
　ドネシアやスリランカなどで撮影されたと見られる画像・映像もごちゃまぜに収録さ
　れていた。

図6-2　カマラビーチ（筆者撮影）

図6-3　大きな被害を受けたカマラビーチ

くの犠牲者を埋葬した共同墓地が設置された。

　プーケットのビーチとしては小規模な部類に入るカマラビーチは、圧倒的多数の観光客受入を誇るパトン地区のすぐ北に、岬を挟んで隣接している。プーケットの各ビーチを襲った津波は、地形的な理由から波高にばらつきがあったが、不幸なことにカマラは最大級の津波に洗われて、人口稠密地であるパトンと並んで、多数の犠牲者を出した。2006年7月、そのカマラビーチのはずれに、津波記念公園が開場した。中心に設置されたタイ人造形家によるオブジェと、津波の被害状況を伝える石碑が、公園の主たる構造物である。公園の真ん中で異彩を放つ金属製のオブジェは、数メートルの高さがある渦を巻く鳥の巣のような美術作品で、「Heart of Universe」と名付けられた（図6-4）。現代美術風の抽象的構造物であり、このオブ

図 6-4　Heart of Universe（筆者撮影）

ジェが何を形象しているかを一見して解釈できる者はいないだろう（渦を巻くよう
なイメージが、かろうじて津波と結びつけられるかもしれないが、それはもはやこ
じつけに近い）。加えて、津波災害を説明する大きな石碑が設置されてはいるものの、
英語とタイ語による碑文よりも、やはり抽象的な装飾模様の方が目立つ造作であり、
被害の詳細な説明はなされていない。つまり、この津波記念公園を構成する事物か
ら読み取れるのは、かつて津波災害があったという単純な事実のみであり、被害の
具体はほぼ提示されていない。

　2013 年 8 月、筆者がこの公園を訪れたときには、他に訪問者はほとんどいなかっ
た。時たま、周囲のリゾートホテルの滞在者とおぼしき外国人が散歩がてらにやっ
てきて、特に感銘を受けた様子もなくオブジェを見上げて、記念写真を数枚撮影し、
帰って行くのみであった。カマラに滞在・訪問する観光客の数は、隣接するパトン
ビーチに比べて圧倒的に少ない。多くの訪問者を呼び込む観光地として成り立つに
は、ミニバスを移動手段とする日帰りツアーなどに組み込まれなければならないが
（プーケットでは観光客が気軽に利用できる鉄道や路線バスなどの公共交通手段が
ない）、パトン地区の複数の現地旅行会社の店頭で確認した限り、カマラの津波記念
公園を訪問先に組み込んだツアーを見つけることはできなかった。また、旅行会社
の従業員たちの話では、そこを訪れたいという要望は皆無に近く、ほとんどの観光
客はその存在さえ知らないだろうということだった。

　2004 年の津波災害の記憶を伝えようという明確な意図において設置・保存され
ている他の施設は、プーケットから北方に約 100km、パトンビーチから陸路で 2 時
間弱の距離にあるカオラック周辺に点在する。カオラックは、1990 年代以降に急速

図6-5　災害遺構となった漁船（筆者撮影）

な商業開発が進んだ、後発のビーチリゾートである。ほぼ南北に延びる遠浅の海岸
がカオラックの魅力だが、皮肉なことにその地形が津波を増幅する効果をもたらし、
プーケットを上回る波高の津波に飲み込まれることになった。近隣の漁村とともに、
ビーチに点在する3～4階の高さのホテル群が津波の直撃を受け、外国人観光客
を含む多数の犠牲者を出した。カオラック周辺には複数の津波遺構が存在しており、
まとめて「津波メモリアルパーク」と名付けられていた。後述するように、それら
は時を経るにつれて管理もおろそかに放置されていたが、2014年12月の津波災害
10周年の記念式典に合わせて、一部再整備がなされた。

　被災した漁村の象徴的存在としてタイ国内外のマスメディアに頻繁に取り上げら
れたナムケム村は、安価な宿泊先を提供する観光エリアとしての顔も持ち、ドイツ
人を中心とする旅行者で賑わっていた。津波の直撃を受けて少なからぬドイツ人の
犠牲者が出たこともあり、「ドイツの企業が出資をして、タイ国軍が津波記念公園と
して建設・整備をし、津波の1年後に完成した」［島川 2012: 620］。公園は海岸のす
ぐ近くにあり、陸地に打ち上げられた小型の沖合用木造漁船が津波遺構として保存
されて（図6-5）、その中心をなしている。漁船を囲うようにして配置された犠牲者
追悼モニュメントは、多数の装飾タイルが貼られた壁面から構成されており、その
壁面には犠牲者個人の慰霊レリーフが多数はめ込まれている（その過半がドイツ人
などの外国人である）。2012年8月および2013年8月に筆者が訪問した際には、十
分な管理がなされないまま、一部の慰霊レリーフが剥がれ落ちたり、色褪せて判読
が困難になったりといった状況であった。また、すぐ近くには黄金の仏像が設置さ
れていて、慰霊レリーフに名前が刻まれた犠牲者の遺族や友人が今も訪れていると

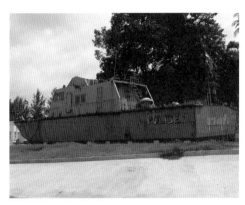

図6-6　災害遺構となった巡視艇（筆者撮影）

の報告［島川 2012］もあるが、その姿を見かけることはなく、また観光客の数も皆
無に近かった。ナムケム村の近郊、内陸に 2km ほど入った地点には、さらに大きな
漁船が保存されているが、こちらも観覧者は少ない。

　カオラックビーチの内陸を南北に走る幹線道路沿いには、海上警察の巡視艇が、
やはり津波遺構として保存されている（Boat T813 Tsunami Memorial Park）。こ
の遺構は、ナムケム村の津波メモリアルパークとは異なり、犠牲者を悼むモニュメ
ントなどを持たず、大きな広場に巡視艇が置かれているだけの、単純な構造である。
英語とタイ語による説明版が付設されているが、なぜか津波災害よりも船の来歴に
ついての説明に、多くの文言を費やしている。筆者が 2012 年及び 2013 年に訪れた
際には、近くに土産物や飲み物を売る小さな店があり、一部の訪問客が立ち寄って
いたが、船の近くに建つ観光客向けの説明施設（International Tsunami Museum）
は、閉鎖された状態であった。鋼鉄製の巡視艇はさすがに頑健に造られているらし
く、目立った破損や錆もない。しかしそれがために、「ただ単に船が置かれている」
という外観上の印象を与える（図 6-6）。

　また、2014 年 12 月の津波 10 周年を前に、新たに（巡視船そのもの以上に）巨大
なコンクリート製のモニュメントが建設中であったが、何かを象るわけでもない抽
象的な形状の構造物であり、津波に結びついた感慨を呼び起こすものではないよう
に感じた。筆者による 2013 年の訪問は、勤務する大学のスタディーツアーの一環
として 12 名の学生を伴っていたのだが、それらの学生たちの感想もやはり、津波の
威力は印象的だがそれ以上の感慨はない、端的には「面白くない」といったもので
あった（津波による物理的破壊がはるかに大きかった東日本大震災の後の訪問だっ

図 6-7　津波による犠牲者の共同墓地（筆者撮影）

たことも、無感動の一因であろう）。ナムケム村のメモリアルパークで連なる慰霊
レリーフを見て、当時の悲劇に僅かなりとも思いを馳せていたのとは、異なる反応
であった。2012 年の筆者による訪問調査中、自家用車に乗ったタイ人グループが二
組、巡視船を見にやってきた。しかしいずれのグループも、巡視艇を目当てにやっ
てきたのではなく、通りがかりに立ち寄っただけだという。そして、巡視艇を前後
左右から撮影し、船を背景にした自分たちの記念写真を撮って、ほんの数分後には、
立ち去っていった。

　同じ幹線道路沿いの、巡視艇の所在地よりナムケム村の市街地に近いところに、
身元が判明しなかった犠牲者たちのための、共同墓地がある。その多くが外国人で
あったため、共同墓地の入り口の門柱には、欧米や日本を含む 39 カ国もの国旗と国
名が、金属板に列記する形で掲示されている（図 6-7）。墓地の内部には、波を象っ
たと思われる人の背丈ほどの高さのコンクリート製オブジェがあり、国旗を掲揚す
るためのポールが、それを取り巻くように立ち並んでいる。しかし、そのポールに
は国旗が掲げられていない。それどころか、数百柱の遺骨が眠るはずの墓地の全体
に腰ほどの高さまで雑草が生い茂り、ほとんどの墓標が覆い隠されて見えない状態
である（図 6-8）。この共同墓地は「津波後約 1 年で完成、以降 2 年目くらいは政府
から資金が出て維持管理されていたが、3 年目からは政府が金を出さなくなり、そ
れまでたくさんいた管理人もいなくなった」［島川 2012: 622］。かつては管理人が
在駐していた建屋が敷地内にあるが、完全な空き家となっている。2013 年 8 月の時
点では、中国人の観光バスツアーの立ち寄り場所となっていたようで、中国語で旅
行会社名が書かれた大きなバスを複数台見かけたが、いずれも墓地の門柱の前で一

図6-8　共同墓地内の墓標 (筆者撮影)

瞬停車するのみで、観光客を墓地の内部に立ち入らせることすらなく、走り去って
いった (一部のバスからは観光客が降りてきて、門柱の前で記念写真を撮っていた)。
彼らの目当てはあくまでもビーチリゾートであり、津波モニュメントの訪問は、観
光地から観光地へと移動するついでにすぎないのだ。

　プーケットとカオラックの津波記念公園および遺構の状況を見る限り、同地での
2004年の津波災害を対象としたダークツーリズムは、量的にも質的にも充実してい
るとは言い難い。立ち寄る者は少なく、その限られた訪問者も、単に通りすがりに
(または宿泊所が近くにあるので散歩がてら) 足を止めたにすぎない。彼らの滞在
時間は極めて短く、ほぼ記念写真を撮影するのみで、立ち去っている。これらの津
波記念施設は、観光客がそれ自体を目当てに遠方から足を運ぶような、また長時間
滞在して楽しめるような、魅力的な観光アトラクションたり得ていないのだ。

　遠藤は、シンガポールのセントーサ島にある第二次世界大戦の戦跡「シロソ砦」
を例に挙げて、多くの人々の苦しみと死が生じた場所であっても、ダークツーリズ
ムの対象にならない場合があることを指摘する。

　　　"死や苦しみ"と結びついた場所があれば、その場所が自動的に「ダークツーリズ
　　　ム」の対象となるかというと、そういうわけでもない。戦跡や災害の被災跡など
　　　が保存されていたとしても、ツーリストが「観光されるべきダークネス」として、
　　　そのまなざしを向けるように方向づけられていないのであれば、「ダークツーリズ
　　　ム」の対象になることはないのである。[遠藤 2016: 15-16]

　ただし、ここで我々は、ダークツーリズムの対象とならないことと、ダークツーリズムの魅力的な経験を提供できないこととを、区別したい。シンガポールを訪れるツーリストの多くは、シロソ砦の戦跡としての来歴を知らない。それゆえ、同地にダークツーリズムのまなざしを向けることがない。対して、本章で言及したツーリストたちは、多数の犠牲者を出した巨大災害としてのインド洋津波を知っており、その悲劇への興味を抱いているからこそ、津波記念施設を訪れている。しかしそれでも、その公園や遺構は（悦楽、恐れ、悲しみ、陶酔などといった意味での）感動を生まないのである。その最たる例が、筆者が引率した学生たちだ。事前学習においてインド洋津波に関わる論文を読み、東日本大震災との比較という興味もあり、ダークツーリズムという概念も視点も持ちつつ、津波遺構を目の当たりにした。にもかかわらず「大して面白くない、つまらない」という感想を述べる者が過半を占めたのである（そして筆者の感じ方も同様であった）。彼女らのそっけない感想を、単純に感受性の欠如に帰責して理解するべきではないだろう。特別に感性豊かでは無いかも知れないが、取り立てて鈍感でもない、いわゆる一般のツーリストの捉え方として、多数の犠牲者を出した事件と結びついた遺構が「つまらない」こともあり得るのだ。では、タイ南部の津波記念公園／遺構が「つまらない」のはなぜなのか。次節では、日本における災害記念施設の事例を比較対象に据えて、その理由を整理する。

## 3　ダークツーリズムの観光経験：タイ南部、神戸、広島の比較から

　神戸市中央区にある「阪神・淡路大震災記念 人と防災未来センター」（以下、防災未来センター）は、1995年1月17日に生じた大地震の記憶と教訓を伝え継ぐ目的のもとに、日本政府の主導により建設された大規模な博物館である（ただし、地上7階建てのうち一般向け展示スペースは2階〜4階のみ）。この博物館は、2002年3月に開館したが、震災から20年以上が過ぎた2010年代になっても、毎年50万人もの来館者を集めているという［寺田 2015a］。防災未来センターの所在地は、観光名所が集中する神戸市の中心街から東側に離れた埋め立て地の海岸沿いで、一般的な観光ルートには入っていないエリアになる。同館前の道路は幹線道路から外れており、移動中の観光客が道すがら立ち寄るような立地でもない。防災教育や社会勉強を目的とした組織的な修学旅行のみに限定されない多彩な訪問者があるこの施設は、営業面においては一定の成功を収めていると、評価できるだろう。とするな

ら防災未来センターは、タイ南部の津波関連施設と比較して、訪問者に優れて良質
な観光経験を提供することに成功しているのだろうか。

　災害記念施設の集客の多寡を決定する因果関係の網の目には、様々な環境要因が
関与している。その全てを考慮しつつ集客数の分析をするのは、あまりに煩雑で現
実的でない。よって、集客数の多寡をもって施設の魅力度合いを測ることはできな
いが（そもそもタイ南部の施設に関しては集客数が不明）、当該施設への訪問者がど
の程度そこを楽しんだか（いかなる感動を得たか）については、参与的観察および
インターネット上に投稿された評価レビューなどから、ある程度の推断が可能とな
る。

　前節で描いたように、タイ南部の津波関連施設にあっては、訪問者達が強く感
銘を受けているようには思えなかった。また、それぞれの施設における滞在時間も
短いため、少なくとも感動に浸る時間を十分に得られたとは言い難いだろう。対し
て、神戸の防災未来センターの訪問者たちは、滞在時間も比較的長く（1 時間以上）、
種々の展示物への能動的な興味関心を示す行動（展示物に近づいてのぞき込む、説
明文を読むなど）も数多く観察された。また被災の史実や展示物に言及する訪問者
同士の会話も、耳にすることができた。タイ南部の諸施設では、訪問者のこうした
行動はほとんど見受けられなかったことから、防災未来センターの訪問者のほうが、
より良質な観光経験を得られていたのではないかと、推測できる。もちろん、ここ
で提示した筆者による考察は、数回の滞在による極めて限定された観察によって導
かれたものに過ぎないが、仮に観察時間／回数を増やしても、大きく異なる結論が
出るとは思わない。

　国際的な旅行情報サイトの代表格である「TripAdvisor」[2015] における、カオ
ラックと神戸の施設への投稿レビューを比較してみると、筆者による上記の観察は、
さほど的外れではないようだ（表 6-1）。「TripAdvisor」では、一般の観光客が自ら
の経験と感想に基づいて、5 つ星による評価とレビューの文章を投稿できる。2015
年 6 月 17 日現在の「TripAdvisor」サイトにおいて、カオラックの「International
Tsunami Museum」（巡視船が保存された公園および資料館を指す）は、総レビュー
数 566 件のうち、123 件の「Excellent」評価を得ている（21.7%）。対して、神戸の
「Disaster Reduction and Human Renovation Institution」は、総レビュー数 70 件 [8]
のうち、「Excellent」評価が 28 件である（40%）。カオラックの施設への好意的なレ
ビューの多くは、（訪問時に休館していたため筆者が未だに見られていない）写真パ
ネルや映像を使用した情報展示を、評価している。また、歴史的な大事件が生じた

表6-1　「TripAdvisor」ウェブサイト上における評価投稿数
出典：TripAdvisor［2015］

| | International Tsunami Museum | Disaster Reduction and Human Renovation Institution | Hiroshima Peace Memorial Museum |
|---|---|---|---|
| Excellent | 123（21.7%） | 28（40%） | 1504（74.9%） |
| Very good | 178（31.4%） | 31（44.3%） | 415（20.7%） |
| Average | 188（33.2%） | 6（8.6%） | 72（3.6%） |
| Poor | 59（10.6%） | 4（5.7%） | 15（0.07%） |
| Terrible | 18（0.31%） | 1（0.14%） | 3（0.01%） |
| Total | 566 | 70 | 2009 |

　その場に立つことの意義（場所の真正性）に言及する記述も目立つ。反対に低い評価を見るとその多くが、展示規模の小ささや工夫のなさについて、期待はずれだったことを表明している。一方、防災未来センターへの高評価を見ると、展示の質の高さと教育的な意義について言及する書き込みが目立つ。対して低評価のレビューでは、大がかりな建物や展示の規模の割に面白味に欠ける、といった指摘がなされている（こうした所感は、同館の展示の主目的が悲劇の再現よりも防災・減災の啓蒙にあることとも関連していよう）。
　防災未来センターのレビュー評価のなかには、「広島平和記念資料館」（以下、原爆資料館）を引き合いに出し、そちらのほうがはるかに優れた展示で訪れる価値が高いと述べるものがあった。そこで、自然災害に関連する施設ではないが、原爆資料館が、同じく「TripAdvisor」にあってどう扱われているかを、確認しておこう。「TripAdvisor」の評価レビュー数は、神戸の防災未来センターの30倍近い2009件にも達している（そしてその投稿者の多くが非日本語話者だと見受けられる）。特筆すべきは、全般に極めて高い評価が与えられていることで、2009件の評価のうち「Excellent」が1540件を占める（74.9%）。高評価のレビュー投稿においては、大きな感銘を受けた、必ず訪れるべき、といった賞賛の言葉が並ぶ。一方で、低評価の割合は非常に少ない（「Poor」と「Terrible」を合わせて18件、全体の0.09%）。そ

---

8）「TripAdvisor」は、英語使用者を主たるターゲットとしたサイトであるため、訪問者の大多数を占める日本人の投稿が多くないだろうことが、防災未来センターへの評価レビューの少なさに繋がっていると思われる。

れら低評価のレビュー投稿を読んでみると、施設・展示の正統性を否定したり政治的意図を批判したりする内容、訪問者のマナーに苦言を呈したり施設が工事中であることに不満を示したりする内容などが目につき、展示の質の低さや、感動の経験が得られなかったことを、政治的な意見を含めずに述べる感想は多くない。いずれにせよ、高評価と低評価の圧倒的な差からして、原爆資料館は、カオラックの津波記念ミュージアムや神戸の防災未来センターに比べて、訪問者に大きな満足を与えていると言えるだろう。

　「TripAdvisor」の評価順位からすると、最も低評価なのがカオラック、次いで神戸、そして最高評価が広島ということになる。こうした評価の差は、どこからくるのだろうか。筆者は、それぞれの施設の来訪者に対する十分な数の聞き取り調査を実施してはいないので、本章では、これら三施設の展示内容の質的な違いに着目して、それが訪問者による評価に無視できない影響を与えているという、仮説的な理解を提示したい。

　そもそもカオラックの津波記念公園と、日本のふたつの施設とでは、展示への予算と人手のかけ方が圧倒的に異なるのが、素人にも一目瞭然である。よって同列に並べての比較には一定の留保が必要だが、あえて展示の質的な違いがどこにあるのかを考えると、それはおそらく、①視覚的に強烈な刺激を与えるという意味での「スペクタクル性」、②出来事を被災者の視点から（被災者の経験として）経時的かつ因果的に説明するという意味での「物語性」、という二点に集約されるのではないか。そしてもちろん、いずれの文脈においても、人々により大きな感動を与えるためには、展示の情報量は多い方が良く、また情報の質が優れている必要もあるだろう（低品質の情報を膨大に垂れ流しても、意味がない）。以下で描写するとおり、カオラックの遺構／施設は、神戸の防災未来センターと比較して、提供する情報が貧弱であり、スペクタクル性と物語性のいずれにおいても見劣りがする。

　先に述べたように、カオラックに保存された巡視艇が見る者に与える視覚的印象は、「ただ単に船が置かれている」というものだ。巡視艇はコンクリートが打たれた広場の外れにあり、広場から巡視艇を眺めると、雑木林がその背景をなす（図6-9）。もちろん、本来は海に浮かんでいるべき船が陸上にあることには、多少の違和感を持つ者がいるかも知れないが、何らかの歴史的意義を持つ船舶が陸上に保存されるのは、珍しい話ではない。仮に津波に運ばれてそこに漂着したという事実を知らない者が、（災害とは関わりのない）何らかの記念の船舶展示だと聞かされても、特段の疑問は生じまい。こうした視覚的印象の貧弱さは、同じ被災物であっても例え

図 6-9　巡視艇の保存状況（筆者撮影）

ば、気仙沼の港に打ち上げられた大型漁船（第 18 共徳丸）や、雄勝の被災した公民
館の屋上に乗り上げた観光バスなどが、非現実的に思えるまでの異彩を放っていた
のと、対照的である。気仙沼の漁船も雄勝のバスも、瓦礫の山と大破した建造物を
背景に強烈なスペクタクル性を発揮していた（現在では既に撤去済みである）。対
してカオラックの場合は、巡視艇そのものの大きさが、間近に見ても船体全てを視
野に収められる程度に過ぎないこともあり（気仙沼の漁船ははるかに巨大であった）、
期待はずれだったという感想を持つ訪問者がいるのも、不思議ではない。巡視船を
カメラに収めて帰っていく観光客たちを見ていると、どうもその光景が心に響いて
いる様子がない。声をかけて感想を聞いても、歯切れが悪い答えしか返ってこない。
巡視艇がただ広場にあるその様子は、何やら陸上保存された記念艦か博物館船かと
いった趣で、津波の脅威も被災者の苦難も、そこからは感じ取れないからだ。
　翻って防災未来センターは、震災から 7 年後に立てられた（震災時には存在して
いなかった）建造物である。安藤忠雄がデザインした現代的な建築は、外壁に特殊
な意匠が凝らされているものの、災害（による破壊や悲劇）を直感的に想起させる
外観ではなく、またその内部の展示スペースにも、陸に打ち上げられた船や破損し
た建造物といった実際の被害の物理的痕跡が、ほとんど存在しない（被災物の展示
は、家財道具などの小物に限定されている）。しかしながら防災未来センターは、被
災物に頼らない独特なやり方で、スペクタクル効果の高い展示を提供している。
　2015 年 2 月現在、同館の展示スペースは 2 階から 4 階にかけての 3 フロアだが、
訪問客は最初に 4 階まで上り、3 階、2 階と下りながら観覧していく、一方通行の
設定となっている。観覧者が最初に足を踏み入れる 4 階は「震災追体験フロア」と

題されており、地震によって街が破壊される様子を特撮で再現した映像を、まず全員が見ることになる。一般的な映画館を上回るサイズの特殊な形状のスクリーンに、阪神地区の著名な建造物が崩れ落ちていく様が映し出される。なおかつ、大音響と映像に連動したフラッシュライトや振動装置による特殊効果がある。特撮映像を見た後は、「震災直後のまち」と題された、実物大のジオラマ模型のなかを通り抜ける。病院、家屋やマンション、火災跡などが極めて精巧に造作されており、平面映像とは異なる臨場感を、観覧者に与える。ジオラマ内の通路は映画館様の施設に行き着き、観覧者はそこで「このまちに生きる」と題された、若い被災女性の一人称の語りによるドラマ映像を見ることになる。ここまでが、全ての観覧者が等しく誘導される見学経路である。観覧者は、4階におけるこれらの展示を通じて、発災の瞬間、直後、そして復興に向けての数年間を、駆け足で疑似体験するのだ。3階は、全体が「震災の記憶フロア」と題された大きな展示空間となっており、多数の写真（パネルのみならずデジタル機器が活用される）、被災物、説明文書、ミニチュア模型、ビデオ映像機器などがテーマ（被災の様子、人々の行動や生活、復興への道のりなど）ごとに、配置されている。観覧者はそれらを自由に見て回れるのだが、全体として提供される情報量は膨大であり、一度の訪問で全ての展示物を吟味するのは、不可能に近いと思われる。

　カオラックに保存された船は、実際に津波で運ばれた被災物である。それを目にした訪問者は、今自分がいる場所に、歴史的大事件の舞台としての確かな真正性を見いだし、感動につなげる（もしくは、つなげようとするもうまくいかない）。対して、防災未来センターの4階における展示内容は過去の事実の複製であり、厳密には、「過去に存在しなかったが存在しそうなことを現在に作り出すこと」という意味での「捏造」（fabrication）である［寺田 2015a: 85］。「被災直後のまち」は精巧ではあるが模型以外の何物でもない。地震の映像も、東宝の怪獣映画と同じ技術を使用した特撮映像で、建造物のミニチュアなどを使用して撮影された（ゆえにゴジラによる街並み破壊シーンに通じる空気感がある）。「このまちに生きる」のドラマは、実際にあった様々な人々による様々なエピソードを参考に構成された、「体験談に基づくフィクション」である［寺田 2015a: 79］。したがって、実は4階の展示物はその全てが、災害の直接の痕跡とは言えないのである。一方で3階に展示されているのは、地震当時の（比較的小さな）被災物や、現実に生じた出来事を撮影した写真（およびその説明描写）であり、偽物ではないという意味での真正性は高いが、いかにも博物館の展示としてあるために、災害が生じたまさにその現場にいる

のだという感覚は持ちづらい。津波・地震という過去の出来事への接続回路として
は、カオラックの津波記念公園の方がより真正な場だとも理解できるし（立地の真
正性が高い）[9]、それがゆえにダークツーリズム・サイトにもなりやすいかもしれ
ない。ただし、先に述べたように、ダークツーリズムのまなざしの対象になること
と、良質なダークツーリズムの経験を生み出すこととは、必ずしも一致しない。

　寺田匡宏の詳細な分析によれば、4 階で上映される二つの映像には、視覚表現と
ストーリー構成の両面において、視聴者の感動を生むための映画の技法が、ふんだ
んに盛り込まれている［寺田 2015a］。また、ジオラマ展示についても、東京ディズ
ニーランドの街並み設計と同じように、視覚効果を狙った様々な工夫が凝らされて
いるという［寺田 2015a］。4 階の展示物は、観覧者の視覚に訴えかけるべく高度な
演出のもとに作成されているのであり、結果として良質なスペクタクルとなり得て
いる（ただし、地震の映像にも被災物のジオラマにも、傷つく主体であり観覧者に
よる感情移入の対象でもある人間の姿が、一切登場しない）[10]。漁船や巡視艇が無
造作に置かれていたり、抽象的なオブジェが主要な展示物となっていたりするタイ
南部の津波記念施設とは、その点が大きく異なる。なおかつ、同館の展示には、一
定の物語性が意図的に付与されている。その典型たる「このまちに生きる」のドラ
マ映像は、若い女性が目の前で姉を失う災難に見舞われながらも、大きな悲しみと
様々な問題を乗り越えていく、成長の物語となっている（その成長が、神戸の復興
と重ね合わされる）。寺田は、4 階の展示が全体として、「被災→復興という大きな
ストーリーに組み込まれた、ある一人の女性の死と再生をめぐる物語」を構成して
いるという［寺田 2015a: 87］。一方、3 階の展示では情報が断片化されて配置され
ており、全体として統一されたストーリーを構成するものではないが、誰かが実際
にこう行動した、こう思ったといった、被災者個人に結びつけられたエピソード
が、多数登場する。全体として提供されている情報量は、タイ南部の津波記念施設
と比較して圧倒的に多く、その展示方法もはるかに高水準である。ただし、来訪者
の観光経験を考えるには、両者が提供する情報の質がどう違うのかを、整理する必

---

9) 真正性という概念にこだわるなら、タイの津波遺構が所在の真正性を提供するのに対し
　て、神戸の防災未来センターは体験の真正性［cf. 橋本 2011］を提供するといった説明
　の仕方も可能かも知れないが、本書では、真正性概念をめぐる錯綜した議論には足を踏
　み入れない。
10) 寺田匡宏［2015b: 136］は、地震の映像と被災物のジオラマで人間の姿が描かれないの
　は、無名少女の経験を描く「映像を効果的にするための伏線」なのだと、指摘する。

要がある。筆者の理解では、防災未来センターの展示が優れているのは、単に（博物館展示として）良質な情報を大量に提供しているからではなく、考え抜かれた演出（さらに演出目的に応じた精巧な捏造）によって展示内容に高度なスペクタクル性と物語性が付与されているからだ。そしてそのことが、来館者における観覧の楽しみの増進に繋がっている。

　参考までに別の災害記念施設を例に取ろう。気仙沼市にあるリアス・アーク美術館は、「東日本大震災の記憶と津波の災害史」と題する、充実した常設展示を行なっている。2015 年 6 月現在、展示の中心をなすのは、203 点の被災現場写真と 155 点の被災物である［リアス・アーク美術館 2015］。防災未来センターにおける 3 階の展示に比せられる内容だが、筆者が観覧した限りでは（2014 年 10 月）、被災者の経験や行動に関する描写説明が少なかった。これは、「未だ語られていない震災の記憶を引き出すための「呼び水」と位置付けて［…］単に資料を見る場としてではなく、自分自身の「震災の記憶」を呼び起こし、語り合う場にして頂けることを期待」するという展示方針によるものだ［リアス・アーク美術館 2015］。結果として、スペクタクル性と、とりわけ物語性が強くは感じられず、地域外からの（ニュース映像などによってしか津波被害を知らない）観光客にとっては、ダークツーリズム的な面白さという点において、改善の余地があると感じられるかも知れない。もちろん同館は、被災地至近に立地する美術館としての社会的意義の追求を最優先としているのであり、筆者を含む無責任な観光客を楽しませる展示をする義務は負っていないことを、付記しておく。

　本章で言うスペクタクル性および物語性は、あくまでも便宜的な説明概念であり、現実の観光活動の観察においてそれらが厳密に峻別し得る訳でもない。スペクタクル性にあふれた視覚表現は、観光客が受け取る物語をより感動的なものとする。そして良くできた物語は、観光客の目に映る光景を一層印象的なものとする。要するにスペクタクル性と物語性とは、ツーリストの経験を豊かにするための両輪であり、それらの間には、断絶ではなく相互フィードバックの関係がある。ただし、ダークツーリズムがダークツーリズムとして面白くあるために必要不可欠なのは、スペクタクル性以前に物語性であろう。スペクタクル性か物語性かの一方のみしか見いだせない観光資源を現実に探すのは困難だが、思考実験として、災害遺構としてのカオラックの巡視艇を再度例に挙げよう。それは、外観的様相としては「ただ単に船が置かれている」に過ぎないことを、先ほどから指摘してきた。その面白くも変哲もない状況をダークツーリズムのまなざしの対象とするには、「津波によってその

地に運ばれ取り残された」という文脈の付与が不可欠だ（その文脈を欠いたまま、仮にその船を百倍にスケールアップしてスペクタクル性を増したところで、巨大タンカーの見学ツアーのようなもので、ダークツーリズムとしての観光経験には繋がらない）。おそらく、単純な物理的事実の描写よりも、被災者を主人公としてその経験を説明することの方が、より魅力的で興味深い物語性の源泉となるであろうことが、ここまでの考察から示唆される。本節の以下の部分では、広島の原爆資料館を事例として、観光資源に付与された物語性の有り様が、ツーリストの観光経験を大きく左右することを、示しておきたい。

　広島平和記念資料館は、原爆資料館という通称が示唆するとおり、原子爆弾による惨劇を後世に伝えるために開設された施設だが、外国人を含む多数の観光客を集め、また高い評価を得ている。寺田［2015a: 70］によれば、一般的に日本の「博物館では、多くの場合、学芸員が展示のための造作を自分の手を使って造ることは少なく、通常はディスプレー会社に委託される」。大規模博物館の展示内容の企画と造作を任せられるディスプレー会社は多くないため、原爆資料館と防災未来センターの両方に、トータルメディア開発研究所という同一の会社が、深く関わっている。その点からして、ふたつの博物館における、展示内容の企画・構成、展示物の造作技術、視聴覚的な特殊効果などの水準は、同程度に高度だと見なして良いだろう。また先に述べたとおり、展示スペースの規模は原爆資料館のほうが大きいが、比較的小規模な神戸の防災未来センターにあってすら、一度の訪問で全てを見尽くすのは厳しい大量の情報が提供されている。したがって、「TripAdvisor」における評価に顕著に現れた、訪問客がふたつの施設で得る観光経験への満足度の差は、提供されている情報量の多寡に起因するのではなく、その内容にあると推測できる。展示の内容とは、本節の議論に引きつけてあえて単純化すれば、スペクタクル性と物語性である。

　原爆資料館の展示は、写真や文章による解説に加えて、多数の被災物、壊滅した広島市街の模型、炎の中を逃げ惑う被爆者の実物大のジオラマなどを含み、多岐に富む演出が施されている。同じ会社が設計・施工に関与しているだけあって、スペクタクル性においては、防災未来センターとの顕著な水準差があるとは思われない（数量的な測定を試みた訳ではなく、印象論の域を出ないが）。対して大きな違いがあると考えられるのは、展示内容の物語性である。

　防災未来センターの（特に4階の）展示には意図して物語性が付与されていることは先に述べたが、それは基本的には、「このまちに生きる」で描かれた架空の若い

女性の成長および街全体の復興の物語に、収斂するものであった。対して、原爆資料館では、名前、性別、職業、家族構成などが明示された実在の被害者たちが多数登場し、その筆舌に尽くしがたい苦難が、微に入り細に入り、描写説明される。防災未来センターが描くのが、厳しい状況のなかでも事態打開のために前向きに行動する人間像なのに比べ、原爆資料館の展示に登場する人々は、理不尽な運命に翻弄され痛めつけられる存在である。例えば、被爆死した人々が身につけていた損傷の跡も生々しい遺品群。犠牲者の姿が黒い染みとして焼き付いたとされる「人影の石」。強烈な放射線を浴びた影響でごっそりと抜け落ちた犠牲者の髪の毛。何年にもわたって放射線障害に苦しんで亡くなった被爆者のライフヒストリー。こうした、現実に存在した個人における恐るべき惨苦の経験を如実に可視化する展示物の数々は、観覧者の心を揺さぶる（生理的嫌悪感や拒否感を催す観覧者もいるという）。

　防災未来センターの展示が、復興への強い意志と希望に支えられているのに対して、原爆資料館の展示は、徹底的に希望がない惨状を提示している点も、大きな違いだと言える。いざ再び同じ災厄に見舞われたときの行動指針──具体的な学びや教訓を含む防災教育的な情報は、当然だが防災未来センターのほうが圧倒的に充実している。しかしおそらく、そうだからこそ、他者の苦しみの描写としての同館の展示は「面白くない」[11]。一方、原爆資料館は、再び原爆を落されたときにどうすればよいか、という個人の行動レベルにおける防災や減災の視点を、決定的に欠いている──原爆投下は人為による絶対悪であるから、自然災害とは異なり、再発を前提とするべきではない（というより、許容してはならない）からだ。同じ過ちを二度と犯さないためには、原爆がもたらした悲惨を知ることが大切だ、という展示方針が、同館では卓越している。それがゆえに、人々の苦難と死の描写に力が注がれて、観覧者の感性や感情に強く訴えかける展示内容となっているのだ。

## 4 楽しみのダークネス：他者の死と苦しみを覗き見る

　今日のインターネット上には、他者の苦しみを記録した映像が氾濫している。例えば事故、災害、テロリズム、処刑、難病、身体障害、貧困、嗜虐的性行為といっ

---

11) 寺田匡宏［2015b］は、防災未来センターが震災の「公的記憶」を担う役割を与えられているために、実在の個別の死者に観覧者の注意が集まる展示の仕方をあえて避けているのではないか、と指摘する。

た映像の観賞は、多数の人間が欲する悦楽である。それがために、その需要を満たすべく日夜絶え間なく、ネット上に残酷で痛ましい映像がアップロードされ続ける。我々の誰もが言外に理解していることだが、現代社会においては「苦しみ（特に遠隔地に住む人々の苦しみ）の映像を見たりその記事を読んだりすることは、一種の娯楽になっている。[…] 苦しみの映像を流用することによって、新聞は売れ、テレビ番組は視聴率を上げ、関係者は出世し、仕事が創出され、賞が与えられる」[クラインマン＆クラインマン 2011: 11]。自分には決して危害が及ばない安全地帯から可能な限り詳細に見聞きする、自分ではない誰かの苦難（とその延長としての死）の娯楽的消費は、ダークツーリズムが人を惹きつける魅力の、重要な一角を占める。この文脈におけるダークツーリズムの楽しみとは、他者の事故死や処刑の映像を見る享楽と同列にあり、違いはと言えば、ある出来事の視覚的再現描写を家に持ち込んで見るか、自分がその出来事の生じた場所まで足を運ぶか、という点に過ぎない。S. ソンタグ［2003: 39］は、「苦しむ肉体の写真を見たいという欲求は、裸体の写真を見たいという欲求とほとんど同程度に強い」と指摘する。苦しむ他者の映像や再現展示は、優秀なポルノグラフィーのように、我々の欲望を刺激し、快楽をもたらすのだ。

　現在広く流通し、また大多数の合意が得られているダークツーリズムの定義は、人間の苦しみや死の歴史を対象にした観光、という大まかなものに過ぎないことは、本章の冒頭で確認した。その定義に見いだせるダークツーリズムの「ダークネス」とは、観光者が見に行くことを望む対象の性質であることから、〈対象のダークネス〉だと整理できる。ここで言うダークネスとは単純に、他者の死や極度の苦痛などを指すとしておこう（ダークツーリズムにおけるダークネスの他者性については、後述する）。それらの事象は、我々人間にとって本能的に受け入れ難く、見る者に恐怖や悲しみや嫌悪といったネガティブな感情を惹起するという意味でダークである。また当該の死や苦痛が非人間的な人為として意図的にもたらされたのであれば、倫理的に断罪されるべき蛮行として、また別の意味でダークである。人が無条件に恐れ忌避する死や苦痛それ自体と、死や苦痛が（人為的かつ意図的に）生じた過程に見いだされる非倫理性や非人道性──ダークツーリズムにおけるダークネスとは、基本的にはこのふたつの次元に整理できるのではないか。もちろん、その他にもダークな要素は無数に想定しうるが、ほとんどの場合それらは付随的な材料に留まるだろう（悪辣さ、酷薄さ、過度な私欲などに加えて、見当違いの勤勉さやゆがんだ凡庸さ、組織やシステムにおける非情なども、非倫理性・非人道性の次元に属する）。

　ダークツーリズムにおいて観光客が見聞きする対象は、過去に生じた他者の死と苦しみ（およびその原因となった事象）の残痕と複製である（今まさに死や苦しみが生じている戦場や危険地帯への訪問は、一般的なツーリズムの範疇を超える例外的な実践なので、本書では考察の範囲に含まない）。記念館のような形で整備された現場であれば、残痕／複製を補強する説明や視覚的補助資料が付随することになる。残痕とは、南三陸町の防災対策庁舎遺構や「人影の石」など、かつて何かが実際に存在していたことや何らかの出来事が生じたことを示す、物理的な残滓や跡形である。対して、防災未来センターにおける地震の瞬間の再現映像や「被災直後のまち」のジオラマなど、過去に生じ存在した状況、出来事、人物像、事物などについて、当時の現実に近い外形を造作して現在に提示するのが、複製である（その意味で複製とは虚構に他ならない）。ある特定の場所、およびそこに残された遺構や遺物、記念碑や記念館、説明書きや資料などダークツーリストが物理的に対峙する観光対象が、過去に生じた死や苦しみの残痕または複製であれば、それは上述した意味でのダークネスを帯びていると解釈できる。

　対して、他者の死や苦難（の痕跡と残痕）を見ることを通じた悦楽の獲得は、一般に非倫理的で非人間的な営為とされるがために、やはりダークネスを帯びている。我々はそれを〈楽しみのダークネス〉と呼ぶことにしよう――換言すれば、ツーリストの実践の次元におけるダークネスである[12]。非倫理的で非人間的な認知や思考や感興、それに基づく観光行為、そこから得られる観光経験は、すべからく〈楽しみのダークネス〉を帯びていると言える。死や苦難というダークネスと紐付いた場所を訪れ事物を見聞きするダークツーリズムは、ツーリストの観光経験における多様性と多面性を必然的に内包する。ダークツーリズムから得られる感興のありようは、人それぞれ異なるのみならず、おそらくは〈対象のダークネス〉が刺激的であればあるほど、常に揺さぶられて安定した状態に留まることはない。筆者は、世界に散在する各般のダークな対象が呼び起こす観光経験には、多かれ少なかれ〈楽しみのダークネス〉が織り込まれているのではないか、と考える。何よりソンタグが指摘するとおり、他者が苦しみ死ぬ様がポルノグラフィーのように我々の欲望を刺激するというなら、他者の裸体を写したグラビアや性交を捉えた映像を見聞きし

12) 何らかの非倫理的／非人間的な行動をとるといった意味での〈行動のダークネス〉を独立させた次元も想定できるが、本書ではそこまで議論を細分化しない。また、本文中で述べるように、ツーリスト自身が苦しむ／死ぬという意味でのダークな行動については、本書の考察には含めない。

たときの性的な興奮を完全に封じ込められないのと同じように、ダークツーリズムにおいて〈楽しみのダークネス〉から逃れ切るのは困難なのではないか。被災地を訪問したり歴史的悲劇に関する展示を観覧したりした際の個人的な実感からしても、そしてホラー映画や漫画が娯楽として人気を博す現実からしても、そのように感じざるを得ない。端的に言うなら、〈楽しみのダークネス〉が皆無なダークツーリズムは存在し得ないのではないか。

　災害記念施設を訪れた人々がスペクタクル性および物語性というふたつの要素に刺激されて展示を面白いと感じるとき、そこには〈楽しみのダークネス〉が介在している。再びタイ南部の事例に戻ると、筆者（および引率した学生たち）が見た限りでは、カマラの津波記念公園はもちろん、カオラックの巡視艇も、津波がかつて生じたこと、そしてその物理的な威力が巨大であったことの表象ではあるものの、誰が、どのように苦しみ、いかにして死んでいったのかについては、何も語らない。犠牲者共同墓地では、実際に多数の遺骨が埋まっている場所なのにもかかわらず、どこの誰が埋葬されているのか、その人々がどう犠牲となったのかの具体が、全く見えない。このように、スペクタクル性に加えて物語性もが決定的に欠如していたがために、筆者も学生たちも、さしたる感慨を持たなかった。〈楽しみのダークネス〉が皆無とは言わないまでも、ほとんど惹起されなかったわけだ。唯一、ナムケム村の記念公園は、壁に埋め込まれた慰霊レリーフが、犠牲者個々人の名前（と一部については顔写真）を提示していたために、他の場所以上に提示物の細部まで観覧した。仮に共同墓地の地面が、プノンペン近郊に点在する1970年代の大量殺戮の跡地のように、剝き出しの人骨によって一面白く彩られていたとしたら（具体的な死者の存在が圧倒的な質感によって迫ってくるとしたら）、その場のスペクタクル性は俄然向上するはずだ。そして、それらの犠牲者たちが、いかなる人々で、いかにして死んでいったのかの詳細が（できればドラマ仕立てで）提示されれば、物語性が激増する。そうなれば、学生たちは、展示／保存物に大いなる興味を示し、〈楽しみのダークネス〉の興奮と陶酔に浸るだろう。

　〈対象のダークネス〉に話を戻すと、ダークツーリズムが苦難や死に結びついた場所への旅行だというとき、その結びつき方には、一定の制約がある。例えば、肉体に極限までの試練を与える高所登山のように、必ずしも苦難それ自体を得ることが目的ではないにしても、結果として苦難を伴う旅行は無数にあり得る。さらに、より直接的かつ主要な目的として「死」を目指す旅行も、想定できる。人生に疲れ果てた者が青木ヶ原樹海や東尋坊などの自殺の名所を訪れて自ら命を絶つ、不治の病

に冒された者が（自身の在住地では禁止された）安楽死の措置をしてもらうために異国に赴くなど、ツーリスト自身の死を（伴うのみでなく）目的に据えた旅行である。そうした言わば「自殺ツーリズム」は、現実に無視できない規模において、存在している。実例を挙げると、終末期の病者に対する医療機関による自殺幇助が厳密に禁止されていないスイスには、2008 年から 2012 年の期間に 600 名以上の外国人が安楽死目的において訪れ、医療機関が幇助しての睡眠薬投与などの手段によって、死に至っているという［Gauthier et al. 2014］。しかし、こうした現実に相当規模で存在する「苦しみを伴う旅行」や「自殺ツーリズム」が、ダークツーリズムをめぐる考察の俎上に載ることはない。

　つまり、ダークツーリズムの議論が着目する、旅行に結びつけられるところの苦難や死とは、ツーリスト本人が体験するものではなく、「かつてどこかで（＝自分ではない誰かにおいて）生じた」それなのだ。自身に降りかかる苦しみや死は観光資源とはならず、かつてどこかで他者に生じた苦しみや死のみが、観光的消費の対象となる。この当たり前といえば当たり前の事実は、ダークツーリズムにおける〈対象のダークネス〉の他者性として、措定できるだろう。一方で〈楽しみのダークネス〉は、観光者自身の認識や感興や行為の内に存するものである――その本質は〈楽しみのダークネス〉の自己性として、〈対象のダークネス〉の他者性と対置できよう。そしてこの対置へ着目することが、〈楽しみのダークネス〉がいかなるものかを考える上で、重要な手がかりを与えてくれるように思う。

　観光者が興味の対象たる苦難や死を常に他者の、そして過去のものとして受け取り、決して自身のそれとしても、現在における出来事としても体験しないという意味での「懸隔」が、映像鑑賞にも被災地訪問にも、通底する前提としてある。加えて肝要なのは、ダークツーリストが死や苦しみを見る際には、超えられない懸隔を挟むのみならず、その際の視覚の形態が原理的に「覗き見」でしかあり得ないということだ。〈楽しみのダークネス〉は、他者が苦しむ有様を覗き見する愉悦のうちにある。覗き見とは、見ることの特殊な一形態――見る者にとって、自身の視線の独占的な一方向性と、見る対象との間の懸隔とが確保された、視覚行為である。覗き穴を通して、またはマジックミラーの向こう側に何かを覗き見るとき、見つめる主体としての自身の（投げかける視線の）存在は、見られる対象からは感知されない。それがために、覗き見る主体は、覗き見られる対象から、決して見返されることがない。実際に見られる側がどう状況を捉えているかではなく、見る側の認識において自身が（見られる側からして）不可視であることを確信しておりさえすれ

ば、（覗き見る主体にとっての）視線の独占的な一方向性は、成立する。したがって、覗き穴やマジックミラーのような仕掛けを介在させずとも、覗き見という行為は成り立ち得る。例えば、サーカスや見世物小屋に詰めかけた観客が異形の存在を眺めるとき、そして広場での死刑執行を前に群衆が陶然としながら断頭台を凝視するとき、見る者が見られる者から視線を投げ返されることを全く想定していないという意味で、そこでの視覚行為は優れて覗き見的だ。そして、こうした意味での覗き見の性質は、西欧近代の観光者が東洋や南洋における「異人」や「野蛮人」を対象に投げかけてきたまなざしの構造と、軌を一にしている。他者の苦難や死を覗き見ることは、決して現代の新たな観光のスタイルではなく、近代における観光という行為の底流をなす視覚的欲望の形に忠実という意味で、むしろ保守的で旧来的な観光実践だと言えよう[13]。さらに、覗き見る者は、一方的な視線を対象に向けるのみで、その対象に手を触れることはない。というより、対象に手を触れてしまえば覗き見にはならない。触れることが不可能な、手が届かない懸隔に隔てられた対象は、見る者による覗き見の体勢を崩さないという点で、理想的で完璧な覗き見の対象となる。そして、他者の苦難の映像や、歴史的悲劇の痕跡や再現展示が、そうした覗き見に好適な対象であることは、言うまでもない。

　我々の素朴な思い込みに反して、苦しむ誰かの存在に気づいたとき、手をさしのべられる近くにまで駆け寄るよりも、決定的な懸隔の向こう側から覗き見るほうが、その人が苦しむ様子をはるかに克明に観察し得る[14]。なおかつ、誰かの行動を覗き見るという状況設定は、観客をして演出が排されていると感じさせる、演出的効果をもたらす——別言すれば、他者の苦しむ姿が演技ではなく本物だという意味での、真正性を強化する（実録性を売りにするポルノグラフィーの典型が盗撮物であることを、思い起こされたい）。そして、対象を懸隔の遠くに覗き見るという条件においてこそ、我々は、対象を隅々まで見尽くしたいという、凶暴な欲望に駆られる。正面からこちらを見返す「顔」に相対すると、暴力的かつ執拗に相手の身体を舐め尽くす凝視を保ち続けることには、ある種の気兼ねが生じてしまう。対象から投げ返

---

13) 一般的なダークツーリズムの実践は、「異郷において、よく知られているものを、ほんの少し、一時的な楽しみとして、売買すること」［橋本 1999: 55］という、橋本和也による商業的マスツーリズムの定義に、ほぼ合致している。
14) 心理学系の研究ではそうした直観的洞察において、マジックミラー越しに対象（たる人間）を細視するための観察室が、重宝された（現在では、覗き見をするための観察室は、研究倫理的な反省の対象となりつつある）。

される視線は、我々による観察を阻害し、跳ね返す力を持つ。ところが覗き見という技法は、こちらに対峙してくる相手の「顔」（に気兼ねする煩わしさ）から、我々を解放してくれる。「遠い異国的な土地であればあるほど、われわれは死者や死の間際にある人々をあますところなく正面から捉える傾向にある」［ソンタグ 2003: 69］のは、その視覚行為が実質的な覗き見だからなのだ。我々は、自らに最も近い存在たる自分が苦しむ姿を、見たいとは思わない。我々にとっては、おそらく自分自身こそが、上記の意味での覗き見が決してできないという意味で、苦しむ姿を楽しく観察するのが最も困難な対象なのではないか。

　ダークツーリズムが観光振興の目的から語られるときには、〈対象のダークネス〉のみが強調され、〈楽しみのダークネス〉に向ける視点は抜け落ちる（もしくは隠蔽される）傾向がある。先述した〈実践の無菌化〉である。しかし既に述べたとおり、〈対象のダークネス〉に大いなる興味のまなざしを投げかけながら、経験や行為の面では十全に明るい──すなわち〈楽しみのダークネス〉を徹底的に払拭したダークツーリズムは、現実には存在し得ないと筆者は考える。仮に無菌化を強く志向するダークツーリズム実践であっても、わずかな〈楽しみのダークネス〉が混入することを避けられない。〈対象のダークネス〉の誘引力が、恐怖や嫌悪といった言語以前の根源的な感覚と関わるものである以上、例え犠牲者を悼み、悲劇を繰り返さないために学ぶといった理性的な建前を標榜しての実践であっても、個人が内に秘める〈楽しみのダークネス〉を、多かれ少なかれ伴うはずだ（仮にそうでないケースがあり得るとしても、そこでは〈楽しみのダークネス〉がある種の禁忌として有徴化されて、ツーリストの意識のうちにとどまり続けるだろう）。ダークツーリストの観光経験については、一面的に明るい感奮（また反対に徹底的な覗き見趣味）としてではなく、〈楽しみのダークネス〉が斑に見え隠れする多面的な経験だと捉えるのが、妥当であろう。図 6-10 の模式図は、観光経験には明るい面とダークな面とがあること、その並在の態様には個人差があること、そして同一個人にあっても観光経験の実相は経時的かつ状況的に変動することを、単純化して示している。

　〈楽しみのダークネス〉を微塵も包含しないダークツーリズムの経験が存在しないとするなら、苦痛に顔を歪ませる他者の姿を見たいと欲する者に対してソンタグが突きつける下記の宣告を、我々は率直かつ真摯に受け止めねばならない。

　　実在の恐怖のクローズアップを見るときは衝撃と同時に後ろめたさがある。たぶんこのような極度の実際の苦しみを見る権利があるのは、その苦しみを軽減する

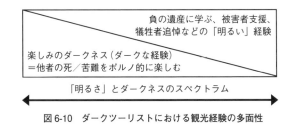

図6-10　ダークツーリストにおける観光経験の多面性

ために何かができる人々——例えばこの写真が撮られた陸軍病院の外科医たち、またはそれから何かを学べる者たち——だけであろう。その他の者は、自分の意図とは関係なく、覗き見をする者である。[ソンタグ 2003: 40]

　ダークツーリズムの効用が声高く叫ばれ、例えば、被災地に遊びに行くことが地域経済の復興に寄与するといった言説が、人口に膾炙する。その声に鼓舞されて、破壊された日常に取り残された人々が住む惨禍の地を訪ねる旅行者がいる。しかしその旅行者は、被災者たちの苦しみを軽減するために、現地にあっていかなる直接具体の貢献ができるだろうか。多数のダークツーリストがやってくることで観光収入が増大して、結果的に地域経済が好転する。こうしたダークツーリズムの集合的効用が認められたとしても、個々のツーリストがひとしなみに実効性のある貢献を為し得ているとは、限らない。あるツーリストが、被災者の苦しみを確かに軽減できないのであれば、彼が被災地を訪れる行為は、単なる覗き見に終わる。また、仮に何らかの貢献ができているとしても、果たしてその貢献に、被災者の苦しみをポルノグラフィーのように消費する悦楽の後ろめたさを打ち消すだけの価値があるのか、胸に手を当てて考えてみる必要があろう。

　災害であれ、戦争であれ、虐殺であれ、歴史的な苦難や死の痕跡（または再現描写）を求めてやってくる旅行者は、みな等しく、覗き見をする者以外ではあり得ない。なぜなら、どれほど崇高な救済の旗印を掲げて行こうと、過去に生じた苦しみや死には、指一本触れることができないからだ。それゆえ全てのダークツーリストは、ほぼ必然的に覗き見者なのである。だからこそ、〈楽しみのダークネス〉への視線を封印した、ダークツーリズムの明るさのみを推奨する無菌化の潮流に、（悲劇を繰り返さないためという教育的意図を割り引いても）筆者は違和感を覚えざるを得ない。覗き見者でありながら、全くそうでないように振る舞う者たちは、よほど愚かなのか、それとも隠蔽工作を必須とするほどにあからさまな後ろめたさを抱え

ているのか。そう考えると、ダークツーリズムの明るさが強調されればされるほど、〈楽しみのダークネス〉への興味が湧いてくる。

## 5 ダークツーリズムのアポリア

　ダークツーリズムの現場にあっては、学びや悼みといった動機の薄そうな観光客を少なからず見かけるし、史跡や展示資料の見学を通して真摯な感銘を受けているらしき者ばかりでもない。プーケットでも、東日本大震災で大打撃を受けた三陸沿岸でも、笑ってＶサインを作る観光客は散見された。筆者の勤務先大学の学生たちが、カオラックの震災遺構を訪問して「つまらない」と感想を述べたのは、既に触れた通りである（あくまで対象を観光資源として評価したコメントである）。修学旅行で広島や長崎を訪れる学生の中には、被爆者の体験談を伺う機会にすら、真摯に向き合わない者がいるようだ［朝日新聞 2014a］。我々は、ダークツーリズムの明るい可能性に期待をかける一方で、それが表層的な娯楽体験（ときにはつまらないという落胆）しか生んでいない場合が多々あることにも、留意する必要がある。

　ダークツーリズムに期待される明るさは、同時に倫理的な意味での正しさでもある。それでは、誰もが認めるであろう正しいあり方とは異なるダークツーリズム実践が横行しているのは、なぜだろうか。筆者はそこに、他者の死と苦しみへの共感的理解を涵養する回路としてのダークツーリズムが孕む、本質的な困難が現われていると考える。すなわち、ダークツーリズムとは犠牲者の苦難を覗き見る活動であるが、その覗き見は臨場的かつ直接的な（リアルタイムの）知覚ではなく、あくまでもメディアを介在しての間接的な疑似知覚体験に過ぎないということだ。

　壁の向こうで営まれている他人の秘め事を覗き見れば、多くの人間は興奮するだろう（その体験を擬似的に再現するのが、ポルノ映像である）。けれども、他人の行為を覗くためにしつらえた窓それ自体に興奮する者はいない。覗き窓は、壁のこちらとあちらを橋渡しする単なる媒介――すなわちメディアである。そしてダークツーリズムにおける物理的な観光対象も、原理的にはそれと同じ意味でのメディアなのだ。

　ダークツーリズム・サイトの魅力を生み出す根源的な資源は、そこで悲惨な死と苦しみがあった、という過去の事実である。史跡や遺構、資料館や博物館などにおいて、我々はその死と苦しみの実際を目の当たりにすることはできない。ダークツーリズム・サイトが主に提供するのは、過去に存在した他者における死と苦しみ

の、残痕と複製に留まるからだ。災害遺構や犠牲者の遺品は、残痕である。広島の原爆資料館でかつて展示されていた通称「被爆再現人形」はあまりにリアルで怖いと苦情が寄せられたほどだが（そのため2017年の同館リニューアルにあたって撤去された）、複製である。こうした過去の事実の残痕／複製こそが、ダークツーリズムにおける物理的な意味で直接の観光対象になるのだが、それらは死にゆく／苦しむ他者そのもの（すなわち観光客の興味と好奇心を掻き立てる源泉）ではない。それどころか、死と苦しみが、現在は／本物としては不在である事実を告げる証拠ですらある。対象が現に存在しているなら残痕は未だ無く、本物があるなら複製を展示する必要はないからだ。ダークツーリストが訪問先で目にする様々な事物——残痕と複製は、手を触れることはもちろん目視すら不可能な、時間という絶対的な壁に隔てられた過去を（擬似的に）垣間見るための、覗き窓に過ぎない。

　カオラックに据え置かれている、海岸線から遠く打ち上げられた海上警察の巡視艇は、津波の威力を物語る格好の残痕だ。ガイドブックにも紹介されている観光スポットであるが、上述した通り、それを見物に訪れる観光客の反応は芳しくない。観光客が抱く〈楽しみのダークネス〉の欲望は、この巡視艇のように飾り気なく無造作に置かれた過去への覗き窓に相対したところで何ら満たされず、行き場を失ってしまう。このような、物理的な意味で直接の観光対象が、真に欲望されるものを表象するメディアでしかないという罠から、ダークツーリズムは逃れ出ることができない。歴史に名高い凄惨な出来事の跡地を訪れながらも、面白くないとか拍子抜けといった所感が頭をもたげてくる場合があるのは、このダークツーリズムの根源的な構造に起因する。

　現在から過去を覗き見るメディアであるかつての出来事の残痕は、出来事それ自体と同等同質の迫真性と衝撃性を持ち得ない。カオラックの巡視船や木造船はありふれた船だし、気仙沼リアス・アーク美術館が展示する多数の津波被災物は、知らずに見れば単なるゴミの山に過ぎない。それを見る観光客の感動を呼び起こすには、何らかの演出や説明が不可欠になる。さらにその延長線上には、もっともらしい虚構を創作することへの誘惑が、口を開けて待っている。ゴミの山にいくら念入りな説明を加えたところで、感動を生む効果には限界があるというわけだ。かくてダークツーリズム・サイトの運営者は、過去の残痕を派手に飾り立て、出来事を複製する品質向上に努めることになる。防災未来センターが提供する「このまちと生きる」の映像は、巧みな演出によって観客の心を揺さぶり涙を誘う。それはドキュメンタリー風であっても結局は「体験談に基づくフィクション」だからこそ、映画

やドラマのように感動的なのだ。ロサンゼルスにあるホロコースト博物館は、ホロコーストと取り立ててゆかりはないが、情報提供の仕方を工夫することで、訪問者自身が真正だと捉えるような感動や学びの経験を提供できているという〔Cohen 2011〕。それ自体は素晴らしいことだ。しかしながら、「このまちに生きる」を鑑賞したり、ロサンゼルスの博物館で教育プログラムに参加したりして得た体験は、震災を題材にしたドラマを自宅で見て、学校で歴史の授業を受けるのと、本質的な違いは無いのではないか。もしそうだとするなら、わざわざ悲劇の地を訪ねるツーリズムは、娯楽や経済効果以外の正当性を持ち得るのだろうか——それを不快に思う遺族や被災者がいるかもしれないのに？

　観光ビジネスの新たなフロンティアとしてダークツーリズムに期待が掛かる現在、ダークツーリズムのまなざしを形成する動きと、その無菌化を押し進める動きとは、渾然一体となって現象している。しかしそれでも、ダークツーリズムにおける〈実践の無菌化〉を、個別の観光活動として瑕疵なく成就することは、不可能に違いない。高度なスペクタクル性と良質な物語性に味付けされた、他者の苦難を視き見る愉悦——〈楽しみのダークネス〉という人間性の醜悪な一側面が、ダークツーリストの観光経験の核心にあるからだ。どれほど明るいダークツーリズムの実践であっても、おそらくその奥底には〈楽しみのダークネス〉が沈殿している。というよりも、ダークツーリズムの明るさは、〈楽しみのダークネス〉という土台に支えられてこそ、成立し得るのかもしれない。ダークツーリズムへの参与者が抱く犠牲者への悼みや惨劇への悲しみは、現場で見聞きした事物に感情が揺さぶられる程度に呼応するだろう。悲劇を繰り返さないための戒めや防災・減災への学びといった理性的な営みにおいても、学習効果や教導機能が功を奏する裏で情動や感受性が果たす役割は少なくない。であるなら、明るいダークツーリズムの振起が強く主張され無菌化が推進される時勢にあってこそ、〈楽しみのダークネス〉を深く子細に見つめ直す意義は大きいはずだ[15]。ダークツーリズムは確かに視き見であるが、同時に単なる視き見に終わらない、教育的意義や他者への共感を生み出す可能性をも秘めている[16]。ダークツーリズムが不可避的にもつ二面性のどちらかに肩入れするのではなく、両

---

15) まなざしの構築誘導者たちは観光市場に向けて、正しい／望ましい／あるべきダークツーリズムのあり方を、繰り返し教示する。それは裏を返せば、どうすれば正しくない／望ましくない／あるべきでないのかを、規定し可視化することでもある。ダークツーリズムの無菌化は、その意図せざる副作用として、禁忌を犯す背徳感の増幅機構となって、却って〈楽しみのダークネス〉の魅力強化に寄与する可能性がある。

面を併せて考察の俎上に載せる視野の広さと複眼性が、今後のダークツーリズム研
究には求められるだろう。

---

16) 本章は、〈楽しみのダークネス〉という切り口を災害記念施設の比較検討を通じて提案
　　したに留まる。ダークツーリズム一般における〈楽しみのダークネス〉へのさらなる
　　理論的な考察については、別稿に譲りたい。

第7章

# 津波を忘却した〈楽園〉
### 観光地プーケットにおける原形復旧の10年

## 1 喉元過ぎれば熱さ忘れる？

2014年12月26日——インド洋津波から10年目の区切りのこの日、被災地であるタイ南部のアンダマン海沿岸各地で、慰霊と追悼の式典が催された。タイの新聞やテレビニュースはこぞってこの話題を取り上げて、プーケットやピーピー島が10年前に経験した災禍を振り返った。タイの報道でインド洋津波がこれほど大きく扱われるのは、久方ぶりである。

インド洋津波によるタイ国内での死亡者には、28名の日本人が含まれる。大半は年末年始の休暇を過ごすためにタイを訪れていた観光客であり、その死のニュースは、当時の日本で大々的に報道された。プーケットで催された津波10周年の追悼式典には、日本から犠牲者の遺族も招かれて、涙ながらにスピーチをした。その模様を現地から報告する日本のニュース報道は、遺族における「忘れられない悲しみ」に焦点を当てつつ、当のプーケットで津波の記憶が風化し、防災対策がおろそかになっている現状を危惧する、といった論調である。

> 未曽有の大災害から10年。ひときわ早い復興を見せたプーケットでは今、津波の痕跡はほとんど残っていない。[…]大津波の後、政府は津波が発生した際、複数の言語で避難を呼びかけるサイレンや看板を設置するといった対策を講じたが、津波の後も防潮堤などはつくられないまま。津波の危険区域を示す標識の中には、風化し、ほとんど文字が読めなくなってしまったものもあった。[…]住民や観光客に対する啓蒙活動は進まず、意識も大きくは変わっていない。[…]改めて、人々の防災に対する意識をいかに高め、維持していくかが今後の課題と言えそうだ。[日本テレビ 2014]

「災害の教訓が忘れ去られ、防災も不十分」という問題含みの状況として、津波

194

後10年を経たプーケットを描く、日本の報道。そこには、日本では皆が暗黙のうちに共有する災害復興への見方が反映されている、とは言えないだろうか。すなわち、被災の記憶に学んで悲劇を繰り返さないよう対策を講じる（＝「改良」する）ことが、災害復興の重要な軸をなす、という理解である。2011年の津波により壊滅した東北地方の太平洋沿岸では、被災住民の高台移転を伴う「防災強化された復興まちづくり」が進められた。巨大津波は、数十年後、確実にまたやって来る。であるなら、津波が来れば浸水する沿岸低地に従前どおりの街並みを再建するべきではない——震災の悲劇に学んで、津波の被害を受けないまちづくりをするのが、当然であるとみなされる。大規模災害の後では、「同じような外力によって再び同じような惨禍に見舞われないように、災害に強い社会を構築するべき」という声が強まり、被災者たちが従来の生活状況を取り戻すことが、防災強化の名の下に阻まれる場合すらあるという［大矢根 2007: 18-19］。例えば、古い木造家屋が密集する街並みを「改良」した結果、地代が高騰するなどして、元々の住民が転居せざるを得なくなるようなケースが、典型的である[1]。

　こうした復興観からすれば、災害から立ち直ったビーチリゾートの現状には、防災上の観点から疑義が生じる。まちづくりという観点から言えば、プーケットの各ビーチは津波への脆弱性をそっくり残したまま、ほぼ2004年と同じ姿を取り戻した。すなわち、本章の後半で言及する「原形復旧」である。かつて津波に洗われた各地の海辺に、高台移転や防潮堤築造がなされぬまま、ホテルやレストランが再建されているのだ。2004年に等しい地震がスマトラ沖で再発すれば（長期の時間軸で考えれば確実だと思われる）、それらの建築物は、2004年と全く同様な仕方で津波

---

1）社会学や地理学では、ある地域においてこれまで主に住んでいた人々よりも富裕な層による在住・使用がなされるように空間・環境を改善（すべく投資）することを指して、「ジェントリフィケーション」（gentrification）と言う。ジェントリフィケーションが実施される時には、その付随効果として、旧来からの住民が住みづらくなり、地域外への移住を迫られる事態が往々にして生じる（いわゆる「地上げ」はその悪質な例である）。こうした都市環境改善の裏に隠れたネガティブな面への問題視を含むのがジェントリフィケーションという概念であり、「社会的公正および社会的不平等に着目する批判的な用語・概念として用いられ、低所得層に対する不幸や不公正を強調する」［黄 2017: 14］。対して「一般に、「都市再開発」や「都市再生」のような中性的で親政府的な用語は政策によってよく用いられる」という［黄 2017: 14］。災害で大きな物理的ダメージを受けた街並みの再建も結果的に、貧困層や弱者の排除を含むジェントリフィケーションとなる場合が少なくない。

に呑まれるだろう。

　津波に襲われた12月26日——クリスマスから年末年始に続くこの時期は観光地プーケットにとって最大のかき入れ時であり、2014年も国内外からの旅行者で賑わっていた（当時急増中だったロシア人観光客のみは、直近におけるルーブル暴落の影響で、潮が引くように姿を消していたが）。26日の午後、10年前に150名を超える死亡者を出したパトンビーチで追悼式典が催されているまさにそのとき、眼前の砂浜では、無数の観光客がパラソルの下でくつろいでいる。中には式典を軽くのぞき見る者もいるが、多くは直ぐに興味を失い、明るいパラソルの林へと戻っていく（これが日本であれば、不謹慎だという非難の声が上がるだろう——何がどう不謹慎なのかはさておき）。仮にパトンが新たな津波に襲われたとき、浜辺を埋め尽くす観光客たちの安全は、確保されるのだろうか。かつて被災したまさにその場所で、津波への危機感を忘れて安穏と繁栄する観光地は、我々の目には、いささか奇異に映る。本章では、プーケットが経験してきた独特な復興の軌跡を振り返り、日本の災害復興のあり方と対比させながら、その合理性について考察する。

## 2　観光地プーケットの被災

　2004年インド洋津波によるプーケットおよびタイ南部のビーチリゾートの被災状況については既に詳述したが、本章の議論を理解する助けとなるよう、新たな情報を補足しつつ改めて要点を整理しておく。

　観光地（または観光業）における被災の特徴は、災害に対するふたつの脆弱性として、整理ができる。第一の脆弱性は、観光地で災害が発生した場合、観光客の安全確保が難しいという単純な事実だ。著名で人気があればあるほど、その地は観光客で賑わう。しかしながら、いざ災害が生じた際に、域外各地から一時的に集っている不特定多数の人間を、安全かつ円滑に避難誘導するのは、決して容易ではない。日本の三陸海岸のように、過去に大きな災害が発生し、また将来の反復が予想されている地域では、防災意識の啓蒙や避難訓練などを通じて、住人たちが「いざという時」に備える下地を醸成することができる。しかし観光地にあっては、ホスト側である地域住民への防災啓蒙はある程度実現し得る[2]としても、しばし遊びに来た

---

2）楽しみを求める観光客の要望充足や利益確保が優先されるあまり、ホスト側における安全への備えがおろそかになることもある。

ゲストたちへの防災意識の周知徹底は、困難である。

　第二の脆弱性は、経済的な二次被害に対する無防備さである。ここで言う二次被害とは、人的犠牲や建造物などへの物理的被害の後に顕在化する、主に観光客の激減が導く収入基盤の崩壊を指す。一般に、観光目的の旅客数は、商用などのそれと比べて、不可測の要因による経時的な増減が著しい（ボラティリティが大きい）。業務上の必要に迫られて旅をするビジネス客に比べて、2020年からのCOVID-19騒動下で脚光を浴びた表現を借りれば「不要不急」の活動である観光旅行は、信頼度の怪しいネガティブ情報の拡散や、単なる心情的な理由から、簡単にキャンセルされてしまう。事故や災害に見舞われた観光地が、安全性や利便性に格段の問題が生じてはいないのにもかかわらず、刺激的な報道の氾濫に端を発するイメージダウンにより、外部からの旅行客に忌避される——第2章では、そうした事態を「風評災害」と定義した。観光のみに立脚するビーチリゾートの経済にとって、長期にわたる観光客の激減は死活問題である。

　被災の様子を伝えるニュース報道は殊更に刺激の強い絵面を追い求め[3]、「タイの海＝被災地」という強烈な印象を形作った後、復興が進む過程を肯定的な視点から報じることはほとんどしなかった。観光客の送り出し側である諸国の旅行代理店は、プーケットやピーピー島を早々に商品カタログから削除した。観光客の足となる各国の航空会社は、自国からプーケット国際空港への直行便を取り止めた。風評災害は、このように被災地域外の利害関係者が関わる網の目のなかで顕在化するがゆえに、被災当事者にとっては対策が立てづらい。加えて、タイ南部の観光セクターには、観光ビジネスの落ち込みに直面した人々の苦難を増幅するような、構造的な要因が隠れていた。例えば、低賃金で立場の弱い労働者や零細事業者が多かったために、解雇や事業倒産が目立つことになった。また、大規模な自然災害を想定した保険やセーフティーネットの欠落により、被災者の救済に支障を来した。

　タイ南部のビーチリゾートのなかで最も深刻な被害を受けたのは、パンガー県のカオラックとピーピー島のトンサイ湾沿岸である。カオラックは10m、ピーピー島は6mの津波に呑まれて、建造物の多くが、復旧不能な大損害を被った。カオラックとピーピー島のいずれにあっても、建造物が再利用される見込みは立たず、被災

---

3）タイ南部の観光客がハンディカメラで撮影した津波来襲の映像は、ニュース報道の格好の材料とされた。2004年のインド洋津波は、一般の被災者が撮影した無数の映像がインターネット（特にYouTubeなどの映像投稿サイト）を通じて世界中に拡散する、初めての大規模災害となった。

**図7-1　がれきで塞がれたピーピー島中心街の道路**

から数ヶ月後には取り壊されて、一帯は更地となった。さらに、観光関連施設を再建し、従来の滞在客収容量を取り戻すには、数年の時間を要した。対してプーケットでは、津波の最大高は 4m 内外であり、全壊して再開不能にまで追い込まれた施設は、過半を占めるには至らなかった。各ビーチはカオラックと同じく南北に延びるが、東方向に軽く抉れた湾内に位置するなどの地形的理由もあって、カオラックに比べると津波による物理的な衝撃は少なかった。津波の威力がプーケットで最も大きかったのは、パトン湾から岬を挟んですぐ北に位置するカマラビーチであったが、そこではあらかたの建造物が全壊したものの、小構えなリゾートである。開発規模が突出して大きいパトンの被害が限定的であったことが幸いして、プーケット全土の観光地としての機能は、著しく損なわれずに済んだと言える。

　漁村や農村に比べて経済規模が大きく、外貨獲得の旗頭でもある観光地には、被災直後から、タイ政府による重点的な支援がなされた（対照的に、各国政府や NPO、国際機関などによる国外からの財政的・物的支援は、観光地を素通りして漁村の被災地に集中した）。救護活動を始めとして、負傷したり宿泊先を失ったりした観光客への便宜（帰国費用をタイ政府が負担するケースすらあった）や、犠牲者の遺体の捜索と収容において、ビーチリゾートには特別な配慮がなされた［Cohen 2008］。電気や水道といったライフラインの回復や瓦礫の撤去についても、観光地は優先的な取り扱いを受けた。パトンの海辺とビーチロード、そして津波の直撃を受けた建造物の一階部分は、瓦礫と漂流物で埋め尽くされた状態となったが、自動車やスピードボートなどの大型の物体も含めて、一週間程度で大まかには片付けられた。ビーチに面した大手ホテルの大多数は、プール付きの庭と天井の高い一階ロビーが

図7-2　被災した建物の軒先を借りて仮営業する店舗群（筆者撮影）

打撃を受けた一方で、上層にある客室部分には直接の被害がなかったため、年明け
から五月雨的に営業を再開していった。より小規模な商店やレストランも、使用不
能となった店舗部分を屋台のような簡易店舗に仕立てるなどして、営業を再開した。
その店舗の経営者ではない者が、軒先を借りて商売を開始するケースもあるなど、
いかにも東南アジアらしい柔軟なしたたかさを感じられた（図7-2）。

　2005年2月のパトンでは、トタンの塀で覆われた店舗跡地といった津波の爪痕
は確かに残っていたものの、多くの商店や宿泊施設が営業を再開していた。しか
し、観光客数は減少したまま、回復の兆しを見せなかった。被災直後からタイ政府
は、負傷者救出と遺体収容に続く最重要の課題として、観光業の復興を捉えていた。
発災の数日後には関係閣僚が漁村の被災地を後回しにしてプーケットなどの被災状
況を視察し、観光業への財政的支援を迅速に開始した［The Guardian 2005］。タ
イ政府による観光業の復興プランは、①インフラストラクチャーの復旧、②タイの
（観光地としての）評判の回復、③津波警報システムの確立による観光客の安全確
保、の三点を主たる目標に据えて、とりわけ国際観光市場におけるイメージ回復に
注力した（被災者対応にあたり観光地／客へ特別な配慮がなされた背景には、こう
したイメージ戦略があると考えられる）［Cohen 2008］。TATが中心となって、観
光客への免税、海洋国立公園の入場料の無料化、各国の旅行会社を視察ツアーに招
待、などのマーケティング上の施策が矢継ぎ早に放たれたが、その効果のほどは定
かでない（第3〜4章）。

　タイ南部の被災にあっては、純度の高い観光産業集積ならではの脆弱性が露呈
した一方で、ほぼ観光のみに立脚する経済圏であったがゆえの、ある種の頑健性や

図 7-3　地階と 1 階が浸水して死亡者が出た商業施設（筆者撮影）

　復元性が見いだせた事実も、付記しておきたい。タイ南部最大の観光地であるパトン地区には、長大な砂浜から内陸方向へ約 1km にわたって商業施設や宿泊施設が密集し、大規模な歓楽街を形成しているが、津波によって深刻な打撃を被ったのは、浜辺と平行するビーチロード一帯のみであった。ビーチロードに沿って立ち並ぶ建物群の 3 階までには津波は到達せず、1 階の店舗部分を突き通り、2 階に浸水するにとどまった。以上の状況から、パトン地区の観光収容力減損は限定的と言えた。また浜沿いに広がる繁華街は、結果として内陸部に立地する居住エリアを守る防潮堤の役割を果たした。ビーチエリアの住人の大半を占めたのは、観光業従事者であった。その多くが域外からの流入者（季節的・一時的な出稼ぎ者を含む）であったため、血縁や（出身地の）地縁を頼っての域外退避が、比較的容易であった。早々に見切りをつけて各地へ転居した者たちは、観光が再度盛り上がれば、また元の事業・職場へと復帰する可能性を残している。そして、タイ南部がその一部をなす世界的な国際観光市場の全体は至って健在であったため、時を経てプーケットやピーピー島が市場競争力を回復すれば、一時的にはタイ南部を敬遠していた観光客もまた戻ってくる。
　プーケットを中心とするタイ南部のビーチリゾートを全体として捉えれば、津波による被害は限定的であり、観光客を迎えいれる機能は迅速に復元された。発災から数ヶ月後には、タイ国政府に加えて、世界観光機関（WTO）、太平洋アジア観光協会（PATA）[4]、日本旅行業協会（JATA）などが相次いで被災観光地の安全を宣言したこともあり、観光客数が従来の水準に戻るまでには長くを要さないという予測もあった。しかし被災から一年を経ても、観光客数は前年比マイナスの状態が続

いていたため、ビーチリゾートの住人は必ずしも楽観的なままではいられなかった。むしろ、観光関連事業者（旅行会社やホテルなど）にとっては、被災イメージの払拭を通じた観光客数の回復が、重要な課題として意識され続けることになったのである（第2章〜第4章）。

## 3 津波後プーケットの歩んだ道

### 3-1 原形復旧型復興

　スマトラ島沖地震（およびそれに起因する巨大津波）の発生には周期性があるとみられることから（第1章第2節）、インド洋沿岸の被災地の全域で、防災体制の強化が図られた。インドネシア、タイ、インド、スリランカなど被災各国の努力はもちろん、国連開発計画（UNDP）に代表される国際機関、さらには欧米各国や日本が協力して、津波の早期警報システムの開発が推し進められた［United Nations 2009］。

　タイ政府は、2005年5月に国立災害警報センター（NDWC: National Disaster Warning Center）を設立し、各省庁を横断して迅速な災害情報の伝達が可能となるよう、制度的な対応を開始した。またタイ南部の津波被災地でも、後述するように、警報システムおよび避難経路・場所の確立と、防災を念頭に置いた街並みの復興とが、試みられた。しかしながら、東日本大震災後の津波被災地で大規模な防災対策工事が推進されたのに比べると、タイ南部での新たな防災まちづくりは、極めて限局されていた。特にビーチリゾートでは、観光関連施設の復旧、およびイメージ回復のためのマーケティングに注力がなされ、数年を経て客足が回復してくるとともに、防災への取り組みは低落していったように見える。その背景には、観光産業の復興を最重要の課題とする政策的意図があった訳だが、同時に、観光地の住人たち（および観光客）による、防災施策への強い要望が継続しなかったことも、また事実であった。

　NDWCが主導した、タイ南部での防災体制構築の主眼は、警報と避難の二点に尽きる。東日本大震災の被災地で強行されたような防潮堤の構築、浸水地域の嵩上げ、高台への街並み移転といった、土木工事を伴う物理的な防災対策は、一切取ら

---

4）PATAは、日本支部の公式ウェブサイトによれば、「太平洋アジア地域への観光客誘致及び域内交流の活性化を目的」とする「非営利の広域観光団体」である。

**図7-4　津波警告タワー**（筆者撮影）

れなかった。NDWC の主要な役割は、津波を含む各種災害に関わる情報収集と、その情報を沿岸部に迅速に伝えるための早期警報システムの構築・運用である。タイは、南西側がアンダマン海、南東側がタイ湾に面する長大な海岸線を抱えているため、独自に浮かべた観測ブイを活用するのみならず、米国の太平洋津波警報センターや日本の気象庁とも連携して、津波の発生や規模判断に関わる情報収集に努めるようになった。津波警報は、ラジオおよびテレビ放送に加えて、沿岸各地に設置された警報タワーにより、近隣住人に伝達される。外国人観光客の利便を考慮して、タイ語および英語、ドイツ語、中国語、日本語の計 5 カ国語でのアナウンスに、大音量のサイレンや警告灯を付帯させて、伝達力を高めるよう工夫している［Husted & Plerin 2014］。

　2012 年までにほぼ完成を見た津波早期警報システムの根幹を成すのが、アンダマン海に浮かべた 3 つのブイである。近海に 1 つ、最大 1,000km の遠海に 2 つ配置されたブイが海面水位を観測し、異常があれば衛星回線を通じて即座に NDWC に伝える。NDWC は、ブイによる異常の観測から 15 分の短時間で、沿岸の住民に津波を警告できるとしている［Saengpassa & Sarnsamak 2012］。この迅速な情報伝達を可能とする装置が、上述の警報タワーである（図7-4）。2005 年のうちにパトンを皮切りとしてプーケットの西岸一帯に 15 基が設置され、2012 年までに計 136 基がアンダマン海沿岸全域に配備された［Husted & Plerin 2014］。これら警告タワーの一部は、2014 年の時点で潮風と直射日光に晒されて早くも老朽化の兆候を示しており、長期的な保守管理が課題となる。

　しかしながら、こうした措置がなされてもなお、世界各国からゲストを集める

図7-5　津波避難路（上）と行き止まり右折（下）の標識（筆者撮影）

国際観光地では、警報や注意報を受け取り損ねる人々が生じる懸念が残る。例え
ば、かつてプーケットで津波注意報が流された際に、近年増大しているロシア人観
光客が、その意味が分からずに混乱したことがあったという。多言語アナウンスに
ロシア語が含まれていなかったためである。5カ国語で同内容が繰り返されるため、
1回のアナウンスに約3分半の時間を要する［Husted & Plerin 2014］。使用言語を
増やせばそれだけ時間が掛かるため、観光客が聞き逃したり、自分が理解できる言
語を待って避難行動を遅らせたりする恐れが高まる。ゆえに、ロシア語などを新た
に付け加えてアナウンスでの使用言語数をいたずらに増やすのは、また別のリスク
を生んでしまう。プーケットという世界各国から多くの観光客が集う場ならではの、
難しさがあるのだ。

　警報を受けた住人や観光客は、津波の及ばない高台へと避難することが求められ
る。アンダマン海沿岸には、津波危険区域（Tsunami Hazard Zone）の標識、高台
への避難路（Tsunami Evacuation Route）を指し示す標識、津波避難地図、そし
て地点毎の津波の到達波高を示す杭型の標識が、配置された。いずれも、基本的に
青地に白い文字（または白地に青い文字）を使用し、遠目からも際立つデザインと
なっている。標識類は、高波（から逃れようとする人物）を模した図柄（2003年に
国際的な合意がなされたデザインに準じている）と、英語とタイ語による警告文が
描かれた、50センチ内外の大きさの方形や円形のボードである（図7-5）。

　危険区域標識は、2004年の津波に洗われたエリアに設置され、高台または内陸
へと避難するよう、警告している。加えて、避難路標識が、矢印と距離表示を組み
合わせて、避難先を教示している。現在、ビーチリゾートには重点的に危険区域／

図7-6　劣化して読めない標識（筆者撮影）

図7-7　視認性が悪い避難標識（筆者撮影）

避難路標識が配置されているが、色褪せや錆で劣化したものが散見される（図7-6）。また、観光客向けの派手な看板が密集する中に埋もれて目立たないものや、障害物に遮られて視認が困難なものもあり（図7-7）、総体として警告能力に疑問が残る。特に、内陸への抜け道が限られる（後述）パトンのビーチロードでは、避難路標識の絶対数が少ない上に、その矢印の一部は、海岸線に沿っての平行移動を指示する体となっている。高台へのルートの全体像を直感的に掴みづらい方向指示であり、いざ津波に直面した時には、あまり警告として意味を成さないかもしれない。さらに言えば、多くの観光客がくつろぐ砂浜には、津波に関わる標識の類が、そもそも全く見当たらない（2015年4月現在）。

　津波被災地にあっては、避難路標識こそ設置されたものの、新たな避難路が設け

図7-8　パトンビーチの道路マップ（2015年）（筆者撮影）

図7-9　ビーチロードと並行する道路（筆者撮影）

られた訳ではなかった。南北3kmの長さを誇るパトンビーチは、ビーチと平行して走る2本（後に1本が増建され3本）の道路が繁華街の主要部分を成している一方で、ビーチおよびそれらの道路から垂直方向に内陸部へ通じるルートの数が少ないという、都市設計上の欠点を抱えている（道路以外の部分は建造物が密集して通行できない）。高台への避難路となるのは結局のところそれら数少ない既存道路にすぎないため、観光客の避難誘導に際して遅滞が生じる懸念は、解消されていない。また、避難場所として指定されたのは、海岸から500m内外に位置する開けた低地（市場や広場など）が多いが、いずれも2004年には床下浸水に見舞われた場所である。例外的に津波が内陸奥深くまで入り込んだカオラックと、低地から逃れる高台が（急峻な崖に囲まれた山地以外には）存在しないピーピー島の市街地エリアには、

図7-10　ピーピー島の津波避難所（筆者撮影）

津波を免れる（と想定される）高さの避難所（Tsunami Shelter）が建設されたが、保守管理が不十分なままに放置されている（図7-10）。ピーピー島の避難所については、その存在を地元住人こそ知るものの、観光客への周知徹底はなされていない。

　政府にとって、2004年の津波災害は、無秩序に増殖を続けてきた観光地／産業を、白紙から設計し直す都市計画上の好機だと受け止められた［Cohen 2008］。かねてから、ビーチリゾートの観光開発は悪質な環境破壊であるとの批判があったことから、政府は持続可能な観光業の実現を旗印に掲げて、無数の事業者が野放図に利益を追求する混沌状態を減ずべく、大企業を優先する秩序再編を試みた（ただしその意図が真に環境保護にあったかは、疑わしい）。パトン地区の復興計画は、当時のタクシン・チナワット首相が主導し、TATや地域自治体との折衝を経て、2005年に提示された。これは、海岸線に近いエリアを建設規制区域に設定して、防災と美観と観光客の利便とを鼎立する統一的な方針において、再建を目指すものであった。海岸部の建築物の一部移転、道路の拡張・新設、保護砂丘や緑地の造成、ビーチでの貸しパラソルや露店などの営業規制を含むこの計画は、しかしながら、観光収入の早期回復を望む住民たちの強固な反対に阻まれて、次第に骨抜きにされていった［Cohen 2008］。

　パトンのビーチロード沿いの建造物については、移転が実施されずに、ほぼ津波前と同じ形で再建された。ビジネス戦略上の理由からパトンには、ビーチロード沿いに商業施設、内陸部に居住地区という二元的な街区構造が元々存在していた。これは図らずも、東日本大震災後の被災地域の一部で試みられている、低地部分には（盛り土をした上に）商業・観光施設を配置し、居住地は高台に移転するという「復

図7-11　パトンビーチの高層ホテル（筆者撮影）

興土地区画整理事業」の青写真と結果的に相似している。2004年の津波に際して
は、ビーチロード沿いの繁華街が防波堤の役割を果たし、居住地区への深刻な打撃
が防がれたのは、前述したとおりである。加えて言うなら、パトンにはビーチに至
近の高層ホテルが数多くあるため、避難場所には事欠かない（図7-11）。その意味
で、費用対効果を焦点として考えれば、防災上の観点からも優れた選択であったと
言えるかもしれないゆえに、既存道路の拡張や内陸に抜ける新たな道路の建設もな
しえず[5]、津波以前から悪化の一途を辿っていた交通混雑も解消できなかった。そ
の結果、2005年3月28日や2012年4月11日に発生したスマトラ沖地震（いずれ
もマグニチュード8を超える大規模地震）の際などには、津波注意報に慌てて半
ばパニックとなった住民や観光客が、内陸に向かう道路上で紛乱したこともあった。
ビーチを埋め尽くす貸しパラソル（および木製のベンチ）が、津波によって大量に
漂流した反省から、パラソルの総数規制も試みられたが、反対意見が続出したため
実現に至らなかった。

　津波以降の10年を振り返ると、タイ南部のビーチリゾートの復興は、警報タワー
と標識類（と少数の避難所）の設置を除けば、防災まちづくりや観光地としての魅
力向上において、質的に新たな達成が得られないままの「復旧」であった。壊滅し
て更地となったカオラックやピーピー島においてさえ、目立った防災上の工夫をす
ることなく、津波以前と瓜二つの街並みが再建された。防災強化と地域振興を重視

---

5）内陸方向への抜け道を増やせない一方で、観光客が増加してホテルの建造ラッシュが生
　じて付随する繁華街が拡大するに伴い、ビーチと平行に走る新たな道路が建設された。

する東日本大震災後の復興事業とは好対照の、タイ南部におけるこうした経過を、本章では、「原形復旧型復興」として定位したい。

　日本での激甚災害からの再起に向けた「復旧」は、文字通りに「旧きに復する」ことだけを意味するのではない。そこには多くの場合、（少なくとも防災上の観点からの）「改良」が含意されている。国土交通省による（主に公共のインフラストラクチャーの）災害復旧事業についての基本的な考え方は、元の状態を再現する「原形復旧」を原則とするが、被害規模が大きい場合には、改良を加えた復旧を行うというものである。日本の災害復興においては一般に、防災はもちろん被災者の生活再建から社会経済構造の再構築まで広きに渡り、災害以前よりも状況を改良することが目指される（少なくとも総論または建前としては）。対して津波後のプーケットは、何事についても殊更に改良を目指さない、言わば原形復旧型の復興を志向した。

　災害からの復興は、地域住民と、行政を筆頭とする多彩な利害関係者との協働の中で成し遂げられる。そこで改良が目指される場合、誰の視点において、何がどう改良なのかが、問題として浮上する。防災面での改良を目的として、ときに多くの住人が住居移転を余儀なくされたり、多額の資金投入を伴う土木工事が実施されたりするが、それらは往々にして、被災者の意向を十全に反映しての措置とは、言い難い。タイ政府とTATは、経済社会制度の再編をも視野に入れて、様々な変革を含んだ復興を目論んだが、なしえなかった。それがゆえの原形復旧は、改良の蹉跌である一方で、地域住民や観光関連事業者の意向を忠実に反映した[6]結果であったと、評価できないだろうか。

### 3-2　記憶の放棄と痕跡の抹消

　津波後プーケットの復興は、防災対策などの物理的な側面にとどまらず、在住者の意識においてもやはり、原形復旧型復興であった。本項では、時計の針を発災直後に巻き戻し、津波に対する人々の認識と思考に焦点を当てて、前項とは異なる角度から、復興の経緯を振り返る。

　津波の記憶も新しい2005年4月29日、パトンで避難訓練が実施された。首相や

---

6）タイ南部は元来マレー文化圏であった。さらにプーケットでは、タイの政治経済に隠然たる力を持つ潮州系ではなく福建系の華人が多かったという歴史的な経緯もあり、中央政府の統治が浸透しづらかった。政財界における地域有力者の勢力が強く残る独特な事情も、政府やTATの思惑通りに復興が進まなかった遠因としてある。

各国の大使が来賓となり、国内のテレビでも紹介された晴れのイベントは、津波警報のサイレンを起点として、あらかじめ決められたルートを通って避難所まで移動するという内容で、パトンの住人に加えて多数のボランティア、そして警察と軍までが動員される、大規模なものであった。観光客を世話する立場の事業者による避難誘導の訓練や、住人の防災意識向上を目的とした避難訓練は、その後もプーケットの各地で実施された。しかし時を経るにつれて、参加者たちの真剣味は薄れ、参加者数も減少していった［Sidasathian & Morison 2013］。津波から 10 年以上を経た現在、ビーチリゾートの住人（すなわち観光業従事者）の防災意識は薄く、観光客に至ってはほぼ絶無と言って良い。

　プーケットおよびその周辺に、津波の記憶をとどめようとする施設が全く存在しないわけではない。小規模なビーチでありながらパトンと並んで多くの死亡者を出したカマラでは、2006 年 7 月 22 日に津波災害を記念する公園が開場した。また、プーケットから陸路で 2 時間と遠いカオラック周辺にまで足を延ばせば、最大で 2.5km 内陸まで入り込んだ津波が運んだ船舶（漁船と巡視艇）が、津波の威力を体現する災害遺構として残されている。加えて、身元不明の各国の犠牲者を埋葬する共同墓地もある[7]。しかしそれらのいずれもが、ダークツーリズムの観光資源としては魅力に欠くことは、第 6 章で述べたとおりである。そして、最大の集客地であるパトンビーチには、観光するに足る被災の痕跡は存在しない。

　カマラの公園の中心に鎮座する「Heart of Universe」のオブジェには、一見したところ津波を連想させる要素は何もない。津波災害を説明する石碑が設置されてはいるものの、この公園には、惨烈な被害をイメージ豊かに伝える要素（例えば津波の物理的痕跡や悲劇の再現描写）は、存在しない。公園を訪れて抽象的なオブジェを見上げる者も少なく、黒い石版に刻まれた碑文を読む観光客は、ほぼ見かけられない。そもそも展示物として誘引力を欠く上に、大多数の観光客の行動範囲外に所在するこの公園の意義は、どこにあるのだろうか。津波の記憶と教訓を残すのが目的だとするなら、パトンに置かれるのが最適であるはずだ。カオラックに点在する遺構も、一応は記念公園化されているものの、筆者が訪問した 2013 年の時点では、もはや管理をする者もおらず、雑草が生い茂るのみであった。立地の不便さもあって、いずれの公園にも、訪れる観光客は少ない。現在は、記念公園の寂れ具合に象

---

7）ナムケム村の漁船保存場所にも、犠牲者を悼むプレートが設置されているが、次第に風化してきている。

徴されるように、被災地観光への需要はほとんど無い。復興が進んだ土地での被災地観光は、被災の爪痕が薄れているがゆえに、優秀な語り部か、入念に構築された再現展示がなければ、魅力的な観光経験を提供できない。そのどちらも欠けていたことが、タイ南部の被災地観光が廃れた要因のひとつであろう[8]。そして筆者は、プーケットの観光業に従事する人々とのインフォーマルな雑談の中で、そのことを残念がったり、津波遺構／記念公園をもっと観光に活用したいといった語りを、ついぞ聞いたことがない。

　筆者が2005年に訪問した際には、プーケットやピーピー島の住人は、被災の苦しみについて、そして自らの考える望ましい復興や防災のあり方について、饒舌に語ってくれた。のみならず、自らの被災経験や、各地に残る被災の爪痕を観光客に紹介するなどして、津波という出来事を、ある種の「売り」にしようという意識さえ、垣間見られた。被災の数ヶ月後には、津波の映像・画像を集めたDVD、津波の名を冠した食事メニュー、津波を描くタトゥーや「津波人形」といった津波便乗商品が巷に氾濫した。しかし、こうした動きが見られた期間は短く、住人による津波の語りと表象は、急速に消え失せていった（第6章）。

　当然ながら、悲劇を語らないことがそのまま、悲劇を忘れたことを意味する訳ではない。津波の惨禍を目の当たりにした在住者たちは、その刹那に何が生じたのかを、つらい心情とともに記憶している。その心情が、悲劇の記憶を語る妨げとなることもあろうが、それ以上に、観光地に住み観光業に従事しているという条件こそが、彼らの口を重くした。観光客がタイ南部に投げかける「まなざし」において、バカンスを楽しむ観光地であることと、多数の犠牲者を出した被災地であることとは、基本的に両立しない（第2章第2節）。欧米や日本（さらに近年ではアジア諸国）からの観光客は、マスメディアによって提示された〈楽園〉イメージを期待して、プーケットやピーピー島にやって来る。カオラックとピーピー島の甚大な被害状況（特に少なからぬ観光客が命を落した事実）が繰り返し報道されたことは、タイ南部の〈楽園〉イメージにとっては致命的であった。当然のことではあるが、津波被災のニュースが世界を駆け巡ると、タイ南部に観光客を惹きつけていた〈楽園〉イメージは、瞬時に失墜した。グローバルな観光市場には、同様の〈楽園〉リゾートが無数に存在するため、タイ南部は競争力を失って、他国の観光地に客を奪われた。

---

8）この点は、東日本大震災の津波被災地が発災から時を経るにつれて抱えつつある問題でもある。

　その点を気に病む被災者＝観光業従事者たちは、自身が抱え持つ被災の記憶が悲惨であればあるほど、観光客にそれを語って可視化する所行を、避けようとする。筆者が2006年に話をしたある日本人在住者によれば、津波被害について興味を示す観光客に対しては、自発的には語らず、聞かれたら答えるが、決して具体的な詳細は提示せず、半ば煙に巻くように話をするのだという。こうした対応は、筆者が調査を続けている観光ダイビング業界で、インストラクターが生徒や観光客に対して過去に生じたダイビング事故を語る（会話の流れから語らざるを得なくなった）ときの作法に、通じるものがある。

　タイ政府（特にTAT）は、観光地プーケットの復興に向けて、失墜した〈楽園〉イメージの回復を第一義としたマーケティング施策を展開していた。タイ国内のマスメディアやホテル、旅行代理店なども、大筋でTATの方針に追随した。この方針は、観光業に従事する住民たちの大多数の実感に沿ったものでもあった。つまり、権力者から草の根まで、タイ南部の〈楽園〉観光地には、津波被害をめぐるダークツーリズムのまなざしの構築誘導者が、微塵も存在しなかったのである。第6章では、タイ南部の津波被災地が、災害遺構の魅力構築ができず、ダークツーリズム振興に失敗した状況を描いたが、そもそも同地は、地域および観光産業の暗黙の総意としてその意思がなかった——というよりもむしろ、積極的に避けたのではないかと思われる。その意味では、ダークツーリズム振興に「失敗」したという語り口は、現実を正しく伝えていないことになる。タイ南部の津波被災地は、被災の記憶と痕跡を観光資源にする道を選ばなかったのみならず、災禍の記憶と教訓を伝える「負の遺産」を保持する意志も、また無いのだろう。ゆえにタイ南部には、広島の原爆資料館や神戸の防災未来センターのような、被災の詳細な実態や苦しみを細説する施設が、欠落しているのである。

　同地の復興過程において土木事業を伴う津波防災対策を欠いた原形復旧が進められたのも、観光地としての〈楽園〉回復の復興戦略によるものだ。津波の痕跡と記憶を消し去ることで、観光市場に流布した悪印象の速やかな払拭をはかる。そのためには、津波を想起させる防潮堤の建造などは、必要ないどころか、むしろ阻害要因となる。当然ながら、こうした原型復旧型復興を目指すまちづくりと、津波の痕跡と記憶を観光コンテンツにしようとするダークツーリズム化の動きとは、根本的に相容れない。したがって、被災から立ち直ったパトンの街がどれほど拡大しようとも、津波遺構や災害記念公園が入り込む余地はないのである。

　ビーチリゾートの復興は、基本的に原形復旧であった。原形復旧を厳密に考える

なら、それは時計の針を戻して津波襲来前の世界に回帰すること、となるのではないか。もちろん叶わぬ相談であるが、それでもできるだけ津波以前の世界に今を近づけようと願うなら、津波の痕跡や惨禍の記憶を抹消しようとするのは、当然の態度に思える。被災以前のプーケットやカオラックでは、人々は被災の記憶はもちろん、津波への恐れ（さらにほとんどのタイ人たちは津波の概念）すらも、持ってはいなかった。あたかもエデンの園のように、悲しみも恐れも知らない人々が暮らす〈楽園〉観光地。そこに被災の痛哭や津波の恐怖を持ち込めば、〈楽園〉は失われる。だとすれば、〈楽園〉イメージを武器として国際観光市場に打って出るビーチリゾートにとっては、観光客の目に災禍の痕跡が映らないよう努力する以外に、津波の記憶への向き合い方はないのである。カオラックもピーピー島も、津波以前の無防備な街並みを再現した。その街並みは、2004年と同規模の津波が再来すれば、2004年と同様に壊滅するだろう。たとえそうであっても、津波の悲劇を思い出させ、また将来の津波来襲を予期させる防潮堤の存在は、〈楽園〉のビーチには似つかわしくない。あえて原形復旧が選択された背景にあるのは、防災の軽視というよりも、〈楽園〉を維持するための、透徹した合理性に裏打ちされた判断なのではないか。

　観光収入のみに立脚する「観光モノカルチャー経済」を生きる人々にとっては、観光客を迎える以外に生活の糧を得る術はない。被災直後から、在住者たちは一貫して、観光業の復興を望んでいた。観光業の復興とは、端的に言えば、気前よくカネを落す客が舞い戻って来ることである。その観点からすれば、ニッチ的にしか成立しない（そしておそらくカネ離れが良くない客が多数派であろう）被災地ツーリズムは、経済的な意味で観光業の復興にさしたる貢献はできない。確かに、各種インフラや観光資源が破壊された被災直後にあって、被災した事実そのものを売りにできる被災地ツーリズムは、現金収入を得る貴重な手段であり、また新しい多様なスタイルの観光を育てていく契機ともなる。しかしそうした動きは寡少にとどまるがゆえに、プーケットのように肥大した観光地の復興への特効薬とは、なり得ない。被災直後の興奮が冷めた後のビーチリゾートは、それを知るがゆえに、津波以前と同じ街並みを再建するとともに、被災の記憶を放棄し痕跡を抹消して、徹底した原形復旧への意志を貫いたのである。

　2014年12月26日の津波追悼式典に先立つクリスマスに、プーケットでは大規模な避難訓練が実施される予定であった。しかし行政当局は、その訓練を直前になって中止する。被災の「悪い思い出」を呼び戻すから、というのがその理由だという［Wittayarungrote 2014］。封印すべき悪い思い出[9]——津波の記憶が〈楽園〉プー

*212*

図7-12　警告タワー以外は2004年時点と同じ、パトンビーチの風景（筆者撮影）

ケットにとっていかなるものかを、端的に示す表現である。

　26日、パトンビーチで開催された追悼式典[10]は、きらびやかに演出されていた。式典会場の前の砂浜には、城郭や海の生物をかたどったサンドアートが並び、それらは夕暮れとともに幻想的なキャンドルアートの燭台となった。津波による犠牲者を弔うための、花と光のセレモニーである「ライトアップ・プーケット」。ほろ酔いの観光客が、機嫌良さそうに、キャンドルの光に浮かび上がる砂像の合間を縫って歩く。その近くには、白い紙で折られた千羽鶴と、鳩が飛び交う中に「PEACE」の言葉が際立つ大判の絵。また別の場所は即席の美術館とされ、慰霊のための絵が並べられた――笑顔で擬人化された波濤、その上に浮かぶ大きなハート、生き残った人々の穏やかな表情。悲劇の記憶と教訓を新たにする効果はありそうもない、これらのアート作品で式典を飾り立てる理由は、どこにあるのか。ビーチリゾートの〈楽園〉イメージを毀損しない演出意図、さらには津波の悪い思い出を上書きする思惑を見て取るのは、筆者の邪推に過ぎるだろうか。

### 3-3　プーケットの合理性
　プーケットが選択した原形復旧型復興は、〈楽園〉観光地の再興という観点からし

---

9) 独特の精霊信仰が存在するタイでは、悪霊や死者の幽霊といった話題が、ときに人々の関心の的になる。2004年の津波被災地は、幽霊出没の噂が多数流布することで、恐怖と忌避の対象となっていたという［Cohen 2008; 薬師寺 2013］。
10) タイの伝統的な様式に則った、僧侶による読経なども実施された。他にも音楽、舞踊、要人によるスピーチなど、イベントの内容は多岐にわたった。

て、合理的だと評価できる。防災がないがしろにされているようにも見えるが、津波早期警報システムが額面通りに動いてくれさえすれば、2004年のような無警戒の状態にはならないため、多数の死亡者が出るとは考えづらい。数十年後に再来するかもしれない、スマトラ沖地震に伴う大津波は、震源からプーケットに到達するまでに2時間の猶予を与えてくれる。観光客を高台へ誘導する仕組みは貧弱だが、近隣のホテルなどの上層階に移動するのみで、緊急対応としては事足りる。プーケットでは、情報伝達や誘導の段取りが多少悪くとも、観光客の避難は完了できるだろう。多くの死者を出さないという一点に限れば、防災体制に決定的な瑕疵はない。

　先述したように、パトンを筆頭とするビーチリゾートは、ゴールドラッシュによって出現した都市に比せられる。外貨の運び手である観光客は1980年代から増え続け、「観光モノカルチャー経済」は成長の一途を辿ってきた。被災前のプーケットの「原形」とは、増産を重ねる金鉱のようなものであり、その「復旧」とはすなわち、経済成長が続く状態への回帰を意味する。成長への約束が埋め込まれている原形復旧——それは創造的復興のひとつの形だと言えないだろうか。TATの統計によれば、2004年に約202万人であったプーケットへの外国人訪問者数は、津波の影響で2005年には半分以下に激減したが、10年後の2014年には643万人にまで増大した［TAT 2022］。その受け皿として、ホテルや商業施設の（野放図な）新規建造も続いている。それが、プーケットが選択した原形復旧の、10年を経た結実であった。

　タイの国際観光を調査し、宮城県の大学に勤務する筆者は、図らずも10年弱の間にふたつの津波災害に関わることとなった。タイ南部と日本の東北地方における、互いに似ても似つかない再生への道程。目の前の観光収入を重視して低コストの原形復旧型復興を選んだプーケットと、やがてまた来るべき津波を見据えて防災強化に大金を注ぎ込む日本。二つの「復興」が見せる圧倒的な差異が我々に教えてくれるのは、良き復興の形は、その地域が置かれた特有の状況に加えて、何を重視し、どういう時間軸で考えるかに応じて多様だという、単純な事実である。2015年2月、筆者が訪れた神戸の防災未来センターでは、「復興は、震災を忘れることではありません」と大書されているのが、印象的であった。対照的にプーケットは、津波を忘れ、災害の痕跡を消し去ることで、復興を成し遂げた。〈楽園〉プーケットが望んだのは、何も変わらない被災以前への回帰だったが、長らく内戦状態が続いて疲弊していたインドネシアのアチェ州においては、2004年の津波災害が、武力衝突の停止という大きな変化をもたらした［山本 2015］。また同地では、国内外から多くの

人道支援がなされた反響として、既存の社会的な枠組みの刷新や、地域住人による自己認識の変革が、導かれたという。プーケットの原形復旧型復興は、防災面での目立った改良も、アチェのような社会の創造的転成も、欠いている。しかしそれは、非生産的な滞留では必ずしもなく、一定の合理性を持つ選択であったことを、本章は描いてきた。我々は、復興とは常にこうある「はず」だという常識や、こうある「べき」だという信念を、いつの間にか抱いてはいないだろうか。しかし災害は、その都度異なる条件下で生じる以上、いつでもどこでも一様に通じる復興の「はず」や「べき」は、存在しない。

　人々が先祖代々住み続け、単一の職業を全うするような地域社会のモデルは、プーケットには当てはまらない。観光地プーケットでは、人の出入りが激しく、また事業の栄枯盛衰のサイクルも短い。ビーチエリアでは、経済活動に機動性が要求される。例えば、事業者であれば、初期投資は短期間で回収し、客を集められなくなれば店をたたんで別の商売に移る。労働者であれば、ハイシーズンの出稼ぎとして数ヶ月のみ、または若いうちの数年間のみ、リゾートで働く。短い滞在を楽しむ観光客はもちろん、在住者にあっても、次の津波が来るときまでプーケットに住み続けている公算は少ない。そして、〈楽園〉にあこがれ、または高収入に惹かれて新たにやって来る／住み着く人々は、津波を経験してはいないし、また取り立てて興味も持たない。古くからの住民は、それら新参者に、津波の記憶の共有を求めない。次から次へとやって来る（そして去っていく）人々に、その都度津波の経験を語り聞かせ、記憶の共有を図ろうとするのは、波打ち際に真砂の楼閣を築き、流されてはまた築き直すのに似た、不毛な行為である。多くの人間は、その繰り返しを耐え続けるほど、堅忍ではない。「知らない人に話して聞かせても仕方がない、意味がない、どうせ分からない」といった語りは、津波災害を体験した在住歴の長いプーケット在住者同士の会話のなかでは、時折見受けられる常套句である。そのような〈楽園〉観光地の有り様を受け入れる限りにおいて、記憶する（忘れない）ことを基盤としない原形復旧型復興は、他に選択肢を思いつかないほどに、合理的であった。

　2時間の猶予、最大4ｍ程度の波高、そして津波を上回る高さの建築物群の存在を与件としてようやく、犠牲者を多く出さないというだけの実効性が認められる、限定的な防災対策。急成長中の〈楽園〉観光地という特異な条件下で成立した、原形復旧型復興。このようなプーケットの事例から、我々は何かを学べるだろうか。20ｍに達する津波に呑まれた、水産業を生命線とする日本の三陸沿岸の被災地が、プーケットに倣って原形復旧型復興を目指すべきだとは、到底思われない。しかし

ながら、再起への処方箋を見いだす手本とはならず、また失敗に学ぶ対象ともでき
ないような、根本的に異質な事例であっても、復興を考える上での他山の石にはな
り得ると、筆者は考える。

　プーケットが結果的に選択した資源配分の方針は、復興戦略のモデルとして、一
考に値する。すなわち、津波による衝撃を防ぐことはあきらめ、避難に徹する。防
災のための高額な土木工事は避けて、財政資源を主要産業の復旧（さらには改良）
へと集中配分する。①復興とは地域住人の収入基盤の回復に他ならない（住居家財
の保護よりも事業と雇用の創出を重視する）、②完璧な防災体制を求めない（住人が
自立的に避難行動をとることを前提とする防災計画）、という共通理解が利害関係
者の間で成立するなら、こうした資源配分の産業復興への「選択と集中」モデルは、
十分に首肯できる選択となる。防災対策への財政支出は抑制し、地域経済への総花
的な支援ではなく、最大規模で競争力の強い産業に集中して、資源配分をする──
もし同様の考え方を三陸の被災地で採用するとしたら、具体的にはどのような施策
を組み合わせれば、現実的なアプローチとなり得ただろうか。

　田老地区の「万里の長城」[11] が雄弁に物語るように、宮城から岩手にかけての主
立った被災地にあっては、大津波の脅威を防潮堤によって消し去ることはできない。
平野部で進められた 10m もの高さの嵩上げも、同様である。仮にプーケットに倣う
なら、それらの土木事業は潔く放棄して、代わりに避難所として活用できる 40m 級
の頑強な高層建築を、分散配置する形になろう。もちろん、自力脱出が困難な弱者を
救助する十全な避難体制が必須であるとともに、逃げ遅れによる犠牲を、ある程度ま
で許容しなければなるまい。そして、巨額の復興予算の過半を、地域の最大の強みと
なる産業の強化に注ぎ込む。自然条件を最大限に活用するという意味でも、水産業
が有力な候補となるはずだ。観光など相乗効果が見込める産業を、新たに育成する
選択もある。この水産業（と観光業）振興への「選択と集中」モデルにあっては、自
然環境と生態系護持への配慮が、防災への取り組みに優先する──三陸海岸の復興

---

11）宮古市田老地区（旧田老町）では、昭和三陸津波翌年の 1936 年から、地区全体を防護
　　する巨大防潮堤の建造を開始した。約 30 年の歳月を掛けて完成した、高さ 10m、総延
　　長 2.4km に達する「日本一の防潮堤」は、しかしながら、東日本大震災の巨大津波を
　　遮断できなかった。そして 2022 年現在、田老地区では、東日本大震災級の津波を想定
　　した高さ 14.7m の防潮堤がほぼ完成を迎えた。一方で田老地区では、津波が届かない
　　高台への住居移転も進められたため、偉容を誇る新たな防潮堤が守る背後には、建造
　　物もまばらな空き地が拡がるのみである。

にプーケット方式を持ち込んだらどうなるか、という思考実験である。

　本章では、日本との比較を通じて、プーケットの復興過程における一見しての「非合理性」に、特定の欲望の形に応じた合理性を見いだした。それは裏を返せば、日本で進められる災害復興の「合理性」を、プーケットという鏡に映して問い直す行為でもあった。ある者が特定の視点から考える合理性（または非合理性）には常に、他の視点から見た姿がある——ゆえに、我々が考える、こうある「はずの／べき」災害復興の常識にもまた、他の視点から見た姿がある。その当然の道理を、我々は忘れがちだ。

　プーケットでは、被災地住人の大多数を占める観光業関係者たちが、目先の観光収入への欲望を共有していた。だからこそ、防災強化という重要な課題が半ば棚上げされての復興が、合理的な選択として円滑に成立した。ただしその合理性は、観光収入の増進を第一義とし、数年間という短期のスパンで物事を考える限りにおいて、成り立つにすぎない。プーケットが選択した原形復旧は、少し視点を変えれば、致命的な危険を自ら育んでいるようにも見える。すなわち、観光業の長期的な持続（不）可能性の問題である。被災の記憶の封印によって成長軌道に復帰したマスツーリズムは、そのまま拡大を続ければ主たる観光資源である海洋環境の悪化をもたらす。仮に数十年後、再び津波に襲われたそのとき、プーケットは今日のように観光客で賑わっているだろうか。観光収入の早期回復という目的に照らして、原形復旧型復興は目覚ましい成功を収めた。しかし、その目的自体を括弧に入れてしまえば、プーケットの「成功」には大きな疑問符が付く。美しい海の景観を維持することによって得た成功が、その美しい海を破壊していくというのは、皮肉な話だ。

　三陸の津波被災地はその後、巨大な防潮堤の築造、山地を削っての宅地造成、平地一帯への盛り土という、徹底的な地貌の造り変えに邁進した。犠牲者ゼロを目指すという、我々にとって圧倒的に正しい欲望[12]を共有せず、危険なビーチをあるがままに保持したプーケットの人々は、三陸海岸の大幅な「改良」を、どう評価するか。例えば2016年まで陸前高田にあって偉容を誇った、盛り土のための土砂を運び入れる巨大なベルトコンベア——通称「希望のかけ橋」は、防災という眼鏡を外して眺めれば、希望ではない何か別なものへの「かけ橋」に、見えてはこないだろうか[13]。観光収入を欲する眼鏡を掛けていない我々が、経済成長を謳歌するパトン

---

12）ただし、繰り返し津波に襲われてきた土地に住みながら、津波による危険を皆無とするのは不可能であるという意味で、「間違った」欲望でもある。

の繁栄を、豊かな生態系のゆりかごを汚損する近因だと理解するように。

　プーケットが固執した原形復旧型復興と、宮城・岩手の山海を変造しようという改良型復興とは、正反対の志向に基づく動きでありながら、人間の欲望の赴くままに所与の自然を破壊するという点で、奇妙に符合している。一方では、観光収入のために浜辺の繁華街を拡大し、汚水を海に垂れ流す。他方では、防災のために山を切り崩し、平野を嵩上げして、海を寸断する長大な堤を作る。半ば自明のこととしてある目的を脇に置いて見直せば、我々にとって前者は、海洋汚染という大きすぎる代償を支払う自滅的な軽挙に見える。翻って考えれば、後者の「他の視点から見た姿」もおそらくは、費用対効果、地域共同体の再生、景観保護、自然の尊重といった様々な文脈において、優れて合理的には映るまい[14]。相異なるふたつの「復興」の合せ鏡に浮かび上がったのは、現代人が自然への敬意を失って増長した強欲と、太古から相も変わらず長期的な合理性を持ち得ない愚昧であるように、筆者には思えるのである。

---

13) 宮城・岩手の津波被災地での盛り土事業に関して、多くの住民が、嵩上げ地の安全性などの観点から不安を示した［朝日新聞 2014b; 河北新報 2013］。南三陸町観光協会の災害スタディツアーなどで「語り部」として活動する「南三陸ガイドサークル・汐風」の佐々木光之氏によれば、同地での平地嵩上げと高台移転については、被災者たちの間でも評価が分かれ、反対する声も少なくなかった。ただし、仮設住宅での生活に困憊した住民たちにおいては、時が経るにつれて、現在進行中の土木工事に異を唱えるよりも、一刻も早く通常の生活に戻れるようこのまま事業の完了を急いでもらいたい、と心境が変化する傾向にあるという（2015 年 1 月に聞き取り）。被災者たちのこうした妥協が、自律的な得失判断というよりも、行政機関を始めとする利害関係者との軋轢や、「既定復興」の完遂に向けて外濠を埋めるが如き土木建設事業の進展、そして心身を疲弊させる種々の状況要因（仮設住宅で不便を託つ日々の長期化はその典型だろう）によって、事実上ねじ伏せられての諦念でしかない可能性に、我々は敏感であらねばならない。
14) 陸前高田の「希望のかけ橋」については、土砂運搬の大幅な効率化に寄与する一方で、「「神への冒涜」と評する人もいる」という［Wedge 編集部 2015］。また、陸前高田、南三陸、女川などでの平地嵩上げと住人の高台移転を伴う区画整理事業は、その規模の大きさゆえに、発災から 4 年を経ても完成に至らなかった。その遅れにしびれを切らせた被災者たちが自力での早期生活再建を模索した結果、市街地の拡散と低密度化が進み、「市街地空間形成という側面からは持続性において課題を抱えている」［近藤・柄谷 2015］。

# 第8章

# 〈楽園〉の現在
## 18年後のエピローグ

## 1 とめどない自然破壊

2014年2月、プーケット西岸のカロンビーチで、市街地から海への排水路から謎の真っ黒な水が海に流れ込み、一帯の波打ち際が黒く染まる騒ぎが生じた [The Phuket Gazette 2014a]。〈楽園〉リゾートを期待して同地に滞在していた観光客にとっては衝撃的な出来事であり、きらめく青い海と白い砂浜の景観を塗りつぶす墨汁のごとき漆黒の水の出現は、カロンビーチの致命的なイメージダウンにつながりかねない事件だった。カロンビーチおよびプーケット県当局は、早急な原因究明に努めるという声明を出したものの、同様な出来事が数ヶ月のうちに何度も繰り返される始末となった。現地新聞では「カロンのブラックウォーター・サーガ」と揶揄され、また地元当局による有効な対策が何ら執られていないと非難された [The Phuket Gazette 2014b]。謎の黒い水の出現理由については、急速な観光開発により建て増された同地のリゾート宿泊施設群からの排水が原因ではないかと疑われた。カロンビーチへ流れ込む水路の汚染については数年前から指摘があったし [The Phuket Gazette 2014a]、排水を流すパイプに損傷が発見されたとの証言もあった [The Phuket Gazette 2014c]。早期の原因究明と再発防止を誓う県要人の力強いコメントとは裏腹に、この騒動はその後も間歇的に反復された。プーケットの住人は汚水を目にすることに慣れており少々のことでは動じないが、それでも2018年には黒い水問題が再び新聞を賑わした [The Nation 2018; The Phuket News 2018]。続く2019年の報道では、カロンビーチだけでなくプーケット西岸のスリン、カマラ、バンタオの各ビーチにおいても同様の事象が生じているとされた [The Nation 2019]。

2018年6月、『ザ・ビーチ』の撮影現場 [1] としてタイの〈楽園〉観光地の象徴となっていたピーピー・レー島のマヤ湾が、天然資源環境省国立公園局によって閉鎖された [2]。サンゴの破損など、海中およびビーチエリアにおける生態系破壊が深刻になったとの理由によるものである。ピーピー・レーは総面積6.6km$^2$ほど、南北

に長い小さな島（というよりも森に覆われた岩山）で、ふたつの大きな切れ込みが入った形状が特徴である。その切れ込みの片方、北西に開いた奥深い湾がマヤ湾で、視野角によってはわずかな隙間を残して四方を岩山に囲まれた孤立空間のようにも見える。観光促進に使用される写真の多くがそうした構図で撮影されてきたことから、「秘密」や「秘境」といった言葉がよく似合う独特な美景が、マヤ湾のイメージとして定着している。湾の水深は全体的に浅く、サンゴ由来の白砂が海底を覆っているため、水面全体が（とりわけ晴れて陽光に恵まれた日には）明るいライトブルーに輝く。湾の最奥、北東から南西方向に伸びる真っ白なビーチの長さは500mにも満たないが、遠浅で荒波とは無縁な絶好の海水浴場を成している。2018年の閉鎖措置の前には、この美しい小さな湾に日毎に5〜6千人もの観光客が押し寄せていたという［AFP 2019; 2021; CNN 2022; NPR 2022］。ピーピー・ドン、プーケット、クラビーなどからスピードボートでやってくる日帰り客である。観光客1人あたりの滞在は長くて2〜3時間なので、5千人がいっぺんに浜を埋め尽くすわけではないが、マヤ湾の閉じられた小規模な生態環境を擾乱するには十分すぎる人数であったことは、想像に難くない。当初は4ヶ月間の予定であったマヤ湾の閉鎖は延長を重ね、その間にCOVID-19の世界的流行も発生したため、観光客の（制限付きでの³⁾）受け入れ再開には2022年を待たねばならなかった。

　ビーチへの黒い水の流入も、マヤ湾における生態系破壊も、大規模かつ急激な観光開発と環境保全への配慮不足とが、抱合した帰結である。2018年のマヤ湾閉鎖に際しては、地元の観光業者が「無期限閉鎖はピーピー島だけでなく、アンダマン海

---

1）1999年末には、『ザ・ビーチ』撮影の際にマヤ湾の自然環境に手を加えたとして、映画制作元の20世紀フォックス社などに対して、地元当局が損害賠償請求訴訟を起こした。2022年、タイの「最高裁はこれについて、王立林野局に責任があるとし［…］マヤ湾の環境回復計画を策定するよう命じた」［AFP 2022］。また「映画会社には復元費用として1000万バーツ（日本円でおよそ4000万円）の支払いを命じ」たという［NHK 2022］。
2）フィリピンで最も著名なビーチリゾートのひとつであるボラカイ島でも、マヤ湾と同様に周囲の海の汚染問題のため、2018年4月から半年にわたって全島が閉鎖されるに至った［東 2022］。
3）条件としては「船は湾内に入ることができず、マヤ湾から離れた島の裏側の埠頭で乗客を降ろす必要がある」。さらに「一度に波止場に入ることのできるボートの数は8隻のみ」、「一度に訪問できる観光客は最大300人」、「訪問は1時間まで」、訪問可能時刻は「午前10時から午後4時まで」といった制限が設けられたという［CNN 2022］。

図8-1　ピーピー・レー島（左）とピーピー・ドン島（右）（筆者撮影）

沿岸全域の観光業に深刻な影響をもたらす」との不満を示した、といった報道［日刊工業新聞 2018］からも推察できる通り、プーケットやピーピー島で操業する観光関連事業者たち（旅行会社や宿泊施設、さらにはビーチ沿い繁華街の飲食店や娯楽施設などを含む）が、環境保全への十分な努力を重ねてきたとは、総体的に言って認め難い。そもそも、こうした物議が世間の耳目を集めるようになるはるか以前、2000 年代の前半には既に、プーケット西岸を筆頭とするアンダマン海の観光地では、水質汚染やゴミの散乱といった弊害が誰から見ても一目瞭然なほどに進行していた。はっきりした科学的証拠が突きつけられた訳ではなかったが、住人の誰もが、それは観光開発の影響によるものだと暗黙のうちに理解していた。

　このエリアでは、豊かな自然に依拠する海洋性レクリエーションが盛んである。海水浴や水遊びはもちろん、サーフィン、バナナボート、パラセイリングなど、ビーチを遊ぶ多様な活動。さらには釣り、スノーケリング、スクーバ・ダイビングなどのワイルドライフ・ツーリズム——すなわちリーフや沖合で海棲生物との関わりを楽しむ観光も加わり、その目的や形態は多岐にわたる。プーケットやピーピー島、および後発の観光地カオラック近辺などを拠点として、常時 100 隻を超える観光専門船が、沿岸の広範な部分に行楽客を遊覧させている。宿泊と娯楽のインフラが整ったビーチリゾートに滞在する多数のツーリストが、数十人規模の乗員を受け入れる比較的大型のボートを使用して日帰り（もしくは船内宿泊）ツアーに参加する——こうした観光形態が発達し、人里離れた孤島域の原生自然を観光資源としたビジネスが活況を呈している。ダイビングや船釣りなど、ホテルのあるビーチエリアから遠くに足を伸ばす娯楽オプションを提供することは、観光客増に加えて付加価

図 8-2　シーカヌー（筆者撮影）

値増大による客単価の上昇も生みだし、地域経済に莫大な観光収入をもたらすこと
になった一方、海洋環境の深刻かつ急速な悪化の要因ともなっている［cf. マシーソ
ン＆ウォール 1990］。

　マスツーリズムの観光産業集積として発展してきたプーケットにあって、「エコ
ツーリズム」と呼ばれる観光活動が急速に存在感を増すようになったのは、1990 年
代のことだという。その草分けは、小さなボートを操ってプーケット島の東方に広
がるパンガー湾に点在する奇岩を訪問するシーカヌーと、ランドローバーに乗って
島北部の森林地帯を走破するトレッキングである［Shepherd 2003］。いずれも、タ
イ人ではなく欧米人の経営者によって創立され、すぐに多くの追従者を生み出した。
現在では、それらに加えて北部の渓流を筏で下るラフティングや本土から連れてき
たゾウに乗るツアーなどが、「エコツーリズム」として全島の旅行代理店やホテルで
販売され、人気を博している[4]。観光客の興味を引くのみならず、良心的な経営方
針やサービス内容を連想させるある種の優良誤認に近い効果も発揮する「エコツー
リズム」の自称には、数多くの現地業者が追随して熾烈な競争を招いた。結果とし
て、業界全体としての環境収容力においても個別の実践においても、「エコツーリズ
ム」が依って立つ自然資源の保全が難しい状況となっている［Kontogeorgopoulos

---

4) 淡路島に匹敵する面積を持つプーケットには豊かな自然も残されており、特に北部の海
　岸域と森林地帯は南西岸のような無軌道な開発からある程度免れ、国立公園にも指定さ
　れている。北西端に位置する各ビーチは、シリナット国立海洋公園として保護されてお
　り、ウミガメの産卵地としても知られている。

図 8-3　トレッキングツアー（筆者撮影）

2004; Shepherd 2003]。

　一般にエコツーリズムとは、天賦の自然[5]の観光商品化による地域経済振興と、生態環境の保全・保護との両立、という理念に基づく観光実践を指す。持続可能な観光開発の必要性が世界的に叫ばれ始めた1980年代から、「自然に優しい」観光のあり方として認知されるようになった。しかしながらプーケットでは、運営者によって「エコツーリズム」と定義される、もしくは「エコツーリズム」という謳い文句が付く観光活動のほとんどが、上記の理念を体現し得ていない。環境に優しいという意味でのエコツーリズムの考え方は、自然保護活動家や観光専門家や政府自治体が理念主導的に提供するものであった。ゆえにその理念は、先進的かつ啓蒙的であるものの、観光関連業者の眼前の興味関心とは必ずしも一致しない。プーケット観光はその典型的な例であり、「エコツーリズム」を標榜しつつも実際にはマスツーリズムに他ならない、「エコ偽装」と言うべき状況が生じている。エコ偽装は、環境への配慮という錦の御旗のもとに、自社の観光企画・商品を競合他社から差別化する源泉となる（というよりも、各社が「エコ」を掲げる中では、そうしないことが不利益になる）。プーケットの旅行会社の店先に置かれている多種多様な現地ツアーのパンフレットは「エコ（ツーリズム）」と大々的に謳うものばかりであるが、紹介されるツアー内容をよく検討すれば、エコツーリズムの理念に沿った運営がなされていないのは容易に想像がつく。このエコ偽装は、必ずしも悪意からではなく、

---

5）加えて、日本の里山のように人の手が入ることで創出・保全される半人工的な自然や、広義には伝統文化や街並み景観なども含む。

「エコ」という語が本来意味するところに考えが至らないまま、なんとなく行われている。同様な環境保護意識の欠落は、プーケットに限らず、タイのツーリズム全般に蔓延する病理である。

　環境への配慮を欠く経済開発が推し進められた結果、特にプーケット西岸のパトンを始めとするビーチエリアでは、処理が不十分な生活排水の垂れ流しが水質悪化を招き、不法投棄（ところ構わずポイ捨て）されたゴミが目に付く。散らかり放題のゴミ（プラスチックゴミ、紙ゴミ、瓶・缶・ペットボトル、食べ残し、汚損家具、自動車やバイクや各種機械のスクラップなど）は、観光客以上に地元の住人や事業者によるものである。タイでは長年、首都バンコクや各地の工業団地が放出する汚水の処理施設が不十分であったことから、河川や海の水質汚染が国家レベルの課題となってきた。元々は都市でなかったところに突貫的に形成されたパタヤやパトンなどの観光産業集積では、バンコクにも増して汚水処理能力は貧弱であった。ツーリストで賑わうパトン湾に流れ込む導水路が洗剤で泡立つ汚水により悪臭を放つ光景は、筆者がプーケットで長期の調査をしていた2000年代半ばには既に、当たり前のものであった。2014年以降の黒い水騒動は、その延長線上に生じたに過ぎない。筆者は、2006年から2008年にかけてパトンビーチに滞在したが、「パトンの海水は糞便垂れ流しの汚水まみれなので、泳ぐと健康を害する」といった話が、在住者の間に冗談交じりではあったがまことしやかに流布していた。わざわざ海水に浸かろうという現地住民は珍しく、筆者も（そんな話を真に受けた訳ではないが）2年間の在住中、一度たりともパトンビーチでは泳いでいない。繁華街のバングラ通りの道端にぶちまけられた吐瀉物や、腐敗を通り越して毒に変成したような水たまり、何より最終的にはビーチへと流れ込む「ドブ川」の汚水に普段から慣れ親しんでいると、それらが溶け込んでいるだろう海水に自分の体を晒そうなどとは、金輪際思わなかった。

　ホテルのオーシャンビューの窓から眺めるパトンビーチの海は、それなりに青く美しく映るが、その実、水質汚染が進行していて透明度が悪い[6]。おそらくは有機質由来の藻屑とも軟泥ともつかない浮遊塵が、そこかしこに付着またはヘドロ様に

---

6) 遠浅、白い底砂、強い陽光の三条件が揃えば、透明度がさほど高くない海でも、遠目にはいわゆる「コバルトブルー」や「エメラルドグリーン」に見える。タイ国内の環境汚染に関する天然資源環境省の報告書では、パトンビーチの水質は大まかな5段階評価で「3」のなかの下位グループに分類されている［Ministry of Natural Resources and Environment 2010］。

堆積し、水流にあおられて舞い濁る。サンゴの生育が阻害され、泳ぐ魚も少ない茶色がかった灰色一色の世界は、悪臭漂うパタヤの海中風景に似ている[7]。ダイバーが喜ぶ要素が皆無なので、パトンに店を構える数十ものダイビング・ショップはどこも、自社の客をパトンビーチで潜らせようとはしない。水中マスクを着用して潜水すれば、海水浴客の視線からは見えない劣悪な水質と貧弱な生態系が、露わになるのみだからだ[8]。結果としてプーケット発の日帰りダイビングツアーは、わざわざ片道1〜3時間もかかる離島まで遠出することになる[9]。このエリアではツアー目的地の遠隔化およびそれに伴う観光船の大型化が目立つと先に述べたが、少なくともダイビングに限って言えば、それは劣化が進むプーケット島の沿岸を諦めて放棄した結果なのだ。筆者が調査を実施していた2000年代後半の時点でも、現地のダイビング関係者からは、「20〜30年前の美しさ、生態系の豊穣さは見る影もない」とか「今後さらに破壊されて／失われていくだろう」などといった「喪失の語り」が頻繁に聞かれたものである[10]。さらに近年では、その離島すらリゾート化が進み、汚水の発生源である宿泊施設や飲食店が増加しつつある。日帰りツアーで定番化しているダイビング・ポイントの幾つかは、既にそうした開発拡大の影響を如実に受けている。加えて海域一帯における恒常的な水質劣化も相まって、「期待したよりもキレイじゃない、がっかりした」といった「失望の語り」すらも、観光客の口から漏れ聞こえることがあるという。

---

7) 筆者自身はパトン湾での潜水経験は無いので、現地で働くプロダイバーの知人からの伝聞である。そしてパタヤの海はそれ自体が悪臭を放っている——日帰りダイビングツアーで離島からパタヤに帰港する際には、ドブのような臭気が鼻を突くことで、陸地が近づいたと知れるほどである。

8) 透明度が悪く生態環境が貧弱であっても、希少性や特異な外観からダイバーに人気の生物と出会える機会があるなら、ダイビング・ポイントとして成立し得る。また、立地その他の条件によっては、一定の需要を得て競争力を保ち続ける場合もある［市野澤・小河 2018］。

9) プーケット島内でのダイビングが絶無というわけではなく、カタビーチなど一定の支持を得ているダイビング・スポットも存在している。ただし、その魅力は透明な海水の美しい水中景観にあるのではない。

10) こうした喪失の語りは、フィリピンの著名なビーチリゾートであるボラカイ島においても、観光業従事者やリピーター観光客たちの間で聞かれるという［東 2018］。

## 2 〈楽園〉のふたつの顔

### 2-1 観光地ライフサイクルと環境収容力

R. W. バトラーが 1980 年に提唱した「観光地ライフサイクル（TALC: Tourism Area Life Cycle）モデル」[Butler 1980; 中崎 1998] が示す、数十年程度のスパンで興亡する（可能性がある）産業集積という動態的な観光地への見方は、今日まで広く共有されている。TALC は、その単純さから、観光地全般を説明する一般モデルにはなり得ないとされながらも、各地の多くの事例の発展動態について、少なくとも部分的には適合することが報告されている［大橋 2009; 西井 2019］。TALC モデルはマーケティングにおける製品ライフサイクル論を観光地に応用したもので、以下のような経過を標準とする（ただし、バトラーによる図式を筆者が独自に整理した）。

①開拓・発見：既存の観光地に飽きたりない先鋭的なツーリスト（例えばバックパッカーなど）があちこちを探索し、新たな観光資源となり得る景観や事物を発見する。

②参与・巻込：同様な先鋭的ツーリストたちが噂を聞きつけ、その場所を多く訪れるようになる。一部はその場で商売を始めるなど、初期のインフラ形成を担う。

③開発・発展：マスメディアで紹介され、その場所の価値が一般へと広く知られだす。外部資本の進出により交通・宿泊・飲食・娯楽などの各種インフラが大々的に整備され、一般の観光客が増加する。

④繁栄・成熟：人気の観光地として繁栄するが、その土地が無理なく受け入れ可能な来訪者数（環境収容力）には限界があるため、経済規模の成長は鈍化する。

⑤停滞・衰退：訪問客過多による混雑や渋滞そして環境破壊（オーバーツーリズム）、施設の老朽化、広く知られ過ぎたことによる陳腐化などにより、他の観光地と比較しての魅力・競争力が薄れる。その後の推移は、そのまま衰退していく、衰退を食い止めて一定の繁栄を保つ、何らかの対応策（若返り策、スクラップ・アンド・ビルド、新たな観光資源の開発など）により再び発展の道を拓くなど、観光地によって大きく異なる。

**図 8-4　観光客で賑わうパトンビーチ**（2022 年 12 月、鈴木佑記氏撮影）

　この図式を、プーケットを始めとするパンガー湾周辺のビーチリゾートの発展史に当てはめてみると、政府（TAT）の主導によるインフラ整備や外部資本の導入に多くは拠っているものの、1970 年代後半から 80 年代にかけて、まだ知名度の低い [11] 発展途上のビーチに多くの外部者（県外者・外国人）が可能性を見いだし、観光業の開拓者として移り住んできたのが、「開拓・発見」から「参与・巻込」の段階にあたる。フィクションではあるが『ザ・ビーチ』の前半部分、冒険心にあふれた若きバックパッカーが伝説のビーチを探し当てて移住していくあたりは、まさに理論通りの「開拓・発見」プロセスだといえる。その後、1990 年代から 2000 年代前半にかけて、プーケットやピーピー島は観光地として順調に成長し、訪問客は増加の一途をたどる。2004 年の津波はその勢いに水を差す形となった訳だが、原形復旧型の復興に徹した甲斐あってか、衰退に陥ることなく再び発展軌道に乗った。この事実は、被災の記憶を風化させ痕跡を抹消することで〈楽園〉イメージを維持する戦略が、少なくとも観光経済の拡大を目指すマーケティング面においては正しかったことを示唆する。

　しかしその反面、自然環境の劣化と主要ビーチエリアの混雑は、増進する一方である。タイ南部アンダマン海は、かつてはバンコクから陸路で丸一日（もしくは複数日）をかけねば到達できない「辺境」であった。バックパッカー向けのゲストハウスの類いは存在したものの、設備は簡素で衛生的にも優れているとは言えず、観

---

11）筆者の個人的な記憶で恐縮だが、1980 年代末から 1990 年代初頭の大学受験における「地理」分野では、タイの「プケト島」は錫やゴムの産出地、とされていた。

光客向けの洗練されたサービスなど望むべくもなかった。しかし、観光開発の初期段階からプーケットを知る人々は口をそろえて、「昔」のプーケットは「今」よりはるかに美しく生態系も桁違いに豊かだったと、慨嘆する。かつてのパトン湾には、ジンベエザメが姿を見せたという——今日ではあり得ない話である。1990 年代から 2000 年代にかけての「開発・発展」期は、至便な交通、快適な宿泊そして多彩な娯楽と、原生自然の美しさとのトレードオフの期間であった。2004 年の津波による観光関連インフラの破壊と訪問客数の激烈な低迷は、観光開発と環境保全の両立について考える良い機会を提供したはずだが（第 7 章）、結局は原形復旧型復興、すなわち津波以前のマスツーリズム開発を推し進める路線に落ち着き、今日に至る。

2014 年以降の黒い水騒動や 2018 年 6 月以降のマヤ湾閉鎖は、環境保全への十分な措置を伴わないまま進んだ開発の規模が、〈楽園〉としての外観を保ち得る環境収容量を超えてしまった証左のように思われるが、そのことはプーケットやピーピー島の魅力を損なわなかったようだ。TALC モデルに従えば、〈楽園〉観光地としての価値が毀損されて「停滞・衰退」に向かうシナリオも十分に考えられそうだが、津波のような突発的災難の一時的な影響を除外すれば、プーケットを訪れる観光客の増大傾向に陰りは見られない。事実、プーケット空港を利用した国際旅客数は、2018 ～ 19 年には年間 1,000 万人を超えるまでに増大した ［TAT 2022］。COVID-19 禍が本格化 [12] する直前の 2020 年 1 月まで、プーケット国際空港の利用者数が前年同月の実績を更新し続けていた事実からすると ［TAT 2022］、プーケットは実に半世紀弱に渡って成熟の罠に陥ることなく発展を持続していたと言える。

プーケットおよび周辺一帯における原形復旧型復興は、被災イメージの一掃と〈楽園〉イメージの早期回復には寄与したが、何か質的に新たな価値を生み出した訳ではない。その後も今日に至るまで、津波以前からの拡大開発路線をひた走ってきただけで、むしろオーバーツーリズムという副作用を招いた。〈楽園〉イメージ一本槍のマーケティングを続けるのみで、これといった若返り策も無いにもかかわらず、観光地として競争力を失うどころか、ますます多くの人々を引きつけるプーケット。

---

12）2020 年から本格化した COVID-19 の世界的流行のあおりを受けて、観光客は激減した。プーケットとタイ本土を結ぶ陸路と海路は 2020 年 3 月 30 日から、プーケット国際空港も 4 月 10 日から一時閉鎖されるなど、同地の観光業は完全な休止を余儀なくされた。しかし、2021 年 7 月には一部地域に限定して外国人観光客を受け入れる「サンドボックス・プログラム」の対象地に指定され、観光地としていち早く復興への道を歩み始めた。

その観光地としての頑健性は、何に由来するのか。

　バトラーのTALCモデルの特徴は、観光地の盛衰が環境収容力との兼ね合いで表現されるところにある［西井 2019］。つまり、観光開発と資源保全のバランスを維持できなければ、観光地の長期的な繁栄は成り立たない（逆に言えば、それができれば「繁栄・成熟」段階に達した後も衰退は回避可能である）ことを、TALCモデルは示唆する。これは我々の一般常識に照らして説得力があり、直観的に理解しやすい話であるものの、現実はそう単純ではない。実際、プーケットやピーピー島は、〈楽園〉観光地としてオーバーツーリズムの域に突入しているように見えても、衰退の兆しを見せていない。

　初期のTALCモデルでは十分に考慮されていなかったが[13]、観光地の衰退は、環境収容力の限界のみによるのではなく、多様な要因が絡み合った結果として生じる［西井 2019］。この指摘の延長において本書は、そもそも環境収容力とは何か、および何がその指標となるのかは一義的に決まってはおらず、観光地（およびそこを訪れる観光客）によって異なることに、着目したい。加えて、その場に集まるツーリストの興味関心が多様であるほど、観光地としての環境収容力の意味は多面的かつ重層的になる。第5章では、観光ダイバーが尊ぶ〈自然〉とは、あるがままの原生自然を指すのではなく、彼らが愛着を持つ一部の海棲生物と同義であると述べた。その場合における環境保全の指標は、ダイバーに人気のある魚類の生息種類数および個体数（現実的には海中での目撃頻度）であり、名も無きプランクトンや砂泥の奥に潜む環形動物が激減したところで、誰も気にも留めない（それが回り回って魚類の減少に行き着けば、話は別である）。同様に、例えば龍安寺の方丈庭園に観光客が溢れれば過収容だが、東京ディズニーランドが芋の子を洗う混雑となっても、その魅力を損なうには至らないはずだ。透き通る青い海、白く輝く砂浜、豊かな海中生態系といった典型的な〈楽園〉要素の面から見れば、プーケットやピーピー島はもはや過収容の状態にある。しかしそれでも観光地として成長の勢いが止まらないなら、そこには単なるステレオタイプな〈楽園〉であること以外の価値要素が効いているのではないか。

---

13)　これは、TALCモデルの根本的な欠陥ではない。その単純さを（事例に応じて）補い、モデルに修正や改良を加えてやれば、TALCモデルは十分な説明力を発揮する可能性がある。TALCモデルの修正や改善提案は、これまでに数多くなされている［cf. 大橋 2009; 西井 2019］。

## 2-2　盛り場としてのプーケット

Sに始まる複数の語によって南国ビーチリゾートのイメージが端的に言い表されることは、第1章で触れた――いわゆる「3S: Sea, Sun, Sand」またはそれにSexを加えた「4S」である［Marques 2016 etc.］。さらに一部の研究者は、それにもうひとつの「S」すなわちServility（奴隷状態／根性）を加えるのがふさわしいと提案する［Matthews 1978; Crick 1989］[14)]。これら5つの「S」のうち最初の3つはいかにも〈楽園〉らしい視覚的イメージを表すが、残りふたつはその裏側に隠された問題を暗示し、糾弾する。今日の〈楽園〉観光地の実態を知るには、「3S」が象徴する輝かしい側面だけではなく、SexとServilityに関わる側面にも目を向ける必要がある。

　吉田竹也［2020: 139-140］は、熱帯域開発途上国の〈楽園〉観光地の来歴に共通するマクロな政治・経済・社会・文化複合的な背景として、三つの暴力性があると整理する。第一には、これらの地域は欧米列強による植民地支配を受け、そのなかで世界的な経済システムの一端を担うべく観光開発が進められたこと。第二には、独立後も欧米先進国への経済的従属のくびきを断ち切れない途上国において、〈楽園〉観光地は、工業製品などの輸入に充てる外貨を政府が得るための装置とされたこと。そして第三には、〈楽園〉観光地が「南海版オリエンタリズムをその本質的特性と」し、「政治経済の制度・体制の点ばかりでなく、イメージや慣習的実践の模倣の点においても、観光する側の社会からのかなり一方的な働きかけによって」［吉田 2020: 140］造出されたことである。すなわち〈楽園〉観光地とは、程度の差こそあれ、外部からの暴力的な介入によって地域に固有の文脈から切り離されて言わば捏造された空間であり、貴重な観光収入をもたらすツーリズムに隷属する人々が住む場なのである。タイの場合は植民地支配こそ受けていないものの、観光収入を得る目的で政府が〈楽園〉を仕立て上げた歴史は、他の途上国と変わらない。世界の熱帯域に散らばる〈楽園〉リゾートでは例外なく、観光「する」側のゲストと「される」側のホストの関係に強固な非対称性があり、前者が後者を利用し、搾取し、支配する構造が今日も存続している。

　特に注意しておきたいのは、地元住人ではなく外部者のまなざしによって、彼らの欲望に満ちたファンタジーを投影して創作されてきた〈楽園〉観光地のイメージ

14)　単純に観光客の行動や求めるものを表す語として、Shopping（買い物）、Surf（サーフィンに良い波）、Saving（節約、安いこと）、Sight（景色）などを推す声もある。

には、景観や事物だけでなく「人間」も含まれるという点である。今日の〈楽園〉イメージの源流がエデンの園にあることは、第1章で触れた。エデンの園の住人であるアダムとイブの一糸まとわぬ純真無垢なイメージが、後に欧米人によって「発見」された熱帯域島嶼部に住まう人々の習俗と重ね合わされることで、自らの裸身を隠そうとしない人々（とりわけ女性）としての南の〈楽園〉の住人像が、夢想されてきた。古くはゴーギャンらの絵画から、各地の情景を切り取る絵葉書の類い、ハワイを舞台にする映画などにおいて、上半身が露わな若い女性が数多く登場する。〈楽園〉観光地を売り込もうとする広告宣伝も、若い現地女性の画像を多用するだけでは飽き足らず、男性ツーリストと彼女たちの間の何らかの関係を仄めかすような構図や煽り文句を好んで使用した。今日に至っても、各地の〈楽園〉観光地を訪れるツーリストは（全員とは言わないが）、旅行中に異性との性的な出会いに恵まれることを期待する[15]。そして彼らのファンタジックな欲望を満たすべく、〈楽園〉観光地には数多くのセックスワーカーが常駐することになる。それは主に女性であり、やむにやまれぬ経済的事情を抱え、少なからぬ場合、人身売買の被害者である。東南アジアにおいては、観光と性産業の結びつきはとりわけ強固、かつ大規模である。20世紀後半を通じて、タイやフィリピンなどの政府は、性産業を重要な観光コンテンツとして黙認し、時には事実上の奨励までしてきた［タン・ダム1993］。なかでもタイは、1960年代後半から70年代前半にかけて、ベトナム戦争に従軍した兵士の慰安場所となり、バンコクからほど近いビーチリゾートのパタヤには、米兵を顧客として狙いを定めた性産業が興隆した。ベトナム戦争が終結した後も、大きく膨れ上がった性産業はそのまま存続し、今日に至っている。

　パタヤをモデルとして開発がなされたパトンビーチは、本家とよく似た扇情的な歓楽街を擁している。バングラ通り（図8-5）を中心として無数に立ち並ぶアメリカン・スタイルのオープンバーは、小さな店でも複数の女性従業員を抱える。その女性たちは、訪れる客（男性とは限らない）の話し相手をし、一緒に酒を飲み[16]、交渉が成立すればホテルの部屋へと同行する。パトンビーチに特徴的なのは、そうした性的な機会やサービスへの玄関口となる場所が「飲み屋」の体裁を取り[17]、酒を

---

15）観光客の男性が現地女性を求めるだけでなく、女性が男性を求めるパターンや、同性愛者による場合も少なくない［Belliveau 2006: 市野澤 2019b］。

16）女性が誘導して客の飲酒量を増やしたり、客のおごりで自身が飲んだりすることによって店の売り上げを増やすのは、日本の「接待飲食等営業」と同様である。

17）より直接に性サービスを提供する店もあるが、比率としても絶対数としても多くない。

図8-5　パトンビーチのバングラ通り（2022 年 12 月、鈴木佑記氏撮影）

飲ませるのか性サービスを売るのか曖昧で、かつそのような店が、バングラ通り周辺に密集するのみならず、南北 2 〜 3km にわたる地区一帯に散在していることである。加えて、レストラン、ディスコ、ミュージックパブ、劇場、中級ホテル（その１階は飲食店となっているのが常である）、土産物屋、洋服屋、観光客向けの市場、各種屋台や物売り、マッサージ店やスパ、旅行代理店などが渾然一体となって巨大な繁華街を形成している。日本で例えるなら、海水浴場に歌舞伎町があるような、そんな状況である。

　パトンビーチの繁華街としての特徴は、パタヤと同じくそれが大きな盛り場となっているところにある。「盛り場」を簡潔に定義するのは難しいが、多数の人々が群れ集い何らかの関係を成す場であることに、異論はあるまい。吉見俊哉［1987］は、「盛り場」の本質は地理的な意味での場所にあるのではなく、人が集い盛る「出来事」にこそあると指摘する。それを受けて筆者は大まかに、多様な欲望や志向を持った人々が密集して形成される内的多様性に溢れた場が「盛り場」であると考える［市野澤 2014d］。もちろん、ここで言う「場」とは、単なる地図上の区割りではなく、人が集い盛ることそれ自体およびその「出来事」を成り立たせる物理的・空間的・社会関係的基盤の総体である。その考え方からすれば例えば熱海サンビーチは、浜辺のすぐ後ろにホテルが幾重にも建ち並び、飲食店やいかがわしい店なども付随する密度の高い行楽地だが、基本はホテル街であって盛り場としての性格は薄い。一般に言う繁華街と盛り場とは必ずしも同一ではないし、人が多く集まってさえいれば盛り場だという訳でもない。筆者はそのあたりの微妙さを、特定の場に集う人々の体験に着目して、下記のように整理している。

　［筆者は］人々の経験の、①物品性－体験性、②個別性－対人性、③求心性－錯綜性、という三つの軸によって「盛り場」を位置づける。そして、各軸において体験性・対人性・錯綜性がそれぞれ強いほど、より「盛り場」らしいとみなす。
　第一の「物品性－体験性」の軸は、人々の活動の重心が、物財の購買にあるのか、それとも生起しては過ぎ去る体験のうちにあるのか、というスペクトラムである。
　［…］
　第二の「個別性－対人性」の軸は、目的や欲望の充足が一人で完結できるか、または他者との接触や交歓を必要とするか、という対照である。買い物や食事や名所旧跡は一人でも楽しめるが、例えばホステスクラブでは、男性客が相手女性との間に会話や心理的な関わりを持つことが、楽しむための与件である。
　第三の「求心性－錯綜性」の軸は、そこに集う人々の意識や興味関心が、限られた特定の方位を志向しているのか（同質性の高さ）、または雑多な思惑と欲望が渦巻いているのか、という違いである。巧妙な管理演出がなされたテーマパークは前者に、都市の一角で無計画に生成した歓楽街は後者に、より近似するだろう．
　粗積もりな洞察の範囲を出ないが、以上を総合して考えると、商店街よりも飲食店街、タージ・マハルよりも性産業集積、ディズニーランドよりも新宿歌舞伎町のほうが、「盛り場」らしい。こうした捉え方は、我々が「盛り場」という語から漠然とイメージするものと、大筋で合致するだろう。［市野澤 2014d: 248-249］

　エデンの園を源流とする〈楽園〉イメージとは全く異なるプーケットの姿が、ここにある。パトンと呼ばれる土地に多数の人々が集い、その興味関心や欲望を（ひとつの方向に収束しないどころかむしろ）多方面に拡散する。結果としてその空間は雑然とした内的多様性に溢れることになり、美しさと同時に醜さ、猥雑さ、いかがわしさも併せ持つ。清潔で安穏な日々をビーチで過ごすだけでは、普段からリンゴを食べ付けている観光客は満ち足りない[18]。買い物、食事、飲酒喫煙、スパやマッサージでのリラクゼーション、キャバレー観劇、賭博、夜更かし、音楽を聴き踊る、見知らぬ人との出会いと交遊、ロマンス、そしてセックス──プーケットは、欲深い人間たちのための巨大な娯楽施設なのだ。そこに集う人間たちは、ホスト／

---

18) 東賢太朗は、ビーチリゾートでのバカンスは特別で昂揚する観光経験を提供するように見えて、その実、長く滞在すればするほど刺激の無い同じような毎日の繰り返しになりがちであることを指摘し、その状態を「終わりなき非日常」と表現した［東 2022］。

234

図8-6　パトンビーチのオープンバー（筆者撮影）

ゲストともに多様であり、多様な活動をし、多様な欲望を振りまいている。旅先で他のツーリストや現地のホストとの間に新たな出会い（性的な親密性を含む）を期待するのは、男女を問わず〈楽園〉観光地を訪れる人々にはよくある話だ。そうしたツーリストたちの欲心に応えることを生業とする人々の群れも、プーケットのひとつの顔である。アルコールや、時には各種の薬物[19]を摂取して、酩酊する。不夜城と化した飲み屋街には多数の酔っ払いがうろつき、「女性」の甲高い嬌声が響き渡る。性的サービスを提供していそうな店に遊歩者を誘う客引きは、飲食店のそれと同じぐらいに多い。ゴミが散乱し、悪臭が漂い、タバコの煙が充満する。悪趣味なネオンサインが視界を埋め尽くし、建築物はチープで乱雑、落書きも目立つ。

　このような盛り場では、人は少ないよりも多い方が良い。混雑度という観点からすれば、盛り場の環境収容量に上限は無く、むしろ下限の方が問題となるだろう。人が寄りつかずに閑散とすれば、盛り場はその機能と魅力を失うからだ。タイで名の知れたビーチリゾートはみな、程度の差こそあれこうした「ビーチ盛り場」の顔を持つ。パタヤやパトンの繁華街は、とりわけ性に関わる部分が肥大して赤裸に顕在しているものの、タイにおけるビーチ盛り場の典型である。

---

19) オピオイド系の薬物や覚醒剤・幻覚剤の類いの乱用は違法であるが、パトンなどの繁華街では、ツーリストにも入手可能である。大麻については、2022年に政府が規制を緩めてから、日常的に手に入るようになった。大麻の娯楽目的の使用は未だに禁じられているものの、不眠症や神経痛など体調不良の緩和を名目として大麻を販売する店や屋台がそこかしこに開業し、観光客も気軽に購入できる。

## 3 〈楽園〉のゆくえ

　タイのビーチとしてはパタヤに次ぐ開発規模を誇るパトンの現状は、エデンの園を源流に持つ無垢な〈楽園〉の印象からは、ほど遠い。しかしその一方で、対外的に発信される行楽地としてのイメージは、相も変わらず〈楽園〉表象に彩られている。観光情報メディアのビーチリゾート紹介記事に掲載される〈楽園〉成分を散りばめた写真は、観光客が現地で実際に目にする情景よりもはるかに美しい。フィルムカメラの時代から、天候の良い日を選び、最高の構図や光量を厳選し、偏光フィルターを使用して撮影された写真は[20]、人間が肉眼を通じて感触する景色よりも、格段に見栄えがするものだった。近年では、画像修正ソフトウェアの恩恵を受けて、ツーリストが事前にメディア上で見る観光地の写真と、旅行先で現前する景観との乖離は、ますます顕著になっている。それでは、TAT や観光産業が執拗に発信する〈楽園〉表象に誘われて、世界中からプーケットに集う年間延べ 1,000 万人を超える[21]ツーリストたちは、毒々しい活力に満ちたビーチ盛り場に足を踏み入れていかなる感想を抱くだろうか。

　プーケット発着の日帰りダイビング・ツアーに参加する人々は、〈楽園〉パノラマのなかに我が身を置くことにさほど貪欲で無いように見える。彼らはパトンなどのビーチ盛り場に滞在して、バラエティに富んだ活動機会を楽しむ。結果として半ば必然的に、ガイドブックには載らない現場の醜さを目の当たりにし、ときに俗悪に触れることにもなるが、そうした実際は彼らの観光経験をスポイルすることなく、むしろ豊かにする素因として好感される。絵に描いたような〈楽園〉の美観こそ欠くとしても、パトンには娯楽・遊興の機会が漲っている。無様な環境破壊やオーバーツーリズムで視界を汚しながらも、その景観的な瑕疵を補って余りある楽しみを、パトンは提供してくれる。

---

20) 我々が何らかの事物を肉眼で見るとき、その色合いや質感は太陽（や電灯の）光の反射により、幾分毀損されて目に写る。カメラレンズに装着される偏光フィルターは、対象物の表面反射による影響を極力抑えて、固有色が生きた描像を可能とする。とりわけ陽光が強烈な〈楽園〉ビーチリゾートの風景写真では、偏光フィルターの効果も大きくなる。快晴の空の下の海はキラキラ白く光って見えるものだが、偏光フィルターをかけてその反射を消し去ることで、一般的にイメージされるような鮮やかに青い海面を表現できる。

21) 2020 年以降、プーケットへの訪問客は激減したが、COVID-19 の問題が落ち着けば、19年までの水準をやがて回復すると思われる。

　筆者がパトンに店を構える日系ショップで調査をしていた頃、日本人男性客との間で「ナイト・ダイビング」なる隠語を冗談交じりでよく使用した。誰が言い出したのか、夜のパトンに繰り出すことを、そのように例えたわけだ。ダイバー用語で「ナイト・ダイビング」と言えば一般には、日没後の海に潜ることを指す。真っ暗な海底を光量の豊富なトーチで照らすと、日中にもまして色鮮やかなリーフの奇観が浮かび上がる。暖色を基調とするその彩りは、パトンのネオン街に通じるものがある。サンゴの背後や岩陰で活発化する夜行性の甲殻類を探して回るダイバーたちは、陸での夜遊び時には「いい女」に行き当たるまでオープンバーをハシゴする。昼間の海のダイビング・ガイドは夜には色街の先導役へ転じ[22]、「触るのは禁止、見るだけ！」といった、飲み屋遊びとダイビング実践と重ね合わせる発話で笑いを誘う。この「ナイト・ダイビング」を楽しむ男たちの事例は極端だとしても、ビーチ盛り場に対して拒否感を示すツーリストは少なく、むしろ根強い需要がある。

　近現代を通して〈楽園〉観光地が、域外資本により暴力的に造成され、外部者のまなざしを具現化するべく潤色され、ツーリズムに隷属する多数の人々を抱え込んで成立した経緯は、先に概観した。華やかな〈楽園〉観光地の裏には Servility と Sex の側面がある――現地の人々の貧困、ホスト／ゲスト間に横たわる経済格差、ゲスト（に奉仕することを旨とする観光産業）へのホストの隷属、そして性的に搾取される人々（主に女性たち）。ホストたちの窮状を伴うこれら「裏の」属性はしかしながら、ゲストの目から隠す努力すらされずに、〈楽園〉のあちこちであからさまに露出している。それでも、プーケットやパタヤを訪れる観光客から、〈楽園〉の裏側について疑問や不満が聞こえてくることはない。

　〈楽園〉観光地の暴力的な形成過程を思い返せば、裏の諸要素は開発の意図せざる副産物ではなく、ツーリストへの訴求条件として積極的に作り出され、必要不可欠なものとして温存されてきたことが、理解できよう。熱帯または亜熱帯に位置する現代の〈楽園〉が、遠く離れた欧米や日本から多くのツーリストを受け入れる行楽地として成立するには、ジャンボジェット機に代表される安価な大量輸送手段の発達に加えて、現地で働くホストたちの低賃金が維持されねばならない。もし、ホテルを始めとする諸施設が、従業員に先進国並みの給与を支払うなら、富裕層向けの

22）ダイビング・ガイドが日帰りツアーの参加客を夕食や引き続く二次会・三次会へと誘うことは「アフター」と呼ばれる。特に日系のダイビング・ショップではリピーター獲得のための重要な業務となっているものの、時間外手当が付くわけでもない完全なサービス残業である。

高級リゾートとして経営をせねば採算が合わない。運営経費の大きな部分を占める
人件費を圧縮するからこそ、欧米や日本の一般消費者にも手が届く価格で、部屋や
サービスを販売できるのである。海岸以外に何も無い立地に、多くの観光客が安く
楽しめるマスツーリズム型の観光産業集積が存立するためには、廉価な労働力が必
要不可欠だ。その意味で現地の貧困は、〈楽園〉観光地の社会経済構造に埋め込まれ
ている。圧倒的な経済格差を背景として現地のホストたちに Servility が押しつけ
られてきた現実を、インバウンド観光収入を追い求める国家や観光産業の経営サイ
ドはもちろん、割安な〈楽園〉を望む各国からのツーリストも、暗黙のうちに許容
（どころかむしろ歓迎）してきたのである。

　プーケットを訪れたツーリストは、〈楽園〉の表と裏を同時に見ることになる。分
けても Sex の熱気に至ってはむしろ顕示されてビーチ盛り場を飾り、圧倒的な存在
感を放っている。自分を店から連れ出してくれる買い手を求めて、水着姿で身体を
くねらせるゴーゴーバーの女性たち。パトンのそこかしこで繰り広げられる、売買
春の条件交渉。酔客の腕に抱かれて嬌声を上げるオープンバーの接客作法。こうし
た赤裸々な性的猥雑は、清冽明美な〈楽園〉表象とは一見相反するように思えるが、
それらを目にしてもツーリストのうちに認知的不協和は生じない。Sex 絡みの諸要
素は、現地に行けば誰もが違和感を覚えない程に、〈楽園〉の時空間と親和的なのだ。

　その歴史的な成立過程を振り返れば、そもそも〈楽園〉とは、二面性をもってイ
メージされてきたものだ。庶民が太平洋やカリブ海の島々を訪れるのは夢物語だっ
た時代から、南方の〈楽園〉を表象する図像に、肌を露わにした現地女性が頻繁に
あしらわれてきたのは、先に指摘した通りである。エデンの園の住人と同じく、裸
身を人目にさらして恥じらうことのない純真無垢な女性たちが住む場として、長ら
く南の〈楽園〉は夢想されてきた。そして現在、プーケットやパタヤの夜を彩り駆
ける女性たちは、自らの肉体を惜しげも無く男性客に誇示し、性交渉はもちろん売
春行為にさえ躊躇せず手を染める（少なくともツーリストからはそのように見受け
られる）。羞恥を示さず、罪悪の意識もなく、おそらくはそれが故に性的に奔放であ
ろう女性像は、昼間のビーチで戯れる水着のツーリストたち以上に、〈楽園〉の住人
らしいと言えないだろうか——少なくとも、自身の性的願望を〈楽園〉表象に投影
してきた男性たちの目には、そう映ることだろう。

　エデンの園のイブとパトンの「売春婦」は、恥と罪を知らない者として相同であ
りつつ、前者が無邪気、後者が不道徳という、向かい合わせの鏡像をなす。同じよ
うに、どちらも日常に対する非日常でありつつ、互いに裏返しの関係にあるという

意味で、〈楽園〉の表と裏は等価である。一方には、手つかずの美しい自然、およびそれを背景に立つ「無垢で高貴な野蛮人」たちが目に眩い、〈表の楽園〉がある。その価値は、画像や映像をもって表象が可能な視覚的な次元にあり、生々しい人間的な欲望（を充足するための諸活動）は後景に退く。他方には、見るだけに留まらない五感を満たす快楽や性的な享楽を特性とする、〈裏の楽園〉がある。〈楽園〉の裏側で提供される快楽と享楽は、一般のメディア上で大っぴらに描かれはしないものの、我々にとって〈楽園〉が総体として魅力的に映る理由として、欠くべからざるものである。自らの悦楽のためにはホストにツーリズムへの従属を強いて憚らない欲深な観光客たちは、ただ見目良いだけの〈楽園〉の表側、換言すれば〈イメージの楽園〉には、飽き足りない。例えば、自然保護区の貴重な観望を満喫できる好機であっても、環境負荷を軽減すべく快適さが犠牲にされるストイックなツアーは、往々にして敬遠される。美しいだけに留まらず、種々の欲望の充足装置として機能する〈体験の楽園〉としての一面を裏側に併せ持つからこそ、〈楽園〉観光地は世界中から雑多な大衆を惹き付けるのではないか。

　観光人類学は、余暇としての旅行の本質を、日常と非日常の対比に見出してきた［スミス 2018］。地元での型にはまった生活と労働から束の間離れて、出先における非日常を遊んだ後、家に帰って従前からの日常を回復する。この空間／時間的な往復運動が、観光旅行である。起伏に乏しい日常の時間を一時停止し、普段とは異なる格別な楽しみの時間を設定する点で、観光旅行は祭りになぞらえられる。伝統的な年中行事としての祭りは、人生の大部分を占める「俗」の時間に対する例外的な「聖」の時間であり、単調な繰り返しが続く日常に切れ目を入れる境界であった。そこでは境界の時間の特別さが浮き彫りとなるよう、殊更に「生産と消費、法秩序の遵守、構造的身分への繋がりといった日常的な文化社会的状態やプロセスから離れた中間的状態ないし中間的プロセス」［ターナー 1978: 72］が演出される。乱痴気騒ぎ、過剰な浪費、平民が領主の上に立つような身分転倒や社会役割を無化する無礼講などが、平常の秩序と対照をなす仮初めの特殊さ、すなわち「境界性」（リミナリティ）の一例である［cf. ターナー 1976; 1981］。観光人類学の正統的な考え方によれば［スミス 2018］、観光旅行をする我々は、慣れ親しんだ「ホーム」を離れて「アウェイ」の異境に身を置くことで、日常と日常を区切るリミナリティを作り出している[23]。だからこそ観光旅行は、日々の細やかな遊びや気晴らしとは異なり、特別に大枚をはたくだけの価値があり、連日の労働に疲れた精神をリフレッシュする効用を発揮し得るのだという。

　ツーリストにとって魅力的な〈楽園〉観光地は、日常とは全く異なる／正反対の
景観や秩序が卓越する時空間でなければならない。ビーチリゾートの観光地として
の著しい非日常性が、〈表の楽園〉を体現する麗しい景観に支えられる一方で、日常
の秩序が無化・転倒されるリミナリティによっても呼び起こされ得る。パトンに代
表されるビーチ盛り場には、昼夜逆転、奢侈と浪費、泥酔と乱痴気騒ぎ、無秩序と
無軌道、性的放縦（違法行為たる売買春を含む）、同性愛や異性装や性転換、ホス
トとゲストの垣根を越える愛憎といった、リミナリティの諸要素が横溢する。〈イ
メージの楽園〉としては劣化し続けるプーケットが、〈楽園〉観光地としてツーリス
トを納得させるだけの群を抜く非日常性を提供できているのは、ひとえに〈体験の
楽園〉たる盛り場の栄耀ゆえかもしれない。

　今日では、水質汚染やゴミや酔っ払いを視界に入れずに、マスメディア上の〈楽
園〉イメージに近い情景と直に向き合いたいなら、プーケットから遠く隔絶した離
島域まで遠征せねばならない。タイ南部アンダマン海を訪れるツーリストのうち、
観光ダイビングを主目的に据える人々は、プーケットのホテルに滞在して日帰りツ
アーに出るよりも、オーバーナイト・クルーズを選択する傾向にある。クルーズ船
はシミラン・スリン海域を巡遊するのみで、プーケットには近寄らない。プーケッ
ト空港に降り立ったダイバーたちは送迎の車に乗り込み、カオラックからほど近い
タプラム（Taplamu）港で待機するクルーズ船にチェックインしてしまう[24]。パ
トンに代表されるプーケットの喧噪は、彼らが求めるところではないからだ。プー

---

23) ターナーは、現代社会において「周期的でなく不安定で、しばしば余暇の領域とされ
　　ている時間空間で発生する」リミナリティに類似した局所的状況を「擬似境界現象」
　　（リミノイド）と呼ぶ［ターナー 1978: 91］。映画・演劇・コンサート・スポーツ観戦と
　　いった集合的娯楽、遊園地やテーマパーク、大規模な盛り場などが、リミノイドの例
　　とされる。今日の観光旅行者の経験については、厳密にはリミナリティよりリミノイ
　　ドと捉えるのが妥当だ、とする見解もある［橋本 1999］。ほとんどのツーリストがほん
　　の数日訪れるだけのビーチ盛り場だが、プーケットにはそれが恒常的に存在すること
　　になる。プーケット社会から見ればそこは特筆すべき「境界」ではないことからも、ま
　　さにリミノイドである。

24) 2000年代前半まで、シミラン・スリン海域への「北アンダマン・クルーズ」は、観光
　　客の大多数が宿泊するプーケット発着であった。しかし、2005年からの原油価格の上
　　昇を受けて、海上運航距離を短くして燃油代を節約できるタプラムが、主要な発着地
　　になっていった。近年増加してきたプーケットからマレーシア方面への航路をとる
　　「南アンダマン・クルーズ」は、日帰りツアーと同じくプーケット南端のチャロン
　　（Chalong）港から出港している。

ケットの〈楽園〉イメージが今や虚構に成り果てたことを知る、上質な海中の〈自然〉を求めるダイバーたちは、もはやプーケットを訪れようとすらしない――プーケットはもう真の〈楽園〉ではない、というわけだ。

かつては泊まり掛けのダイビング・クルーズでしか訪れることができなかったシミラン・スリン海域だが、最近はプーケットやカオラックからの日帰りツアーが増加している。強力なエンジンを搭載した「スピードボート」は、標準的なダイビング船の数倍の速度を誇るが、それが定員20〜30名にまで大型化し、プーケットやタイ本土の港からシミラン諸島やスリン諸島まで、片道2〜3時間で到着できるようになった[25]。その結果、ダイバーというニッチ以外の一般客までもが、自然保護のための国立公園でもある両諸島に大挙して押し寄せるようになったのだ。もはや、少なくとも〈表の楽園〉は、プーケットの外部に移動してしまったとみなすのが、正しいのかもしれない。

プーケットを訪れる観光客の多くは、理想の〈自然〉を追い求めるクルーズ・ダイバーたちとは異なり、パトンに代表されるビーチエリアに宿を取る。そうするのが、滞在期間を通して日々異なる活動を楽しむのに便利だからだ。パトンを拠点にすれば、昨日は島内でのトレッキング、今日は離島でスノーケリング、明日はプーケットタウンで文化観光、といった具合に盛り沢山のスケジュールを消化できる。パトンのホテルになら全ての旅行会社が送迎をしてくれるので、島内の公共交通手段が貧弱なプーケットでは、パトンに滞在する利点は大きい。そしてもちろんパトンのエリア内では、多様性を誇るビーチ盛り場で、何日でも飽きずに遊べるはずだ。

仮に、シミランなど遠い外洋に浮かぶ離島こそが真の〈楽園〉だと捉えるなら、プーケットはそれ自体が〈楽園〉なのではなく、〈楽園〉への入り口に過ぎないことになる。全き非日常の〈楽園〉は、プーケットではなくその向こう側で待っている――この世界観からすれば、世界各国からのツーリストに対してプーケットは、はるかなる〈楽園〉に到達する過程にあって数日間の足止めを要求する、関所として立ち現れる。観光産業集積としての肥大化が進んだプーケットの各ビーチは、観光地であると同時に、そこで働く数万の人々の生活の場でもある。コンビニやスーパーマーケットがあり、銀行や郵便局があり、携帯電話が繋がり Wi-Fi サービスが

---

25) 発着する港によっては、スリン諸島まで90分程度で到着できると謳うツアーもある。タプラムなどからスピードボートでシミラン・スリン海域を日帰りするツアーは2010年頃には既に存在したが、小型船を使用していたため道中の揺れがひどく、当時は決して人気があるとは言えなかった。

あり、地元で慣れ親しんだファストフード店があり、ショッピングモールがある。ツーリストからすれば現今のプーケットは、異境における特別な体験を楽しむ拠点でありつつも地元にいるのと利便的には大差ない、日常と非日常が重なり合う両義的な時空間として感触されるのではないか。

　象徴人類学の通説では［cf. ダグラス 1972; 1983; ターナー 1976; 1981］、玄関や敷居のような、ある場所と別の場所とを分かつ境界領域は、そのふたつが重なる両義性と、そのどちらにも属さない無縁性とを、特性として併せ持つ（日本では、屋内にある玄関に土足で入るし、敷居を踏むのは禁忌とされる）。その図式を援用して解釈すれば、彼方にある〈真の／表の楽園〉への起点となるプーケットは、ツーリストにとっての日常ではないが、事実上のコンピューター・グラフィックである理想の〈楽園〉写真のような圧倒的な非日常でもない、日常と非日常の境界領域を形作っているのだと見なせる。

　さらに時間という観点からは、〈真の／表の楽園〉に向かう関所としてのプーケットへの滞在は、ある時間と別の時間とを区切る「通過儀礼」に比せられる。例えば、結婚式や新婚旅行は、ある個人が独身であった時間と、既婚者となった後の時間とを弁別するための通過儀礼である。新婚旅行は、日常の空間から物理的に距離を置くことで、リミナリティを体現する。では、結婚式や披露宴は、どういう意味を持つのか。新郎新婦が日常の時間から「分離」され、境界性に満ちた「過渡」の時間を過ごし、既婚者／夫婦として再び日常の時間に「統合」される——この「分離」を象徴的に示す儀礼として、結婚式があるのだという。通過儀礼における「分離」の局面を表現するには、祝祭的な乱痴気騒ぎをするというやり方もあり、それが今日の結婚披露宴にあたると考えられる。プーケットに話を戻すと、退屈な旅行前の時間から、〈表の楽園〉を満喫する希有な時間を経て、再び（リフレッシュした≒生まれ変わった自分として）日常へ帰着する。この流れを先ほどの「分離／過渡／統合」の通過儀礼の三局面に当てはめるなら、プーケットでの滞在は「分離」にあたる。であるなら、そこが祝祭性に満ち溢れた盛り場、〈裏の楽園〉として繁栄するのは、これまた当然の成り行きとなる。ちなみに、家族友人や職場に土産物を配るのは、「統合」の儀礼だ。

　ここまで、観光人類学や象徴人類学の古典的な理論を持ち出して、ビーチ盛り場と化したプーケットの存在意義を考察してきた。いささか図式的にはなったが、余暇としての旅行である観光、という視座から見る限り、あながち的外れでもあるまい。長年の乱開発により〈イメージの楽園〉性を汚損し続けるプーケットが、なぜ〈楽園〉ツーリストからの支持を失わずにいられるのか。それはひとつには、肥

大したビーチ盛り場が、〈表の／イメージの楽園〉と切り離せない〈裏の／体験の楽園〉として、表裏一体に存在し機能するからだ[26]。環境破壊により景観面での／美的な価値は減損しているが、盛り場としての異常な盛況が、観光地プーケットの非日常性を補っている。さらに言えば、今日のプーケットは、日常と非日常を往還する観光旅行の過程のなかに、日常の時空間と非日常の時空間を繋ぐ／分かつ境界領域として、構造的に位置付いている。プーケットに来たツーリストが、活況を呈する盛り場に入り込み、普段は隠して表に出さない欲望を剥き出しにして浮かれ立てば、日常世界から「分離」した体感を強めるだろう。極度に派手で法外に下品なビーチ盛り場が分離儀礼の場として異彩を放つほど、その向こう側にある（と想定される）世界の非日常感はいや増す。境界のプレゼンスが、日常から非日常を切り出すのだ。──こうした意味論的な構図に支えられて、〈楽園〉観光地プーケットは、過剰開発（による環境破壊）に対して頑健である。

2004〜05年にはインド洋津波災害、2020〜22年にはCOVID-19禍に水を差されながらも、プーケットの観光開発は後戻りすることなく進み続ける。その玄関口であるプーケット国際空港では、2016年に第二滑走路が開通、2018年にはターミナルビルの改装を終え、将来的に2000万人を超えるはずの利用者をさばく準備が整った。増え続ける観光客を余さず受け入れるために、宿泊や娯楽や飲食の施設建造は止められない。だがその一方で、生活排水の浄化やゴミ処理の課題をどう解決するかは、甚だ心許ない。残念ながら、プーケットおよび周辺海域における自然破壊や環境汚染は、今後も拡大の一途あるのみだ。しかしそれでも、プーケットの盛り場は衰えることなく、〈裏の／体験の楽園〉として繁栄を続けるだろう。

津波災害にも、経済開発による環境破壊にも、あたかも「無かった／無い」こととして目をそらし続けるプーケット。観光経済の成長だけを見るなら、当面の間はそれで良かろう。ただし、周期的に生じるはずの津波災害には数十年後、そして環境破壊についてもいつの日にか、現実を見据えて向き合わねばならなくなる日が来るはずだ。盛り場としての成功は、環境汚染への目眩ましとして作用するが、その効力は永遠には続かない。発展の行き着いた先で、ふと気が付いたら全てが手遅れとなっていた……という結末だけは、避けてもらいたい。──タイ南部アンダマン海の〈自然〉を愛する一人として、心よりそう願う。

---

26）本書が〈楽園〉に付す括弧は、この世に実在する〈楽園〉には、辞書に載る語義には含まれない裏側があることを、含意している。

# おわりに

　2004 年当時、東京大学大学院文化人類学研究室の博士課程に在籍していた筆者は、修士論文を単著書として出版した後、研究の方向転換を図ろうとしていた。ビーチリゾートを新たな調査地に据えることを検討し、プーケットへと下調べに出かけようと考えていた矢先に、インド洋津波の第一報に触れたのであった。指導教員であった山下晋司先生と電話で話し、どうしようかと途方に暮れたことを、はっきりと記憶している。やがて国立民族学博物館の林勲男先生からご連絡をいただき、被災したタイ南部を視察しないかとの依頼を受けて、とりもなおさず徒手空拳で現地に赴いた。災害研究には、友人である木村周平氏の仕事を通じてうっすらと触れたことがあるだけだった自分が、そこから足かけ 10 年以上もかけて、被災したプーケットと付き合うことになった。それは偶然の産物以外の何物でも無い。

　災害研究の素人であったことが良い方に働いたのか、それとも観光やリスクについての調査研究を続けていたことの必然であったのか、被災した観光地における風評災害という研究テーマを見いだして、筆者の研究は大きく横道に逸れることとなった。その当初に発表した論文 [Ichinosawa 2006] は、理論的な掘り下げが浅い事例報告であったものの、既存の災害研究の盲点を突く問題提起というスタンスを取ったせいか、同種の事象を扱った先駆けとして、現在に至るまで参照され続けている。その後も、興味関心は次第に変化しながらも、被災した観光地プーケットに関わる論文を断続的に発表し、ある程度の分量となった。本書は、それらを加筆修正し、必要に応じて新たな情報や論述を補った上で、再構成したものである。本書内で提示されている各種データは元となった論文の執筆当時のものであるが、論述内容と齟齬がない限り、最新の情報への更新はしていない。具体的には、以下の通りとなる（※を付した元論文については、その一部のみを抜粋して使用）。

市野澤潤平 [2005]「風評災害の社会学に向けて──「風評被害」論の批判的検討」『Sociology today』15: 41-51.（第 2 章第 2 節）
市野澤潤平 [2009]「インド洋大津波のプーケット観光への影響」『Kyoto Working Papers on Area Studies』28: 1-15.（第 1 章）
市野澤潤平 [2009]「楽しみとしての〈自然〉保護──インド洋津波後のタイ南部ア

ンダマン海におけるサンゴ修復ボランティア」『文化人類学研究』10: 102–131.
（第5章）

市野澤潤平［2010］「危険からリスクへ──インド洋津波後の観光地プーケットにおける在住日本人と風評災害」『国立民族学博物館研究報告』34(3): 521–574.（第2章第1節と第3章）

市野澤潤平［2011］「災害から地域を見る──タイ南部におけるインド洋津波の微視的描写」『地域研究』11(2): 108–118.（はじめに）※

市野澤潤平［2011］「プーケット復興委員会の熱い夏──インド洋津波後のプーケット在住日本人の経験におけるリスクと孤独」『地域研究』11(2): 161–187.（第4章）

小河久志・市野澤潤平［2013］「タイ南部沿岸における観光開発と漁業──プラチュワップキーリカン県バーンサパーン湾を事例として」『宮城学院女子大学研究論文集』116: 39–59.（第1章第1節）※

市野澤潤平［2015］「プーケットにおける原形復旧の10年──津波を忘却した楽園観光地」清水展・木村周平（編）『新しい人間、新しい社会──復興の物語を再創造する』pp. 161–193、京都大学学術出版会.（第7章）

市野澤潤平［2016］「楽しみのダークネス──災害記念施設の事例から考察するダークツーリズムの魅力と観光経験」『立命館大学人文科学研究所紀要』110: 23–60.（第6章）

市野澤潤平［2021］「ダークツーリズムの複雑さ──メディアが作りだす、メディアを見る観光」藤野陽平・奈良雅史・近藤祉秋（編著）『モノとメディアの人類学』pp. 95–108、ナカニシヤ出版.（第6章第6節）※

第8章のエピローグは、本書の出版準備をしながら書き下ろした。元論文（群）の執筆時点から月日を重ねた調査地の「現在」を記述するエピローグを付したのは、『ホスト・アンド・ゲスト』第2版［スミス 2018］における各章の構成に倣ったものである。

　2005年初頭にタイ南部を訪れて以降、特に風評災害に関わる情報収集に力を入れていた頃は、被災地のみなさんに共感し、微力ながら役に立ちたいという使命感が、研究を続ける大きな原動力となっていた（つもりであった）。しかしその後、仙台に居を構えて2011年の東日本大震災の当事者となったことで、被災したプーケットに対する自らの認識は所詮「人ごと」であったことを、痛感させられた。所属する

大学での震災復興ボランティアの手伝いなどをしながらも、震災を研究テーマに論文を書こうという意欲は沸かなかった。これはおそらく個人差が大きく、自身が被災した経験を積極的に研究に活かしたいと考える人もいるだろう。筆者はその逆のタイプであったということだ。

　結果として本書は、被災者の生の声を扱いつつも、文化人類学の研究書として抽象度を高めた考察の比重が高くなった。しかしだからこそ、被災者の手記やルポルタージュの類いとは異なる意義を、持ち得るのではないかと考える。被災した特定の観光地を 10 年にわたって追跡したモノグラフは、世界的に見ても珍しい。また本書が、在住日本人（外国人）という現地では少数派の存在に焦点を置いたことや、防災・減災という災害研究の王道をあえて踏み外した興味関心に貫かれていることなどは、災害と観光にまつわる学術的視野の拡大に、僅かなりとも寄与するはずだと自負している。

　本書の元となった各論文を執筆する上では、数多くの現地の皆様にお世話になり、また貴重な情報をいただいた。個別の名前を挙げることは控えるものの、ここに改めて感謝の意を表したい。

2023 年 1 月吉日
市野澤潤平

# 参考文献

ADPC（Asian Disaster Preparedness Center）［2005］*Regional analysis of socio-economic impacts of the December 2004 earthquake and Indian Ocean tsunami*, ADPC.

ADPC［2006］*The economic impact of the 26 December 2004 earthquake and Indian Ocean tsunami in Thailand*, ADPC.

AFP［2019］「映画『ザ・ビーチ』で有名なビビ島の湾、閉鎖期間を2年延長へ タイ」『APF BB News』2019年5月9日.

AFP［2021］「映画『ザ・ビーチ』の舞台、都市封鎖で生態系改善 タイ」『AFP BB News』2021年12月18日.

AFP［2022］「タイ最高裁、『ザ・ビーチ』ロケ地の復旧命令 撮影で環境破壊」『AFP BB News』2022年9月14日.

秋道智彌［2003］「野生生物の保護政策と地域社会――アジアにおけるチョウとジュゴン」池谷和信（編）『地球環境問題の人類学――自然資源へのヒューマンインパクト』pp. 230–250、世界思想社.

Allen, G. R., & Stone, G. S.（eds.）［2005］*Rapid assessment survey of tsunami-affected reefs of Thailand*, New England Aquarium.

朝日新聞［2014a］「修学旅行生5人、長崎の被爆者に暴言――横浜の中学校謝罪」2014年6月20日.

朝日新聞［2014b］「被災地の巨大盛り土工事いよいよ――安全性に不安も」2014年7月10日.

粟野仁雄・髙橋真紀子［1997］『ナホトカ号重油事故――福井県三国の人々とボランティア』社会評論社.

東賢太朗［2018］「未来への抑圧、過去への連帯――フィリピン・ボラカイ島の観光開発に現れる新たなホストとゲスト関係」日本文化人類学会第52回研究大会（2018年6月3日）.

東賢太朗［2022］「わからなさ、つながり、事件の発生――フィリピンの呪術と観光のフィールドワークから」遠藤英樹（編）『フィールドワークの現代思想――パンデミック以後のフィールドワーカーのために』pp. 29–40、ナカニシヤ出版.

東浩紀（編）［2013］『福島第一原発観光地化計画』ゲンロン.

Barker, N. H. L., & Roberts, C. M.［2004］"Scuba diver behaviour and the management of diving impacts on coral reefs," *Biological Conservation*, 120(4): 481–489.

バートン, A. H.［1974］『災害の行動科学』（安倍北夫監訳）学陽書房.

ベック, U.［1998］『危険社会――新しい近代への道』（東廉・伊藤美登里訳）法政大学出版局.

Belliveau, J.［2006］*Romance on the road: Travelling women who love foreign men*, Beau Monde Press.

Blaikie, P., Cannon, T., Davis, I., & Wisner, B.［1994］*At risk: Natural hazards, people's vulnerability, and disasters*, Routledge.

ブライマン, A.［2008］『ディズニー化する社会――文化・消費・労働とグローバリゼーション』（能登路雅子監訳、森岡洋二訳）明石書店.

Butler, R. W.［1980］"The concept of a tourist area cycle of evolution: Implications for management of resources," *The Canadian Geographer*, 24(1): 5–12.

Carson, R.［1962］*Silent spring*, Houghton Mifflin.

Cashdan, E.（ed.）［1990］*Risk and uncertainty in tribal and peasant economies*, Westview Press.

カイヨワ, R.［1990］『遊びと人間』（多田道太郎・塚崎幹夫訳）講談社.

地球の歩き方編集室（編）［2021］『地球の歩き方リゾートスタイル プーケット・サムイ島・ピピ島』学研プラス．

チクセントミハイ, M.［2000］『楽しみの社会学』（今村浩明訳）新思索社．

Cohen, E.［2008］*Explorations in Thai tourism,* Emerald Group Publishing.

Cohen, E.［2011］"Educational dark tourism at an in populo site: The Holocaust Museum in Jerusalem," *Annals of Tourism Research,* 38(1): 193-209.

CNN［2022］「タイの「秘島」ビーチ、観光客の受け入れ再開 環境再生と当局」『CNN.co.jp』2022年1月6日．

Crick, M.［1989］"Representations of international tourism in the social sciences: Sun, sex, sights, savings, and servility," *Annual Review of Anthropology,* 18: 307-344.

Cvetkovitch, G., & Löfstedt, R. E.（eds.）［1999］*Social trust and the management of risk,* Earthscan.

デ・アントーニ, A.［2013］「死者へ接続するツアー——現代京都におけるダークツーリズムの再考」『観光学評論』1(1): 81-93.

Dearden, P., Bennett, M., & Rollins, R.［2006］"Implications for coral reef conservation of diver specialization," *Environmental Conservation,* 33(4): 353-363.

DMCR（Department of Marine and Coastal Resources）［2005］*Rapid assessment of the tsunami impact on marine resources in the Andaman Sea, Thailand,* Phuket Marine Biological Center.

ダグラス, M.［1972］『汚穢と禁忌』（塚本利明訳）思潮社．

ダグラス, M.［1983］『象徴としての身体——コスモロジーの探究』（江河徹・塚本利明・木下卓訳）紀伊國屋書店．

Douglas, M.［1992］*Risk and blame: Essays in cultural theory,* Routledge.

Douglas, M., & Wildavsky, A.［1982］*Risk and culture: An essay on the selection of technical and environmental dangers,* University of California Press.

遠藤英樹［2016］「ダークツーリズム試論——「ダークネス」へのまなざし」『立命館大学人文科学研究所紀要』110: 3-22.

エスポジト, R.［2006］「生政治、免疫、共同体」（多賀健太郎訳）『ラチオ』1: 178-193.

エスポジト, R.［2009］『近代政治の脱構築——共同体・免疫・生政治』（岡田温司訳）講談社．

Flynn, J., Slovic, P., & Kunreuther, H.（eds.）［2001］*Risk, media, and stigma: Understanding public challenges to modern science and technology,* Earthscan.

Gauthier S., Mausbach, J., Reisch, T., & Bartsch, C.［2014］"Suicide tourism: A pilot study on the Swiss phenomenon," *Journal of Medical Ethics,* 41(8): 611-617.

Gee, C., & Gain, C.［1986］"Coping with crises," *Travel & Tourism Analyst,* June 1986, 3-12.

ギデンズ, A.［1993］『近代とはいかなる時代か?——モダニティの帰結』（松尾精文・小幡正敏訳）而立書房．

ギデンズ, A.［2005］『モダニティと自己アイデンティティ——後期近代における自己と社会』（秋吉美都・安藤太郎・筒井淳也訳）ハーベスト社．

ギル, T.・シテーガ, B.・スレイター, D.（編）［2013］『東日本大震災の人類学——津波、原発事故と被災者たちの「その後」』人文書院．

ゴッフマン, E.［1970］『スティグマの社会学——傷つけられたアイデンティティ』（石黒毅訳）せりか書房．

合田正人［1999］『レヴィナスを読む——〈異常な日常〉の思想』日本放送出版協会．

Gregory, R., Flynn, J., & Slovic, P.［2001］"Technological stigma," in Flynn, J., Slovic, P., & Kunreuther, H.（eds.）*Risk, media and stigma: Understanding public challenges to modern science and technology,* pp. 3-8, Earthscan.

原田隆司［2000］『ボランティアという人間関係』世界思想社．

橋本和也［1999］『観光人類学の戦略——文化の売り方・売られ方』世界思想社.

橋本和也［2011］『観光経験の人類学——みやげものとガイドの「ものがたり」をめぐって』世界思想社.

早川洋行［2002］『流言の社会学——形式社会学からの接近』青弓社.

林春男［2003］『いのちを守る地震防災学』岩波書店.

土方透［2002］「序——リスク戦略」土方透・ナセヒ, A.（編）『リスク——制御のパラドクス』pp. 11-17, 新泉社.

廣井脩［2001］『流言とデマの社会学』文藝春秋.

ホブズボウム, E.［1992］「序論——伝統は創り出される」（前川啓治訳）ホブズボウム, E.・レンジャー, T.（編）『創られた伝統』（前川啓治・梶原景昭ほか訳）pp. 9-28, 紀伊國屋書店.

ホブズボウム, E.・レンジャー, T.（編）［1992］『創られた伝統』（前川啓治・梶原景昭ほか訳）紀伊國屋書店.

ホフマン, S. M.・オリヴァー＝スミス, A.（編）［2006］『災害の人類学——カタストロフィと文化』（若林佳史訳）明石書店.

堀洋元［2003］「メディアは事故をどのように報道したか——風評被害をキーワードに」岡本浩一・今野裕之（編）『リスク・マネジメントの心理学——事故・事件から学ぶ』pp. 67-90, 新曜社.

黄幸［2017］「ジェントリフィケーション研究の変化と地域的拡大」『地理科学』72(2): 56-79.

Husted, C., & Plerin, C.［2014］"A world without warning," *The Star*, 22 December 2014.

Ichinosawa, J.［2006］"Reputational disaster in Phuket: The secondary impact of the tsunami on inbound tourism," *Disaster Prevention and Management*, 15(1): 111-123.

市野澤潤平［2010］「〈獲る〉海から〈見る〉海へ——ワイルドライフ・ツーリズムによるリーフの観光資源化」『年報タイ研究』10: 17-34.

市野澤潤平［2014a］「観光立国としてのタイ——「微笑みの国」の発展と変容」綾部真雄（編）『タイを知るための72章（新版）』pp. 15-18, 明石書店.

市野澤潤平［2014b］「リスクの相貌を描く——人類学者による「リスク社会」再考」東賢太朗・市野澤潤平・木村周平・飯田卓（編）『リスクの人類学——不確実な世界を生きる』pp. 1-27, 世界思想社.

市野澤潤平［2014c］「危険だけれども絶対安心——ダイビング産業における事故リスクの資源化」東賢太朗・市野澤潤平・木村周平・飯田卓（編）『リスクの人類学——不確実な世界を生きる』pp. 132-156, 世界思想社.

市野澤潤平［2014d］「盛り場」国立民族学博物館（編）『世界民族百科事典』pp. 248-249、丸善出版.

市野澤潤平［2019a］「減圧症リスクとダイブ・コンピュータ——観光ダイビングにおける身体感覚／能力の増強とリスク認知」『国立民族学博物館研究報告』43(4): 779-844.

市野澤潤平［2019b］「セックスツーリズム」白坂蕃・稲垣勉・小沢健市・古賀学・山下晋司（編）『観光の事典』pp. 398-399、朝倉書店.

市野澤潤平［2022］「野生のフィールドワーク——実験室の外側で」遠藤英樹（編）『フィールドワークの現代思想——パンデミック以後のフィールドワーカーのために』pp. 41-52, ナカニシヤ出版.

※市野澤潤平による、本書の元となった諸論文については、「あとがき」に列記した.

市野澤潤平・木村周平・清水展・林勲男［2011］「東日本大震災によせて」『文化人類学』76(1): 89-93.

市野澤潤平・小河久志［2018］「タイ東部における観光ダイビング産業の発展——南部と差別化された〈棲み分け〉の構造」『多民族社会における宗教と文化』21: 23-46.

Jaeger, C. C., Renn, O., Rosa, E. A., & Webler, T.［2001］*Risk, uncertainty, and rational action,* Earthscan.

Jamal, T., & Lelo, L. [2011] "Exploring the conceptual and analytical framing of dark tourism: From darkness to internationality," Sharpley, R., & Stone, P. R. (eds.) *Tourist experience: Contemporary perspectives,* pp. 29-42, Routledge.

JATA（一般社団法人日本旅行業協会）[2005]「2005 年 1 月 22 日～26 日実施 インド洋大津波被災におけるタイ・プーケット視察」一般社団法人日本旅行業協会ウェブサイト〈http://www.jata-net.or.jp/jata_n/050131/050131_phuketrepo.htm（2005 年 9 月 12 日閲覧）〉

JTB パブリッシング［2009; 2011; 2013; 2015; 2017; 2019］『るるぶ プーケット・サムイ島』JTB パブリッシング.

河北新報［2013］「焦点 津波浸水域の宅地かさ上げ 大規模盛り土、尽きぬ不安」2013 年 1 月 20 日.

観光庁［2022］「観光庁について」国土交通省観光庁ウェブサイト〈https://www.mlit.go.jp/kankocho/about/index.html（2022 年 12 月 25 日閲覧）〉

柄谷友香［2008］「インド洋津波後の被災地観光における復興過程とその課題──タイ南部でのインタビュー調査をもとに」林勲男（編）『アジア・太平洋地域における自然災害への社会対応に関する民族誌的研究（平成 16 年度～平成 19 年度科学研究費補助金基盤研究（A）研究成果報告書）』pp. 137-158.

Kasperson, R., Jhaveri, N., & Kasperson, J. X. [2001] "Stigma and the social amplification of risk: Toward a framework of analysis." in Flynn, J., Slovic, P., & Kunreuther, H. (eds.) *Risk, media and stigma: Understanding public challenges to modern science and technology,* pp. 9-27, Earthscan.

木村周平［2006］「暗い未来に抗して──トルコ・イスタンブルにおける地震とコミュニティ」『文化人類学』71(3): 347-367.

木村周平［2013］『震災の公共人類学──揺れとともに生きるトルコの人びと』世界思想社.

鬼頭秀一［1996］『自然保護を問いなおす──環境倫理とネットワーク』筑摩書房.

小松丈晃［2003］『リスク論のルーマン』勁草書房.

クラインマン, A.・クラインマン, J.［2011］「苦しむ人々・衝撃的な映像──現在における苦しみの文化的流用」クラインマン, A.・クラインマン, J.・ダス, V.・ファーマー, P.・ロック, M.・ダニエル, E. V.・アサド, T.（編）『他者の苦しみへの責任──ソーシャル・サファリングを知る』（坂川雅子訳）pp. 1-31、みすず書房.

国土交通省［2005］『インド洋津波被害による観光地の被災状況等官民合同調査団調査報告書』国土交通省.

Kontogeorgopoulos, N. [2004] "Ecotourism and mass tourism in Southern Thailand: Spatial interdependence, structural connections, and staged authenticity," *GeoJournal,* 61: 1-11.

近藤民代・柄谷友香［2015］「東日本大震災の自主住宅移転再建にみる住宅復興と地域再生の課題──持続可能な住宅復興のかたちを展望する」『住宅総合研究財団研究論文集』41: 73-84.

楠見孝［2006］「市民のリスク認知」日本リスク研究学会（編）『リスク学事典（増補改訂版）』pp. 272-273、阪急コミュニケーションズ.

Lennon, J., & Foley, M., [2000] *Dark tourism: Attraction of death and disaster,* Continuum.

Linnerooth-Bayer, J., Löfstedt, R. E., & Sjöestedt G. (eds.) [2001] *Transboundary risk management,* Earthscan.

ルーマン, N.［2014］『リスクの社会学』（小松丈晃訳）新泉社.

毎日新聞［2005］「デイアフ プーケットで復興ライブ」2005 年 4 月 3 日.

マシーソン, A.・ウォール, G.［1990］『観光のクロス・インパクト──経済・環境・社会への影響』（佐藤俊雄監訳）大明堂.

Marques, J. F. [2016] "Sun, sand, sea and sex," in Jafari, J., & Xiao, H. (eds.) *Encyclopedia of tourism,* Springer.

圓田浩二［2010］「現代社会におけるスクーバ・ダイビングの存在意義──制度化される体験と存在論的安心」『沖縄大学人文学部紀要』12: 83-94.

Matthews, H. G. [1978] *International tourism: A political and social analysis*, Schenkman Publishing.

松井健 [1997] 『自然の文化人類学』東京大学出版会.

松井健 [1998] 「マイナー・サブシステンスの世界――民俗世界における労働・自然・身体」篠原徹（編）『民俗の技術――現代民俗学の視点 1』pp. 247-271、朝倉書店.

松井健 [2004] 「マイナー・サブシステンスと日常生活――あるいは、方法としてのマイナー・サブシステンス論」大塚柳太郎・篠原徹・松井健（編）『生活世界からみる新たな人間 - 環境系』pp. 61-86、東京大学出版会.

Ministry of Natural Resources and Environment [2010] *Thailand state of pollution 2010*, Pollution Control Department, Ministry of Natural Resources and Environment.

中原淳一 [1998] 「人間の環境世界と世界――ユクスキュルとハイデガーについての思考の環動」『帯大人文社会科学論集』10(1): 25-69.

中崎茂 [1998] 「観光地域の発展と衰退――バトラーのライフ・サイクルモデルの紹介」『流通経済大学社会学部論叢』8(2): 97-111.

ナセヒ, A. [2002] 「リスク回避と時間処理――近代社会における時間のパラドクス」（庄司信訳）土方透・ナセヒ, A.（編）『リスク――制御のパラドクス』pp. 18-51、新泉社.

ニーダム, R. [1986] 『人類学随想』（江河徹訳）岩波書店.

NHK [2022] 「"「ザ・ビーチ」撮影で自然破壊" 政府に復元命令 タイ 最高裁」『NHK NEWS WEB』2022 年 9 月 14 日.

日本テレビ [2014] 「風化する記憶…インド洋津波から 10 年」『日テレNEWS24』2014 年 12 月 27 日.

日刊工業新聞 [2018] 「タイ・マヤ湾の人気ビーチ、無期限閉鎖へ 生態系回復に時間」2018 年 10 月 4 日.

西井和夫 [2019] 「観光地ライフサイクルに着目したエリア・マネジメントに関する基礎的考察」『流通科学大学論集 経済・情報・政策編』27(2): 65-80.

西山志保 [2005] 『ボランティア活動の論理――阪神淡路大震災からサブシステンス社会へ』東信堂.

野田正彰 [1995] 『災害救援』岩波書店.

NPR [2022] "In Thailand, the pandemic helped a famous beach recover from an onslaught of tourists," *NPR*, 19 March 2022.

大橋昭一 [2009] 「観光地ライフサイクル論の進展過程――観光経営理論のさらなる展開のために」『観光学』設置記念: 23-37.

Oliver-Smith, A. [1998] "Global challenges and the definition of disaster," Quarantelli, E. L. (ed.), *What is a disaster?: Perspectives on the question*, Routledge, pp. 179-195.

大森荘蔵 [1981] 『流れとよどみ――哲学断章』産業図書.

大矢根淳 [2007] 「被災地におけるコミュニティの復興とは」浦野正樹・大矢根淳・吉川忠寛（編）『復興コミュニティ論入門』pp. 18-23、弘文堂.

Phongpaichit, P., & Baker, C. [1996] *Thailand's Boom!*, Silkworm Books.

プーケット復興委員会 [2005] 『プーケット復興委員会公式サイト』⟨http://www.phuketja.org/fukko/（2010 年 9 月 1 日閲覧）⟩

Plathong, S. [2005] *The result of tsunami effect on coral reef of Similan National Park survey*, Unpublished report submitted to Department of Marine and Coastal Resources.

Plathong, S. [2006] *Coral reef rehabilitation after the tsunami 2004: Case studies from Thailand*, Department of Marine and Coastal Resources, Thailand.

Quarantelli, E. L., (ed.) [1998] *What is a disaster?: Perspectives on the question*, Routledge.

リアス・アーク美術館 [2015] 『リアス・アーク美術館ウェブサイト』⟨http://rias-ark.sakura.ne.jp/2/（2015 年 6 月 17 日閲覧）⟩

Saengpassa, C., & Sarnsamak, P. [2012] "Tsunami warning system finally ready, after 8 years," *The Nation,* 25 December 2012.

関谷直也［2003］「「風評被害」の社会心理──「風評被害」の実態とそのメカニズム」『災害情報』1: 78-89.

関谷直也［2011］『風評被害──そのメカニズムを考える』光文社.

Sharpley, R., & Stone, P. R. [2009] *The darker side of travel: The theory and practice of dark tourism,* Channel View Publications.

Shepherd, N. [2003] "How ecotourism can go wrong: The cases of SeaConoe and Siam Safari, Thailand," in Luck, M., & Kirstges, T. (ed.) *Global ecotourism policies and case studies: Perspectives and constraints,* pp. 137-146, Channel View Publications.

Sidasathian, C., & Morison, A. [2013] "Phuket Residents Not Prepared for Next Tsunami, Says Disaster Alert Chief," *Phuket Wan Tourism News,* 21 February 2013.

島川崇［2012］「地域資源として被災者からも受け入れられる被災惨禍の保存手法の考察」『都市計画論文集』47(3): 619-624.

清水展［2017］「巻き込まれ、応答してゆく人類学──フィールドワークから民族誌へ、そしてその先の長い道の歩き方」『文化人類学』81(3): 391-412.

白石昇［2009］『津波──アンダマンの涙』めこん.

Slovic, P. [2000] *The perception of risk.* Earthscan.

スミス, V. L.（編）［2018］『ホスト・アンド・ゲスト──観光人類学とはなにか』（市野澤潤平・東賢太朗・橋本和也監訳）ミネルヴァ書房.

Smith, V. L., & Brent, M. [2001] *Hosts and guests revisited: Tourism issues of the 21st century,* Cognizant Communication Corporation.

Sokal, R. R., & Sneath, P. H. A. [1963] *Principles of numerical taxonomy,* W. H. Freeman.

ソンタグ, S.［2003］『他者の苦痛へのまなざし』（北條史緒訳）みすず書房.

菅豊［1995］「「水辺」の技術誌──水鳥獲得をめぐるマイナー・サブシステンスの民俗知識と社会統合に関する一試論」『国立民族学博物館研究報告』61: 215-272.

菅豊［1998］「深い遊び──マイナー・サブシステンスの伝承論」篠原徹（編）『民俗の技術──現代民俗学の視点 1』pp. 217-246、朝倉書店.

菅豊［2006］『川は誰のものか──人と環境の民俗学』吉川弘文館.

須永和博［2009］「マイナー・サブシステンスとしての観光──タイ北部の山地カレン社会におけるコミュニティ・ベース・ツーリズム」『立教大学観光学部紀要』11: 53-67.

タイ政府観光庁日本事務所［2022］『タイ政府観光庁日本事務所ウェブサイト』〈https://www.thailandtravel.or.jp/areainfo/phuket/（2022年12月20日閲覧）〉

田中孝枝［2020］『日中観光ビジネスの人類学──多文化職場のエスノグラフィ』東京大学出版会.

TAT (Tourism Authority of Thailand) [2006] *Tourism Statistics in Thailand* 〈http://www2.tat.or.th/stat/web/static_index.php (14 November 2006)〉

TAT [2022] *TAT Website* 〈https://www.tat.or.th (15 December 2022)〉

寺田匡宏［2015a］「「無名の死者」の捏造──阪神・淡路大震災のメモリアル博物館における被災と復興像の演出の特徴」木部暢子（編）『災害に学ぶ──文化資源の保全と再生』pp. 63-85、勉誠出版.

寺田匡宏［2015b］「神戸という、記憶の〈場〉──公的、集合的、個的記憶の相克とすみわけ」清水展・木村周平（編）『新しい人間、新しい社会──復興の物語を再創造する』pp. 113-160、京都大学出版会.

タン・ダム・トゥルン［1993］『売春──性労働の社会構造と国際経済』（田中紀子・山下明子訳）明石書店.

The Guardian [2005] "As sunbeds return to beaches, villages wait for help," *The Guardian,* 18 January 2005.

The Nation [2018] "Filthy water flowing on Karon beach," *The Nation*, 2 May 2018.

The Nation [2019] "Dirty blackwater flows into Andaman Sea, again," *The Nation*, 12 May 2019.

The Phuket Gazette [2005a] "Suwat outlines tourism recovery plans," *The Phuket Gazette*, 31 January 2005.

The Phuket Gazette [2005b] "Tourists 'will return in October,'" *The Phuket Gazette*, 22 March 2005.

The Phuket Gazette [2014a] "Tourists shocked as Phuket beach water turns rancid again in Karon, this time black," *The Phuket Gazette*, 24 February 2014.

The Phuket Gazette [2014b] "Karon black water strikes again, flows across trash-covered beach," *The Phuket Gazette*, 28 March 2014.

The Phuket Gazette [2014c] "Governor pushes for black water solution after Karon Beach water runs foul again," *The Phuket Gazette*, 1 April 2014.

The Phuket News [2018] "Black water empties onto Phuket beach, stuns tourists," *The Phuket News*, 2 May 2018.

TripAdvisor [2015] *TripAdvisor website*, 〈http://www.tripadvisor.com (17 June 2015)〉

ターナー, V. [1976]『儀礼の過程』(冨倉光雄訳) 思索社.

ターナー, V. [1978]「儀礼・カーニバル・演劇——リミナルからリミノイドへ」(星野英紀訳)『宗教研究』52(1): 71-94.

ターナー, V. [1981]『象徴と社会』(梶原景昭訳) 紀伊國屋書店.

内尾太一 [2018]『復興と尊厳——震災後を生きる南三陸町の軌跡』東京大学出版会.

UNEP (United Nations Environment Programme) [2005] *After the tsunami: Rapid environmental assessment*, UNEP.

United Nations [2009] *Tsunami early warning systems in the Indian Ocean and Southeast Asia: Reporton regional unmet needs*, United Nations Publications.

浦野紘平・松田裕之 (編) [2007]『生態環境リスクマネジメントの基礎——生態系をなぜ、どうやって守るのか』オーム社.

Uthoff, D. [1997] "Out of the tin crisis into the tourism boom: The transformation of the tropical island of Phuket by international tourism," *Applied Geography and Development*, 49: 7-31.

渡邊日日 [2014]「航空事故をめぐるリスクの増殖——コミュニケーションというリスクに関する理論的寓話」東賢太朗・市野澤潤平・木村周平・飯田卓 (編) [2014]『リスクの人類学——不確実な世界を生きる』pp. 157-175、世界思想社.

ワツラウィック, P.・ウィークランド, J. H.・フィッシュ, R. [1992]『変化の原理——問題の形成と解決』(長谷川啓三訳) 法政大学出版局.

Wedge編集部 [2015]「福島、三陸から考える 町づくりの「選択と集中」(上)」『Wedge』2015年5月号.

Wittayarungrote, N. [2014] "Phuket officials consider postponing Christmas Day tsunami drill," *Legacy Phuket Gazette*, 22 November 2014.

Worachananant, S., Carter, R. W. (Bill), Hockings, M., & Reopanichkul, P. [2008] "Managing the impact of SCUBA divers on Thailand's coral reefs," *Journal of sustainable tourism*, 16(6): 645-663.

WTO (World Tourism Organization) [2005] *Evolution of tourism in the tsunami-affected destinations*, WTO.

薬師寺浩之 [2013]「2004年津波被災後のタイ南部・アンダマン海沿岸ビーチリゾートにおける幽霊をめぐる混乱と観光復興」『立命館大学人文科学研究所紀要』102: 93-128.

山口誠 [2007]『グアムと日本人——戦争を埋立てた楽園』岩波書店.

山口節郎 [2002]『現代社会のゆらぎとリスク』新曜社.

山本博之［2015］「復興の物語を読み替える──スマトラの「標準の復興」に学ぶ」清水展・木村周平（編）『新しい人間、新しい社会──復興の物語を再創造する』pp. 79-106、京都大学学術出版会.

山下祐介・菅磨志保［2002］『震災ボランティアの社会学──〈ボランティア＝NPO社会〉の可能性』ミネルヴァ書房.

読売新聞［2005］「デイアフ 心に届け スマトラ沖地震復興支援ライブ」2005年4月3日.

吉田竹也［2013］『反楽園観光論──バリと沖縄の島嶼をめぐるメモワール』樹林舎.

吉田竹也［2020］『地上の楽園の観光と宗教の合理化──バリそして沖縄の100年の歴史を振り返る』人間社.

吉見俊哉［1987］『都市のドラマトゥルギー──東京・盛り場の社会史』弘文堂.

ヤング, J.［2008］『後期近代の眩暈──排除から過剰包摂へ』（木下ちがや・中村好孝・丸山真央訳）青土社.

在京タイ王国大使館［2005a］『総務省による津波災害復興支援に関する報告』在京タイ王国大使館.

在京タイ王国大使館［2005b］『タイ王国大使館を通して頂いた義援金に関する報告』在京タイ王国大使館.

# 謝　辞

　本書に結実した研究調査は、以下の助成を受けて実施された。

**日本学術振興会科学研究費**

基盤研究（A）「アジア・太平洋地域における自然災害への社会対応に関する民族誌的研究」代表：林勲男（研究課題／領域番号：16251012）

基盤研究（C）「海洋生物観光の実践現場における生態リスク意識と当事者参加型の予防的資源管理体制」代表：市野澤潤平（研究課題／領域番号：23520993）

基盤研究（B）「自然災害からの創造的な復興の支援を目指す統合的な民族誌的研究」代表：清水展（研究課題／領域番号：23401042）

基盤研究（C）「人類学における不確実性をめぐる理論的視座の再構築」代表：碇陽子（研究課題／領域番号：17K03278）

基盤研究（B）「東日本大震災の復興過程に関する公共人類学的研究：レジリエントな社会モデルの構築」代表：関谷雄一（研究課題／領域番号：20H01402）

基盤研究（B）「観光における不確実性とリスク：不安と分断に抗する観光実践への理論的展望」代表：市野澤潤平（研究課題／領域番号：22H00773）


**国立民族学博物館共同研究**

「リスクと不確実性、および未来についての人類学的研究」代表：東賢太朗

「確率的事象と不確実性の人類学：「リスク社会」化に抗する世界像の描出」代表：市野澤潤平

「観光における不確実性の再定位」代表：土井清美


**宮城学院女子大学研究助成（2010 ～ 2022 年度）**


　また本書の出版は、**宮城学院女子大学出版助成（2022 年度）**を受けて可能となった。これらすべての助成に対して、謹んで感謝を申し上げる。

市野澤潤平（いちのさわ じゅんぺい）

宮城学院女子大学 現代ビジネス学部 教授。
Graduate School of Business, Assumption University（Master of
Business Administration）, Thai Studies Center, Chulalongkorn
University（Master of Arts in Thai Studies）を経て、東京大学大学院総
合文化研究科超域文化科学専攻文化人類学コース博士課程単位取得退学。
専門は文化人類学、観光学。
著書に『ゴーゴーバーの経営人類学──バンコク中心部におけるセック
スツーリズムに関する微視的研究』（めこん、2003 年）、編著に『基本概
念から学ぶ観光人類学』（ナカニシヤ出版、2022 年）、共編著に『リスク
の人類学──不確実な世界を生きる』（世界思想社、2014 年）および『観
光人類学のフィールドワーク──ツーリズム現場の質的調査入門』（ミ
ネルヴァ書房、2021 年）。共訳書にヴァレン・L・スミス編『ホスト・ア
ンド・ゲスト──観光人類学とは何か』（ミネルヴァ書房、2018 年）。

被災した楽園
2004 年インド洋津波とプーケットの観光人類学

2023 年 3 月 31 日　　初版第 1 刷発行

　　　　著　者　市野澤潤平
　　　　発行者　中西　良
　　　　発行所　株式会社ナカニシヤ出版
　　　　☎ 606-8161　京都市左京区一乗寺木ノ本町 15 番地
　　　　　　　　　　　　Telephone　　075-723-0111
　　　　　　　　　　　　Facsimile　　075-723-0095
　　　　　　　　Website　http://www.nakanishiya.co.jp/
　　　　　　　　Email　　iihon-ippai@nakanishiya.co.jp
　　　　　　　　　　　　郵便振替　01030-0-13128

印刷・製本＝ファインワークス／装幀＝白沢　正
Copyright © 2023 by J. Ichinosawa
Printed in Japan.
ISBN978-4-7795-1735-8